国家社科基金一般项目（16JBL093）"人民币汇率维稳与市场化的均衡研究"成果
上海对外经贸大学优秀学术著作出版资助

人民币汇率市场化改革与汇率稳定机制研究

RENMINBI HUILV SHICHANGHUA GAIGE
YU HUILV WENDING JIZHI YANJIU

张晓莉 著

中国财经出版传媒集团
经济科学出版社
Economic Science Press

图书在版编目（CIP）数据

人民币汇率市场化改革与汇率稳定机制研究／张晓莉著 . —北京：经济科学出版社，2022. 3
ISBN 978 - 7 - 5218 - 3563 - 2

Ⅰ. ①人…　Ⅱ. ①张…　Ⅲ. ①人民币汇率 - 货币制度 - 市场化 - 经济体制改革 - 研究　Ⅳ. ①F832. 63

中国版本图书馆 CIP 数据核字（2022）第 053307 号

责任编辑：凌　健　杜　鹏
责任校对：郑淑艳
责任印制：邱　天

人民币汇率市场化改革与汇率稳定机制研究
张晓莉　著
经济科学出版社出版、发行　新华书店经销
社址：北京市海淀区阜成路甲 28 号　邮编：100142
总编部电话：010 - 88191217　发行部电话：010 - 88191522
网址：www. esp. com. cn
电子邮箱：esp@ esp. com. cn
天猫网店：经济科学出版社旗舰店
网址：http: //jjkxcbs. tmall. com
固安华明印业有限公司印装
710×1000　16 开　20. 75 印张　320000 字
2022 年 10 月第 1 版　2022 年 10 月第 1 次印刷
ISBN 978 - 7 - 5218 - 3563 - 2　定价：89. 00 元
（图书出现印装问题，本社负责调换。电话：010 - 88191510）
（版权所有　侵权必究　打击盗版　举报热线：010 - 88191661
QQ：2242791300　营销中心电话：010 - 88191537
电子邮箱：dbts@ esp. com. cn）

前　　言

自 2015 年 8 月 11 日汇改（简称"8·11"汇改）以来，基于市场供给并维持人民币稳定一直是央行关注并付诸实践的重要目标。长期来看，市场供求是决定人民币汇率的第一考量，参考一篮子货币的有管理的浮动汇率政策是人民币汇率形成机制的核心，汇率市场化形成机制的转型也是顺应中国经济发展的转型，从人民币盯住美元到参考一篮子货币，从以投资、出口驱动的增长模式向扩大内需驱动，从由货币供给为主的数量型货币政策调控机制向价格型调控转型①。但是，短期权衡利弊和成本需要维持人民币稳定，如 2016 年 1 月，人民币出现较大幅贬值，离岸人民币与在岸人民币出现近 400 个基点的汇差，给国外投机势力以机会，并且加大了人民币贬值预期，央行入场离岸市场，通过大量买入离岸人民币、回收离岸人民币并未投放到拆借市场等，降低了人民币的贬值预期。

2020 年 12 月，中央经济工作会议重点提出"保持人民币汇率在合理均衡水平上的基本稳定"②，如何使人民币汇率保持合理均衡的水平，同时能够稳定宏观经济与国际收支均衡是央行关心的重要议题。一方面，纵观全球货币体系的发展史，英镑、美元、日元和欧元国际化过程与本国汇率之间呈现出显著的正向关系③。国家货币在国际化的过程中要保持货币基本的稳定。人民

---

① 人民币稳中求进大幅发展进入后美元时代 [EB/OL]. 金玲现货投资分析, http://blog.sina.com.

② 加强宏观审慎管理，引导市场逐步适应汇率市场化 [N]. 21 世纪经济报道, 2021-01-07 (1).

③ 刘陈杰. 人民币没有大幅贬值基础 [J]. 中国金融, 2016 (14): 70-71.

币在"稳慎"推进人民币国际化的过程中提升人民币跨境贸易结算与投资功能，外部需求和预期稳定效应将给人民币汇率提供支持，人民币汇率更为活跃。2021年1月，人民币保持全球第五大最活跃货币的位置，占比2.42%[①]。从资金跨境流动来看，人民币的使用比例从2019年的26%上涨至2020年的36%；2020年，全球铁矿石三巨头均在对话铁矿石贸易中使用人民币结算，土耳其开始使用人民币结算中国的进口商品，以及以人民币计价结算的国际铜期货在上海国际能源交易中心挂牌上市等[②]。另一方面，基于一篮子货币制度人民币汇率将在合理均衡的水平上保持基本稳定，我国可以保持国际收支的基本平衡且有充足的外汇储备以应对极端情况。虽然短期看，汇率双向波动幅度可能加大，主要原因是2021年资本和金融项下的国际收支总量将保持较高的水平，并拉动人民币、外币的短期供需关系，进而影响汇率。

"8·11"汇改实行具体内容后，在岸人民币的汇率中间价逐渐完善了公式化以及透明化的相关定价制度，人民银行也只能对这些中间价展开间接性干预。在具体汇率走势层面，离岸市场和在岸市场等一直维持了较高程度的实际关联性。2005年"7·21"汇改增强了人民币中间价的代表性，使得人民币汇率中间价与在岸汇率和离岸汇率之间出现汇差减小的趋势；2012年"4·12"汇改使得在岸人民币汇率更具市场性，央行减小对外汇市场的调控措施使得在岸人民币汇率更多地受到市场力量的影响，也使得在岸汇率与离岸汇率之间的汇差减小；2014年"3·17"汇改使得人民币汇率更多地受到市场力量影响，"三价合一"的人民币汇率趋势越来越明显；2015年"8·11"汇改进一步使得人民币汇率中间价具有市场性，有助于调节人民币在岸市场以及离岸市场之间的交流。"8·11"汇改更明显地使得在岸以及离岸人民币汇率与中间价汇率之间的波动趋势平缓，使得人民币汇率更具有市场性。近年来，尽管外部市场风险管理形势日益复杂，但人民银行进一步切实加强了外部预期性风险管理和加强政策导向引导，使得外汇市场的风险

---

① 数据来源于环球银行金融电信协会（SWIFT）。

② 范子萌. 人民币国际支付逆势增长迎来"开门红"［N］. 上海证券报，2021－02－19.

预期保持平稳，人民币中间价、离岸价、在岸价已经逐渐趋于"三价合一"，避免了当前人民币的大幅波动对我国宏观经济的直接冲击。外汇市场改革发展进程逐渐深入，市场抵抗一定风险的能力明显提高，银行间外汇市场银行结售汇也基本保持均等，供需基本维持稳定。

　　在现行的汇率制度中，中间价报价机制是市场化机制，参考一篮子货币和逆周期因子属于汇率稳定机制。本书主要基于人民币汇率制度选择、人民币汇率波动的影响因素，以及一篮子货币的优化方面的研究，根据目前国际形势的变化与宏观经济的发展，对人民币汇率市场化形成机制的研究进行了扩展。本书遵循从"实践"→"机制"→"实证"→"实践"的技术路线，将人民币汇率形成机制分析框架从宏观拓展到微观、从理论扩展到实证，主要分为四大部分，共14章内容，内容翔实、论证清晰。第一部分是人民币汇率市场化改革历程与政策，先是厘清了人民币汇率形成机制是货币政策的重要组成部分，汇率的稳定对国家经济的稳定具有重要的影响，论证了人民币汇率形成机制改革需要坚持市场化的方向、增强人民币汇率弹性，以更好地发挥汇率在宏观经济稳定和国际收支平衡中的"自动稳定器"作用①。之后，指出人民币汇率的稳定具有双重意义：一方面，汇率要保持在合理均衡的稳定水平；另一方面，汇率要在稳定宏观经济与国际收支平衡中发挥"稳定"的作用，并厘清外汇管理的政策、作用以及能够反映人民币汇率稳定的指数，给出人民币汇率稳定的建议。第二部分是人民币汇率市场化机制与汇率维稳机制。其中，人民币汇率市场化机制包括人民币中间价形成机制、在离岸汇率联动机制、人民币汇率价格微观发现机制以及人民币市场化与企业行为；人民币汇率稳定机制包括人民币国际化与人民币汇率、一篮子货币制度、逆周期因子等。第三部分是人民币汇率市场化改革与汇率稳定实证，包括以国际收支平衡与贸易稳定为目标的一篮子货币权重测算、人民币国际化测算、指令流与人民币价差。第四部分是人民币汇率市场化改革与汇率稳定的效果检验，包括逆周期因子稳定汇率波动的效果检验，以及人民币汇率如何影响企业的创新、出口国外增加值和绩效，得出在市场化的改革中人民币汇率保

---

① 2020年3月中国人民银行行长易纲在十三届全国人大二次会议新闻发布会上提出。

持合理稳定的水平会给予企业创新的活力，提升企业出口竞争力。通过人民币汇率形成机制对企业行为与绩效的影响研究汇率市场化的改革方向过程中，如何保持渐进式稳定波动，以给企业行为调整时机的空间与时间。为"双循环"新发展格局下，人民币汇率市场化形成机制的改革决策提供宏观与微观方面的理论依据。

目　　录

第1章　绪论 ………………………………………………………… （ 1 ）

　1.1　选题背景与意义 ………………………………………………… （ 1 ）

　1.2　研究思路 ………………………………………………………… （ 4 ）

　1.3　研究框架 ………………………………………………………… （ 6 ）

　1.4　研究内容 ………………………………………………………… （ 7 ）

　1.5　研究方法 ………………………………………………………… （ 10 ）

　1.6　主要的创新点 …………………………………………………… （ 11 ）

　1.7　主要观点和政策建议 …………………………………………… （ 12 ）

　1.8　可能存在的缺陷和未来研究方向 ……………………………… （ 15 ）

第2章　人民币汇率市场化改革与汇率稳定的文献综述 ………… （ 17 ）

　2.1　人民币汇率市场化机制之一：中间价形成机制研究 ………… （ 18 ）

　2.2　人民币汇率市场化机制之二：人民币在离岸汇率联动 ……… （ 20 ）

　2.3　人民币汇率市场化机制之三：指令流与汇率 ………………… （ 22 ）

　2.4　人民币汇率稳定机制之一：一篮子货币制度 ………………… （ 24 ）

　2.5　人民币汇率稳定机制之二：人民币国际化与人民币汇率 …… （ 33 ）

　2.6　人民币汇率稳定机制之三：逆周期因子 ……………………… （ 40 ）

　2.7　人民币汇率市场化效果检验 …………………………………… （ 41 ）

　2.8　文献评述 ………………………………………………………… （ 54 ）

第3章　人民币汇率市场化形成机制改革的进程 ·················（59）

　　3.1　人民币汇率市场化形成机制改革的历史进程 ···············（59）

　　3.2　2005年的"渐进式"汇改 ·····························（61）

　　3.3　"8·11"汇改之后人民币汇率市场化改革方向···············（63）

　　3.4　人民币汇率市场化形成机制改革的新要求 ················（64）

　　3.5　本章小结 ·····································（66）

第4章　中国央行的外汇管理与人民币汇率稳定 ·················（68）

　　4.1　中国央行外汇管理 ·······························（68）

　　4.2　央行外汇调控与人民币汇率稳定 ·····················（73）

　　4.3　近期人民币兑美元和非美元货币的波动幅度 ··············（77）

　　4.4　本章小结 ·····································（82）

第5章　人民币汇率市场化机制 ·····························（83）

　　5.1　人民币汇率中间价形成机制 ························（84）

　　5.2　在、离岸人民币汇率联动机制 ······················（88）

　　5.3　指令流、人民币汇率预期与在岸、离岸汇率价差 ···········（91）

　　5.4　人民币汇率市场化与企业行为 ······················（97）

　　5.5　本章小结 ···································（105）

第6章　人民币汇率稳定机制 ····························（107）

　　6.1　人民币国际化与人民币汇率稳定 ····················（107）

　　6.2　人民币汇率—篮子货币制度 ·······················（110）

　　6.3　解决非对称贬值的方法：逆周期因子 ·················（117）

　　6.4　本章小结 ···································（122）

第7章　国际收支平衡与贸易稳定的人民币货币篮权重测算 ··········（124）

　　7.1　我国最优货币篮的币种权重 ·······················（125）

7.2　我国货币篮政策的绩效检验 ················· （131）

7.3　"一带一路"倡议对货币篮权重的影响 ········· （137）

7.4　本章小结 ···································· （143）

第8章　人民币国际化地位、人民币汇率稳定与金融资产
　　　　境外持有量 ································ （144）

8.1　人民币国际化现状 ························ （144）

8.2　人民币国际化指数测算 ···················· （156）

8.3　美元及人民币全球地位变动的原因分析 ········· （163）

8.4　人民币国际化地位、汇率与金融资产境外持有量的
　　　实证设计 ································ （167）

8.5　本章小结 ································· （176）

第9章　指令流与在离岸人民币汇率实证 ············· （178）

9.1　模型设计 ································· （178）

9.2　指令流分类型研究 ························ （187）

9.3　指令流、汇率预期与人民币汇率价差 ··········· （190）

9.4　指令流与汇率预期实证结果 ················· （191）

9.5　指令流的中介效应 ························ （197）

9.6　本章小结 ································· （199）

第10章　逆周期因子稳定汇率效应研究 ·············· （201）

10.1　实证设计 ································· （201）

10.2　变量统计 ································· （202）

10.3　三因子模型分析 ·························· （203）

10.4　本章小结 ································· （211）

第11章　人民币汇率与企业研发创新 ··············· （212）

11.1　人民币汇率与企业创新的指标测算 ··········· （212）

11.2　人民币汇率与企业创新的回归结果 ……………………（219）

11.3　中间品进口以及出口强度的稳健性检验 ……………（227）

11.4　本章小结 ……………………………………………（230）

第12章　人民币汇率与企业出口国外增加值率 ………………（232）

12.1　企业出口国外增加值测算 ……………………………（234）

12.2　人民币汇率与企业出口海外增加值的实证设计 ………（242）

12.3　影响渠道检验 ………………………………………（246）

12.4　本章小结 ……………………………………………（257）

第13章　人民币汇率对企业绩效的影响研究 ………………（259）

13.1　人民币汇率的趋势分析 ……………………………（261）

13.2　企业绩效指标测算 …………………………………（261）

13.3　人民币汇率与企业绩效实证设计 ……………………（264）

13.4　本章小结 ……………………………………………（283）

第14章　研究总结 ……………………………………………（285）

附录 ………………………………………………………（291）

参考文献 …………………………………………………（304）

第1章 绪 论

1.1 选题背景与意义

新冠肺炎疫情期间，我国经济恢复迅速，人民币汇率升值压力持续增大，无疑也加速了外资对人民币资产的配置，2021 年人民币升值预期达到 10%，加剧了人民币汇率波动的幅度。2020 年 12 月，中央经济工作会议重点提出"保持人民币汇率在合理均衡水平上的基本稳定"①，因此，人民币汇率的维稳是央行工作的重中之重；此外，人民币汇率升值预期具有一定的市场基础，2020 年，我国货物贸易进出口总值为 32.16 万亿元人民币，比 2019 年增长 1.9%。其中，出口总值为 17.93 万亿元，增长 4%；进口总值为 14.23 万亿元，下降 0.7%；贸易顺差为 3.7 万亿元②，增加 27.4%。顺差的增长与顺差的预期也是人民币升值预期增加的原因。

央行一直在努力应对人民币升值压力持续增加的情况，2020 年第四季度，央行首先将远期售汇风险准备金率降至 0，其次将逆周期因子淡出人民币中间价报价模型，并下调了金融机构跨境融资宏观审慎调节参数至 1；2021 年 1 月 1 日开始调整货币篮子的权重，美元的中国外汇交易中心（CFETS）指数权重由之前的 0.2159 降至 0.1879，欧元的中国外汇交易中心（CFETS）指数权重由之前的 0.1740 升至 0.1815，降低人民币有效汇率中的美元权重，可以

---

① 本报记者. 加强宏观审慎管理，引导市场逐步适应汇率市场化［N］. 21 世纪经济报道，2021 - 01 -07（1）.

② 资料来源于海关总署。

避免人民币汇率被美元贬值周期的极端可能性高估，进而影响市场预期；目前，中国人民银行、国家外汇管理局决定将境内企业境外放款的宏观审慎调节系数由 0.3 上调至 0.5，提高了境内企业境外放款的上限，可以满足企业境外投资需求，也有利于扩大人民币跨境使用，促进跨境资金双向均衡流动，减轻人民币升值压力①。紧接着，央行会同国家发展和改革委员会（以下简称"发改委"）等部门联合发布了《关于进一步优化跨境人民币政策支持稳外贸稳外资的通知》，鼓励企业更多使用人民币，减少外币放款。

保持人民币汇率在合理均衡的水平基本稳定同时推进人民币汇率市场化机制改革是一个复杂的系统工程。2021 年 1 月 6 日，央行提出工作重点：深化人民币汇率市场化改革，促进贸易投资便利化，完善人民币使用相关政策制度；继续推动金融市场高质量双向开放；促进本外币、离岸在岸市场的良性协调发展等，继续完善市场机制。同一天，国家外汇管理局公布的 2021 年外汇管理重点工作包括防范跨境资本异常流动风险，进一步完善外汇市场"宏观审慎 + 微观监管"两位一体管理框架。两部门都强调了加强宏观审慎管理的重要性，一个侧重深化改革，另一个强化监管，为人民币汇率稳定与国际化护航。监管部门也应该普及企业用汇以及汇率风险对冲的教育培训，帮助企业改善风险管理，引导市场逐步适应汇率市场化带来的波动以及主动参与人民币国际化进程。

根据党的十八届三中全会上的公文公布，当前全面深化改革人民币汇率、完善金融市场体系等目标的重要组成部分之一是"完善人民币汇率市场化形成机制"。2015 年 8 月 11 日，中国人民银行进一步推进并完善了人民币汇率市场化形成机制的进程，使得人民币兑美元的汇率中间价的日值更大程度地反映了上一日的收盘价②。此举一举扭转了过去人民币兑美元的汇率中间价与市场价持续背离的局面，在坚持把握人民币汇率市场化的道路改革方向上具有非常大的意义③。回顾 2013 年至今的人民币汇率走势，2017 年升值、2018 年贬值、2019 年贬值，2020 年已出现持续贬值的压力，从长远来看，或许中

① 解旖媛. 人民币对美元汇率继续升值 [N]. 金融时报，2021 - 02 - 19.
②③ 张晓莉，严龙琪. 人民币实际汇率调整对中国制造业就业影响——来自 1998 ~ 2007 年细分行业数据的证据 [J]. 国际商务研究，2016，37（5）：32 - 43，52.

国货币当局会允许人民币汇率相对一篮子货币双向弹性宽幅浮动，以顺应经济基本面的变化。但中国绝不会以贬值来促进出口，而且近年来，人民币一直保持着市场化进程与稳定的平衡，央行中长期目标是实现在汇率波动区间范围内的人民币汇率双向弹性波动幅度，并保持基本稳定。

央行的长期政策推进方向是促进市场化的变革，逐步增加对汇率市场化形成机制的关注和投入程度，同时使得人民币汇率在合理的汇率区间内平稳波动。其主要得益于：第一，我国的人民币汇率不与美元汇率完全同幅度波动，美元与人民币之间不存在固定汇率，并且运用独立的货币政策使得我国的汇率形成机制在一定程度上稳定；第二，人民币汇率形成机制没有完全受市场力量支配[①]，而是坚持市场化改革，根据市场上的供给和需求之间的关系，以一篮子货币为汇率浮动提供波动区间的合理范围，并且使得人民币汇率大致平稳。因此，如何在防止人民币过度贬值的同时，避免外汇储备的急剧下降，是中国货币当局面临的严重挑战。中国人民银行一方面以推进人民币汇率市场化为理论目标，另一方面又不希望人民币汇率过多由市场供给与需求关系这一外向性以及不稳定因素控制，以至于在实践中汇率含有诸多不可控因素，进而造成人民币汇率波动较大，这与促进汇率在一定区间平稳波动的目标相违。因此，一方面要关注外汇市场的供给和需求状态以及与我国经济与贸易联系密切的国家的货币汇率报价组成的人民币汇率中间价，另一方面要注意一篮子货币组合中各个货币所占的比例，化解市场下货币自由流动的平衡关系与实现货币在合理的汇率范围内波动的目标之间的矛盾。因此，要推动人民币汇率市场化形成机制的发展，即要想得到发展就要在实现人民币一定区间的波动幅度的基础上，调查一篮子货币所包含的币种以及其相应的比重。

2016 年底，人民币正式加入特别提款权（SDR），开启了人民币国际化的新的征程，中国正在一步步融入国际货币体系。人民币国际化是 21 世纪的中国重要的发展目标之一，而加入 SDR 是人民币国际化进程中一个重要的转折点。

---

① 李皓宇. 货币政策完成得比预期好——易纲、陈雨露、潘功胜纵谈货币金融问题［J］. 中国金融家，2017（3）：38－39.

在人民币国际化的进程中，金融资产通过各种形式跨境流动，其中也包含许多违规渠道。当今经济全球化和金融全球化的趋势不可阻挡，人民币走国际化道路，不仅能够促使世界金融产品的流通更加自由，加快金融一体化步伐，而且会提高中国金融资产在国际上的竞争力。因此，研究人民币国际化以及积极的汇率预期对我国金融资产跨境持有量①的影响，对推进人民币国际化和管理中国金融资产跨境持有都具有很好的借鉴意义。

本书一方面梳理了人民币汇率形成机制的发展，同时通过使用综合指标，测试人民币现阶段的发展程度，揭示人民币国际化进程，反映自2005年汇改后人民币国际化进程的成果，"8·11"汇改对市场的影响，央行在使人民币汇率处于合理均衡稳定水平所采取的措施，以及人民币汇率通过指令流价格发现机制进行微观传导的机制研究具有重要的理论意义；另一方面，实证研究论证了人民币汇率双向弹性波动对企业创新行为和绩效的影响。在全球经济、金融一体化和国际货币体系多元化背景下，研究人民币国际化问题对我国今后选择适当政策工具，促进国内金融市场发展具有重要的现实意义。这一命题有利于中国在当前背景下，稳步推进人民币国际化，提高我国在国际经济贸易中金融资产方面的地位和话语权；还能够促进世界金融体系稳定，加快金融全球化，共建顺应经贸发展需求趋势的新型国际货币体系。

1.2　研究思路

本书遵循从理论与事实梳理（外汇制度改革与管理）→理论机制（人民币汇率市场化与稳定机制）→实证检验（人民币汇率市场化与稳定实证）→实践分析（人民币汇率市场化与稳定的效果检验）的总体研究思路，具体研究思路如下：一方面，在系统梳理人民币汇率相关研究基础上，对已有人民

---

① 中国金融资产跨境持有量是指其他国家持有中国金融资产的数额。资料来源于 IMF 的 CPIS 数据库。

币汇率形成机制分析框架进行突破，指出人民币汇率形成机制的核心在于一篮子货币制度，以贸易稳定与国际收支均衡为目标构建货币篮优化模型，得出稳定汇率水平的最优权重；另一方面，从宏观、微观角度发现人民币汇率市场化与稳定均衡的规律；同时，通过人民币汇率形成机制对企业行为与绩效的影响得出如何使汇率市场化的改革方向保持稳定，以给企业行为、绩效调整的时机。

通过文献研究、理论机制研究、定性分析、实证分析以及比较分析等，借用实证研究展开了人民币汇率的不同层次的影响。并且，围绕人民币汇率研究主题，提出若干具有可操作性的政策建议。

首先是人民币汇率市场化改革历程与政策。

（1）梳理人民币汇率的四次重要改革，以及央行管理措施与货币篮调整的历程。

（2）厘清央行在稳定汇率方面的政策，整理了目前人民币汇率的浮动幅度。

（3）简述人民币一篮子货币的调整过程，在此基础上研究了人民币汇率中间价、在岸与离岸人民币汇率的走势。

其次是人民币汇率市场化机制与汇率稳定理论机制。

（1）研究人民币汇率中间价的形成机制，始终坚持市场化方向。

（2）探讨在离岸人民币联动机制，找出在岸人民币汇率与离岸人民币汇率之间的价差的关键因素。

（3）从微观指令流角度研究人民币在岸、离岸汇率价。基于指令流微观市场考察影响在岸人民币汇率与离岸人民币汇率之间的价差的关键因素。

（4）汇率预期、指令流与人民币汇率价差汇率关系研究。

（5）一篮子货币机制，构建以市场供求为基础的一篮子货币的理论模型。

（6）逆周期因子机制，根据中间价＝前一日收盘价＋一篮子货币汇率变化＋逆周期因子的公式倒推以得出逆周期因子。

再次是人民币汇率市场化改革与汇率稳定，进行实证。

（1）测算基于国际收支平衡与贸易均衡的货币篮最优权重，在贸易平衡、国际投资头寸（IIPs）以及汇率数据已知的情况下，求解出最优解。

（2）对我国货币篮绩效进行检验，通过"一带一路"倡议中国家在一篮子货币中权重的变化对货币篮绩效进行检验。

（3）采用 13 个结构指标与 13 个规模指标，测算国家货币的全球地位根据 2015 年的结果，可知人民币的全球货币地位逐步上升，人民币汇率市场化机制改革进一步推动人民币全球地位的提升。

（4）研究人民币国际化、人民币汇率与金融资产境外持有量之间的动态互动关系。

最后是人民币汇率市场化改革与汇率稳定的效果检验。

（1）逆周期因子稳定汇率中间价的效应检验。通过构建 VAR + EGARCH (1.1) 模型，分析了逆周期因子影响中间价的变动对人民币汇率中间价的趋势，以及人民币汇率的波动性的影响。

（2）人民币汇率波动与企业研发创新：基于进出口双效应视角。立足于企业层面，研究了人民币汇率对出口技术复杂度的影响，并充分考虑了企业出口技术复杂度在企业界间多样化的事实。

（3）人民币汇率与企业出口国外增加值率的关系。从总体、成本加成渠道以及企业进出口强度差异的角度进行实证检验，并进一步考虑了分样本讨论以及可能的内生性检验及稳健性检验。

（4）人民币汇率对企业绩效的影响研究，主要讨论了汇率变动对企业绩效的影响。

1.3　研究框架

本书主要在梳理了人民币汇率形成机制的基础上，研究了人民币汇率形成机制的理论，并进行实证，最后通过对企业行为与绩效的研究验证了人民币汇率形成机制的核心内容以市场化为基础，保持汇率稳定合理的水平。人民币汇率市场化改革与汇率稳定研究框架如图 1 – 1 所示。

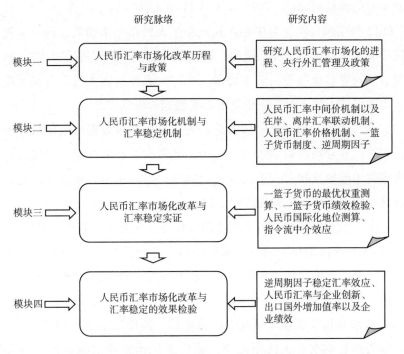

图 1-1 人民币汇率市场化改革与汇率稳定研究框架

1.4 研究内容

（1）梳理了人民币汇率的四次重要改革，明确了人民币汇率中间价形成机制的核心。

（2）外汇管理与货币篮调整研究。立足于外汇管理制度，对外汇管理目标、外汇管理现存问题以及外汇管理改革方向进行详细阐述，包括货币篮币种构成、影响货币篮选择因素、货币权重优化等，对外汇管理与货币篮调整进行了全面总结。

（3）以市场供求为基础的参考一篮子货币。近年来，人民币汇率形成机制发生了很大的变化。2005 年 7 月的汇率改革开始提出实行以市场供求为基础、参考一篮子货币、有管理的浮动汇率，但实际上人民币汇率主要参考美元，随美元的波动而波动。2015 年 8 月 11 日汇改（以下简称"'8·11'汇改"）和 12 月中国外汇交易中心正式发布了人民币汇率指数，这一事件标志着人民币实现了真正地与美元脱钩，进入实质上"一篮子货币时代"。从更多地参考美元到更多地参考一篮子货币，央行在逐步实现人民币与美元脱钩的同时，力图保持人民币对一篮子货币汇率的相对稳定。

（4）人民币货币篮政策时效检验研究。采用面板数据的固定效应模型对其进行测算，并分别选取 2005 年和 2015 年两次重要汇改进行对比，分别估计了实施货币篮政策和引入中间价机制的货币篮政策的计量模型，进而得到汇率波动对我国进出口影响程度的变化。

（5）从宏观经济角度研究人民币国际化与人民币汇率波动。采用 13 个结构指标与 13 个规模指标，测算国家货币的全球地位根据 2015 年的结果，可知人民币的全球货币地位逐步上升，人民币汇率市场化机制改革进一步推动了人民币全球地位的提升。

（6）从微观指令流角度研究人民币在岸、离岸汇率价。基于"指令流"微观市场考察影响在岸人民币汇率与离岸人民币汇率之间的价差的关键因素，得到两者之间的汇率差受到指令流的影响，并且汇率价差会分别显著受到汇率价差以及人民币资金存量两者的二阶滞后的影响。此外，在研究指令流的组成部分时发现在经历汇改后指令流对汇率价差的影响不同。因此提出，应该在推进汇率市场化进程、增加国内利率的管控的措施的同时，大力发展国内金融市场，增加人民币的国内外的贸易投资交易流通途径，加强在岸人民币市场与离岸人民币市场联动性，以解决人民币汇率常态化双向浮动的趋势。

（7）汇率预期、指令流与人民币汇率价差汇率关系研究。指令流在汇率预期与在岸、离岸汇率价差之间起到媒介作用。利用时变参数向量自回归模型（TVP-VAR）研究了指令流对在岸与离岸人民币汇率价差的影响，通过等间隔脉冲响应函数发现汇率价差对指令流和汇率升贬值预期的冲击都表现出显著的时变特征，宏观变量汇率预期升贬值对指令流有负向影响，指令流对汇率价差的影响也为负向，并且滞后阶数越长影响越显著；进而通过中介效应发现，在汇率预期影响在离岸汇率价差的过程中，指令流起到了显著的中介作用，存在"汇率预期→指令流→汇率价差"的影响机制。

（8）逆周期因子引入对修正市场上投资者的非理性预期具有重要的作用，使得汇率的波动能够更加反映我国宏观经济的基本面的关系，汇率变动对宏观经济的反映更加充分，有效地缓解了市场上的羊群效应。

（9）人民币实际有效汇率波动与企业研发创新：基于进出口双效应视角。立足于企业层面，研究了汇率对出口技术复杂度的影响，并充分考虑了企业出口技术复杂度在企业界间多样化的事实。这也能够更进一步体现中国制造业企业出口技术复杂度的变化特点，把握汇率对技术复杂度影响的内部机制。这不仅有助于减少汇率对企业提高出口技术复杂度的负面影响，也是我国实行供给侧结构性改革中的重点内容，同时，为我国制造业企业产业结构升级提供新的视角和依据，有利于中国在新常态下引导企业提高竞争力，并为中国的制造业全球价值链攀升提供参考依据。

（10）人民币汇率与企业出口国外增加值率。分别测算经进出口均值份额加权、初始份额加权的实际有效汇率和四种不同方法下的企业出口海外增加值率，然后从总体、成本加成渠道以及企业进出口强度差异的角度进行实证检验，并进一步考虑了分样本讨论以及可能的内生性检验及稳健性检验。

（11）人民币汇率对企业绩效的影响研究。自 2015 年汇率改革以来，人民币汇率走势一直表现为上升的趋势，但近年来，美元加息的预期和行动使得人民币汇率开始波动下降，尤其是 2019 年 8 月，美元对人民币汇率突破 7 这一数值，汇率的贬值趋势形成。汇率变动必然会对企业造成影响，影响其进出口行为决策和持续经营，企业绩效作为反映企业竞争力的核心指标，研究汇率变动对其影响显得尤为重要，有助于企业积极参与国际贸易及企业长期绩效的提升，促进产业结构升级，提高国际竞争力，同时为政府政策的制定提供了理论支持和决策参考。

本书的研究技术路线如图 1-2 所示。

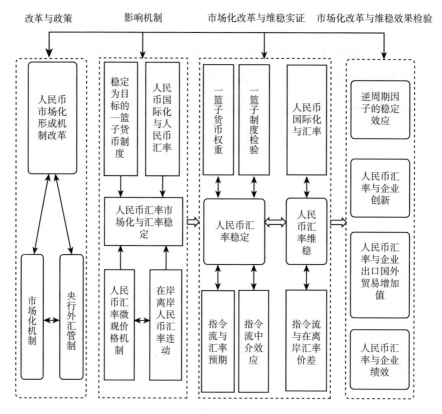

图 1 – 2　本书技术路线

1.5　研究方法

本书在上述内容的基础上，通过以下研究方法分析人民币汇率市场化形成机制改革与稳定等一系列的研究。

（1）将指令流引入汇率价格发现机制，并采用时变参数向量自回归模型（TVP-VAR）来研究指令流与汇率之间的动态变化。

（2）采用因子分析方法计算人民币国际化地位指数，并采用多国面板数据来验证人民币国际化地位与境外人民币持有量之间的动态影响机制。

（3）运用固定效应模型和 Probit 模型来考察企业进、出口加权实际有效汇率对企业的研发创新活动的影响。

（4）分别测算经进出口均值份额加权、初始份额加权的实际有效汇率和四种不同方法下的企业出口海外增加值率。

（5）将净资产账户稳定纳入货币篮政策目标，根据收支平衡模型分析合适的货币篮子的货币组合模型。

（6）通过构建 VAR + EGARCH（1.1）模型，分析了逆周期因子通过影响中间价的变动对人民币汇率中间价的趋势以及人民币汇率的波动性的影响。

1.6　主要的创新点

1. 研究内容的创新

（1）突破了已有人民币汇率形成机制分析框架。回顾近 20 年来人民币汇率形成机制改革的历程，人民币汇率在市场化的方向进行了一系列重大的改革，这一方向与我国宏观经济的发展有着紧密的正向关系。本书不仅考虑了人民币汇率市场化的改革方向，还加入了如何在改革的过程中保持人民币汇率稳定，以给企业行为、绩效调整的时机。

（2）从宏观层面探讨了人民币国际化推进策略，即可以通过扩大海外投资者持有的国内金融资产、增强对国内金融资产的需求、降低国内企业的融资成本、扩大融资规模和来源范围，提高中国金融资产的竞争力政策的理论基础。

（3）从微观层面研究了人民币汇率的价格发现机制，考察汇率价格差异的影响因素，加入了微观市场价格传递的重要指标指令流。

（4）构建了以国际收支平衡为目标的一篮子货币模型，进一步探索中国货币篮政策真实的作用效果以及汇改绩效。

（5）从理论上研究了人民币汇率与企业创新行为、绩效之间的关系，拓展了人民币汇率市场化与稳定机制的内容，为人民币汇率在企业可控制的合理区间中变动提供了理论支持。

2. 研究方法的创新

（1）注重历史经验分析、与现实案例归纳方法的结合。人民币汇率形成机制改革是在一个较长的历史过程中发生的经验事实，经历过基础夯实、起步跃升与调整巩固三个阶段，历史的经验值得总结。同时，当今全球化加快与"双循环"新发展格局下，人民币汇率形成机制的改革还需要秉承与宏观经济发展一致的方向。

（2）注重从系统论角度来讨论人民币汇率形成机制的约束条件。人民币汇率形成机制牵涉面非常广泛，既涉及经济开放、国际贸易和资本跨境流动，又涉及国内实体经济发展和资本市场建设问题，也涉及经济高质量增长与内需扩大问题，本书的研究牢牢抓住市场化与稳定的思路，整合国际政治经济学与国际贸易学及其他相关的经济学理论，构建一个解释人民币汇率形成机制宏微观影响因素之间相互关系及其作用机理的理论框架；在使用历史分析法、比较分析等方法进行定性研究的同时，注重多种前沿性实证检验方法的结合运用，如综合利用因子分析法、TVP-VAR、计量回归等。

（3）注重宏观与微观、中观各层面研究方法的综合。克服以往文献使用方法、手段相对单一、静态、表面化带来的局限性，既从宏观层面厘清内生变量与外部冲击的不同影响，也从微观层面剖析内在机理与生成原因，还从中观层面理清宏观、微观层面相互间的逻辑联系；既考虑了宏观变量之间，如人民币国际化、境外人民币资产持有量对人民币汇率的影响机制，也考察了指令流影响汇率价格的微观逻辑。

（4）研究工具的突破、创新或推进。注重科学的研究方法与分析工具的结合运用。尝试构建了由依靠单一目标建立模型到组合运用两种目标建立最优权重模型，并运用高频数据对汇率波动性进行估计。同时，大胆地引入非线性分析方法、时变参数分析方法，并综合运用主成分分析、格兰杰因果关系检验等相关复杂系统的分析方法，从而提高了对这一复杂性问题的分析效率，使分析结论更加可靠、更具有适用性和可操作性。

1.7　主要观点和政策建议

本书通过上述一系列研究方法以及相应的数据，结合当前国内、国际形势，提出了以下主要观点以及对于政策方面的建议。

1. 主要观点

（1）人民币汇率与人民币国际化程度密切相关，人民币能够更好地发挥货币的计价、结算和价值储存国际职能，增强该国在国际金融市场的地位。货币国际化程度高，则该国货币的流通性更强，投资者对该国货币的投资信心增强，更愿意持有该国的货币资产，也就是说，人民币国际化趋势的加强，有利于强化人民币汇率保持稳定。

（2）提高在岸市场与离岸市场之间的联动性。汇率实现双向波动，对我国的汇率市场化改革具有较强的借鉴意义。

（3）做市商在价格发现方面的作用需要进一步挖掘，其使得中间价更能够反映市场信息的关键一步得到实践，在疏通信息渠道方面对市场化进程的推进也具有重要意义。

（4）分别估计了实施货币篮政策和引入中间价机制的货币篮政策的计量模型，进而得到汇率波动对我国进出口影响程度的变化，估计结果表明我国实行的货币篮政策对于缓冲汇率波动对进出口的影响起到了显著的作用。

（5）人民币贬值，出口实际有效汇率对企业的研发创新活动有促进作用，主要是由于企业的出口收益增加，企业用于研发的资金增多，进而促进企业研发。而人民币升值，进口实际有效汇率对企业的研发创新活动有促进作用，这主要是通过影响企业的中间品进口的成本来影响企业研发创新活动，人民币升值时企业进口成本下降，在企业面临的需求弹性不变的前提下，会增加对国外中间品的购买，从而促进企业的研发创新活动。但是，不同特征的行业有不同的影响。对于从经济合作与发展组织（OECD）国家进口、一般贸易、高技术含量的产业，能够通过进口中间品以及出口收益促进企业研发创新；而战略性新兴产业与高新技术产业的创新行为对进出口汇率反应并不敏感，这类企业的性质与相关国家政策。

（6）企业在面对汇率冲击时，会较大地调整企业出口方向，而进口层面的调整有限。我们在引入企业成本加成率的考察时发现，在面对本币汇率增长时，公司成本增幅明显下滑，公司成本增幅下滑会导致企业出口收益的下滑，进而使得企业出口国外增加值率上升。

（7）总体上，实际有效汇率增长会降低盈利水平，对企业风险承担能力有正向影响。具体来说，在间接标价法下，人民币实际有效汇率上升，短期内企业出口受到影响，企业的盈利能力降低。但长远来看，汇率的升值，进口成本相对下降，企业通过进口高质量中间品以及外界压力来提高企业的风险承担能力。

2. 政策建议

（1）人民币国际化的推进可以扩大海外投资者持有的国内金融资产，增强对国内金融资产的需求，降低国内企业的融资成本，扩大融资规模和来源范围，显著提高中国金融资产的竞争力。

（2）促进外汇市场向半强势有效市场方向发展。据此，指令流能提高信息传递的有效性以及代表性，在岸与离岸市场的汇率之间的价格差异就能被有效减小。

（3）积极发展金融市场。来自证券投资的指令流增大在岸、离岸的汇率价差，使我国证券市场不能有效应对市场风险和市场负面信息，据此，可以通过完善在岸证券市场、创新金融衍生品、活跃证券市场交易、拓展和提高人民币合格境外机构投资者（RQFII）范围及额度、积极促进上海国际金融中心的建设，带动中国金融市场的发展，推动人民内部国际化。

（4）加强对跨境资本流进流出的审核和监督。国际热钱的流入易扰乱国内市场的稳定，尤其是短期资本可能在寻找投资套利机会；而资金的大量流出也会造成国内市场的恐慌，应加强管理并完善对应措施。

（5）为了进一步推进人民币汇率市场化进程，要增加"一带一路"政策效果，增加相关国家的币种比例。

（6）为了促进我国企业创新能力的提升，国家相关部门在商榷有关汇率的方针时，要充分考虑汇率波动对企业研发创新能力的影响，将汇率在公司可控制的合理区间中变动。

（7）首先，加速中国制造业转型升级。随着国际化分工的不断发展、我国对外开放的不断推进，我国企业参与全球化竞争的程度会不断加深，如果不切实提高我国企业在出口贸易中的竞争力，很容易受到市场风险，尤其是汇率风险的冲击。其次，审慎调整汇率政策。从研究结果可以看出，企业在面对汇率升值时，进出口层面对企业出口国外附加值率的影响程度不同，且企业在面临汇率升值时，出口层面的影响程度要大于进口层面的影响，政府在调整汇率政策时，应充分考虑可能对企业进出口方向的不同影响，引导企业对国内和国外中间品的配置分配，以更好地提升企业参与全球市场的竞争力，提高企业盈利能力，更好地调整国内产业结构。

（8）一般而言，汇率贬值有利于企业出口增加和盈利能力的提升，本币升值则会带来负面影响。但长期来说，汇率升值会通过进口成本节约和进口竞争效应促进企业风险承担能力的提升，对企业的持续性发展带来正面的影响。在产业升级的大环境下，促进出口已经不是企业的首要任务，提高产品质量和国际竞争力，使得出口贸易由量到质，实现贸易大国到贸易强国的转变才是关键任务。鼓励企业积极参与国际竞争，进口高质量中间品和技术设备，学习国外先进技术经验，提升企业的风险抵抗能力。民营和外资企业具有更强的经营自主性，应该更加积极参与国际贸易，主动调整生产计划，提高人力资本等投入加强自身实力。

（9）完善金融市场建设，制定相应政策，促进企业发展。金融市场完善，企业融资约束低，不仅有利于缓解升值对盈利能力的负向影响，更在长期发展中提升企业的风险承担能力。政府决策部门应在考虑汇率变动对企业绩效影响的前提下，选择合适时机和改革力度进行汇率改革，使出口企业能够尽快适应汇率变动带来的影响，为企业创造稳定的宏观经济环境。企业也应该合理配置资产，拓宽内部融资渠道，降低融资约束。

1.8　可能存在的缺陷和未来研究方向

1. 可能存在的缺陷

由于研究问题的复杂性以及时间限制，目前的研究还存在许多局限性，主要表现在以下几个方面：一是在理论研究上，目前还局限在人民币汇率在岸、离岸价差一般性问题展开研究，所形成的成果基本上是框架性的；二是在研究范围上，将重点放在中国宏观经济问题上，对汇率波动对企业层面发展的传递问题只是稍有涉猎，需要在以后的研究中，扩大相关研究范围与视野；三是在实证分析方面，由于篇幅和时间限制，并没有对我国的企业层面未来发展问题展开全方位分析与研究，不免给人留下以偏概全的印象。

2. 未来研究方向

针对目前研究存在的不足及尚未完成的任务，研究者将在已达到的研究层次上，进一步对"双循环"新发展格局下人民币汇率稳定与风险防范研究展开深入探讨，主要包括以下五个方面的内容："双循环"下人民币汇率形成机制研究；多边贸易体系下全球贸易再平衡与人民币汇率稳定；"双循环"下国际金融发展促进人民币汇率稳定；扩大内需为导向的国际贸易新格局与人民币汇率稳定；"双循环"下人民币汇率的风险防范：宏观审慎＋微观监管。

第2章　人民币汇率市场化改革与汇率稳定的文献综述

人民币汇率形成机制改革一直是经济深化改革的重要内容，在开放经济条件下作为两个国家货币的兑换价格，汇率一直是影响宏观经济的核心变量。人民币汇率形成机制是法定货币为了适应自身的发展和经济贸易发展的需要，所进行的不断调整人民币与其他货币的兑换比率以及不断调整相关政策的过程。我国的汇率机制改革主要有1994年汇率并轨、2005年"7·21"以市场供求、参考一篮子货币、2015年"8·11"中间价报价机制、2017年5月引入逆周期因子。

随着经济全球化趋势的不断发展与完善，我国对外贸易在本国的经济发展中扮演着越来越重要的角色，相应的对外贸易依存度也越来越高。汇率作为国际贸易中的重要调节杠杆，特别是人民币汇率作为我国与世界经济发展的纽带，直接影响我国商品在国际市场上的成本、价格以及我国产品在国际市场上的竞争力，受到国际社会越来越多的关注。2018年9月19日，国务院总理李克强在第十二届夏季达沃斯论坛开幕式上致辞时强调，中国坚持市场化的汇率改革方向①，同时为汇率稳定创造条件，而中国经济基本面稳健、国际收支平衡、外汇储备充裕这三个因素能够让人民币汇率在合理均衡水平上保持基本稳定。2020年12月中央经济工作会议重点提出："保持人民币汇率在合理均衡水平上的基本稳定"；如何使人民币汇率保持合理均衡的水平，同时能够稳定宏观经济与国际收支均衡是央行关心的重要议题。因此，人民币汇率改革是市场化坚定不移的方向，一方面宏观经济信息与微观的价格发现

---

① 坚定不移推进人民币汇率市场化改革－财经频道－金融界 [EB/OL]. http：//finance. jrj. c.

机制都是市场化的有力支撑，另一方面市场化的过程中也会对实体经济产生影响并将影响反馈在汇率形成机制中，因此，人民币汇率形成机制不仅包括宏观经济、微观价格机制，还有来自实体经济最真实的反映。人民币汇率的稳定包括两方面：一方面是稳定汇率的政策一篮子货币制度以及逆周期因子，另一方面是国际收支平衡与贸易的稳定。本书对人民币汇率形成机制的宏观、微观及市场化改革等对企业的行为影响的论文进行研究，从内容、方法及研究方法等方面进行了评述。

2.1　人民币汇率市场化机制之一： 中间价形成机制研究

自 2005 年汇率改革以来，中国汇率机制一直存在争议。中国尚未在汇率机制中明确参考货币篮子的构成和货币权重的分配，而中国人民银行只披露了货币篮子选择原则和货币篮子权重分配。目前，人民币已经能够在经常账户下自由交易，中国逐步促进了金融资本项目的开放性。但是，中国的汇率在中间价格的参考货币篮子的汇率下波动，被外界广泛认为与其经济实力不一致。再加上中国外汇市场的不成熟，国内经济结构无法有效利用资源，短期流动资金高度无法控制，导致中国汇率频繁波动。高频波动的汇率给中国的对外贸易带来了不便，加大了中国人民银行的监管难度，加剧了国内金融市场的动荡和不稳定。在资本市场上，要进一步促进中国利率和人民币汇率的市场化进程，努力探索出一条汇率良性形成机制的中国道路。在早期，学者们会注重比较中间汇率制度和两种极端情况下的汇率制度的利弊。在人民币汇率传导研究的相关文献中，刘子寅等（2015）、刘金全等（2018）、杨小军（2020）分析了人民币汇率传导与通货膨胀之间的关系。廖泽芳等（2017）分析了中美贸易失衡对汇率传导所形成的汇率传导异质性特征。邓贵川等（2020）分析了支付时滞与汇率传导之间的关系，以及由此引起的宏观经济波动。本书则侧重于分析人民币汇率制度改革过程中人民币汇率传导的宏观经济影响的时变特征。从 1994 年至今，人民币汇率制度从国际货币基金组织

（IMF）定义的固定汇率区间向管理浮动区间逐渐转变，吴周恒（2020）指出在 2005 年和 2015 年的两次汇率改革后，人民币汇率定价规则与外汇市场支持性政策框架均发生了较大的转变，因此，相较贸易定价、贸易结构等其他结构性因素，人民币汇率制度演变对人民币汇率传导的宏观经济效应存在较大结构性影响。随着 2018 年后中美贸易摩擦与国际逆全球化趋势的发展，我国跨境资本流动和外汇供求将受到外部经济形势的显著影响，人民币汇率波动对国内经济影响的不确定性增加。

目前，关于中间价形成机制的研究主要集中在中间价影响因素的分析和判断上。国外学者克拉克（Clark，2017）对人民币中间价进行了分析，认为一篮子货币机制是人民币中间价的核心。张等（Cheung et al.，2018）通过研究，提出离岸人民币波动和美元指数都在人民币中间价中发挥重要作用。黄和回（Chuang & Hui，2018）等学者认为在"8·11"汇改后，人民币中间价的变化主要是离岸汇率和美元指数，两者对中间价的变化起到决定性影响。另外，在岸人民币即期汇率、在岸人民币的远期汇率差等都可能对人民币中间价起到重要影响。刘和保韦尔斯（Liu & Pauwels，2012）通过数据分析，建立仿真模型指出美国和美国以外的政治压力相关指标没有对中间价产生显著影响，但是美国内部的政治压力对中间价影响显著。

国内学者对人民币汇率中间价的评价和改革成效成果丰富。管涛（2017）指出强势人民币并不是单纯追求人民币的单边升值，人民币汇率制度改革比水平更重要。周浩（2017）、张瑜（2017）和何青（2018）认为汇率的非对称性发展通过汇率改革得到了进一步修正，而汇率收盘价格对中间价的影响也在不断降低，市场预期在"8·11"人民币中间价机制改革后得到了全面有效的引导，外汇市场的羊群效应有了较好的遏制，从而宏观经济基本面因素可以进一步增强；与此同时，人民币在国际货币市场中的作用不断提升，使得汇率中间价与人民币基本面之间保持趋近状态，降低了汇率定价效率带来的损失，进而使人民币汇率市场的规范性得到提升和保障。还有人认为，人民币中间价机制改革使汇率处于两难境地：一方面要市场化改革；另一方面要保持汇率稳定，同时要稳定经济增长，如余永定和肖立晟（2017）认为改革呈现的效果十分有限，在市场贬值预期过强时，汇率改革才会彰显作用。

2.2　人民币汇率市场化机制之二：
人民币在离岸汇率联动

党的十九大报告提出，贯彻新发展理念，建设现代化经济体系的目标，要求加快完善社会主义市场经济体制，健全货币政策和宏观审慎政策双支柱调控框架，深化利率和汇率市场化改革（孟为，2018）。随着对人民币市场化进程的推动，人民币价差也成了越来越重要的影响因素①（张晓莉等，2019）。

回顾汇率改革历程，从 2005 年 7 月 21 日到 2015 年 8 月 11 日，央行宣布继续完善人民币汇率中间价报价机制，进一步缩小人民币中间价和在岸人民币即期市场价格的偏离程度②。长时期的汇率改革措施增加了人民币汇率所确定的市场化程度，并且汇率双向浮动取得阶段性的胜利。

人民币即期汇率有两个市场③，其中作为全球第一个且目前规模最大的和中国在岸人民币市场密切相关的中国香港人民币离岸市场（简称"CNH 市场"）④ 所公示的离岸汇率与在岸汇率之间的市场汇率差价一直存在。

---

① 人民币汇率经过几轮市场化改革，汇率弹性逐渐提高，人民币外汇市场不断完善，2010 年中国香港离岸人民币市场的初步建成，成为人民币国际化的新引擎。但在岸和离岸市场的参与主体、存款准备金要求、金融监管力度以及收益率等方面的差异，导致离岸和在岸汇率价差持续存在，离岸和在岸汇率价差一定程度上是反映在岸和离岸人民币市场联动性强弱和人民币国际化程度的指标，逐渐成为研究外汇市场的重要变量。摘自：张晓莉，吴琼. 基于"指令流"微观市场的人民币在岸离岸汇率价差研究 [J]. 国际商务研究，2019，40（4）：66 - 75.

② 2005 年 7 月 21 日，央行宣布实行以市场供求为基础、参考一篮子货币进行调节、有管理的浮动汇率制度。有管理的浮动汇率制度代替了单一固定汇率制，人民币汇率开始不断上升；2010 年 6 月、2012 年 4 月，继续深化汇率改革，增大人民币兑美元汇率波动区间，提高人民币汇率弹性。摘自：张晓莉，吴琼. 基于"指令流"微观市场的人民币在岸离岸汇率价差研究 [J]. 国际商务研究，2019，40（4）：66 - 75.

③ 人民币即期汇率有在岸人民币即期汇率市场（简称"CNY 市场"）和离岸人民币市场两个市场。摘自：张晓莉，吴琼. 基于"指令流"微观市场的人民币在岸离岸汇率价差研究 [J]. 国际商务研究，2019，40（4）：66 - 75.

④ 从 2011 年 6 月年香港财资市场公会正式发布人民币离岸即期汇率定盘价后，香港人民币离岸市场（简称"CNH 市场"）的汇率差价一直存在，2015 年的"8·11"汇改则是导致在岸和离岸汇率大幅波动。摘自：冯永琦，迟静. 离岸与在岸人民币汇率联动效应研究 [J]. 商业研究，2014（10）：65 - 72.

在供给侧改革加快推进、市场金融风险日益加剧的背景下，确保良好的宏观市场环境，维持金融市场的稳定；谨慎有序地选择汇率政策变得尤为重要。因此，发现造成在岸与离岸人民币汇率价格之间差异波动的成因以及影响因素有重要的理论和现实意义，有利于通过控制影响因素将在岸与离岸人民币汇率价格之间的差异控制在合理水平，将风险和波动控制在事前，加强两岸市场的联动性，推动人民币汇率市场化改革的稳定发展，进而加快人民币国际化进程。

对于在岸汇率市场与离岸汇率市场以及两者汇率价格差异的调查存在以下两类：

（1）对人民币外汇市场价格发现的研究。价格引导方面的影响存在于境内即期或远期汇率中（代幼渝和杨莹，2007；黄学军和吴冲锋，2006；徐展等，2013），境内人民币汇率受到境外无本金交割远期外汇交易（NDF）市场更大或者单向的价格引导方面的影响（徐剑刚等，2007；李晓峰和陈华，2008；严敏和巴曙松，2010）。科拉韦基奥和芬克（Colavecchio & Funke，2008）研究了 1998 ~ 2005 年人民币 NDF 市场和七个亚洲 NDF 市场之间的关系，发现人民币 NDF 市场对亚洲其他市场有波动溢出效应；两者价格发现功能都不强。杨玲玲和孙海霞（2011）的检验结果表明境内外远期汇率对即期人民币汇率的价格发现功能都不够强。伊泽（Izawa，2006）研究了 2005 年 7 月 21 日人民币升值后的 NDF 汇率与即期汇率的关系，发现 NDF 汇率并不能引导即期汇率。

（2）即期汇率和 NDF 汇率之间有价格引导方面的影响，但即期汇率和 CNH 即期汇率之间没有价格引导方面的影响（Ding & Tse，2014）；另一个主张是中国香港人民币即期价格受到境内人民币即期价格的价格引导方面的影响（贺晓博和张笑梅，2012；伍戈和裴诚，2012；赵保国等，2012），普拉萨德和叶（Prasad & Ye，2012）认为 2011 年后在岸 CNY 汇率与离岸 CNH 汇率显现出高度相关性。马齐亚德和康（Maziad & Kang，2012）通过双变量 GRACH 模型发现在岸即期汇率引导离岸即期汇率，两个市场存在波动溢出效应。

2.3 人民币汇率市场化机制之三：指令流与汇率

随着我国外汇市场的不断发展与进一步完善，外汇市场微观结构理论所包括的变量最初是：交易者的异质性、私人信息和交易制度；随着外汇市场微观结构理论的发展，又有学者提出指令流、不对称信息等变量。在标准的市场微观结构模型中，交易者能从指令流中获知不公开的信息，交易者从指令流中获知信息的依赖性逐渐增强，指令流也逐渐成为外汇市场微观结构理论的重要研究变量。指令流是连接宏观基本面信息和短期汇率的信息中介，含有私有信息的指令流能够反映市场参与者对当前汇率的一种态度，其可在外汇市场进行信息传递。其信息传递有两个阶段：第一阶段是市场参与者把对基本面观察的信息传递给做市商；第二阶段是做市商解读指令流信息，并将其反映到汇率中间价报价中。在场外市场，流动性需求者与做市商或者会员交易产生了指令流，此时指令流汇总了市场宏观基本面信息以及投资者对这些信息的解读；在场内市场，做市商和会员挖掘客户指令流传递的汇率信息，交易并反映到现汇汇率中，进而调整汇率的报价；在这个过程中，中央银行根据交易情况适当调整，共同影响汇率价格。

国内学者对指令流的研究说明了指令流的未来研究方向、关于人民币汇率波动的作用影响以及会对交易价格、市场预期进行影响的可能性。国内相关研究有：丁剑平（2005）对指令流进行再分解研究，认为指令流对两个不同传递渠道的解释能力是未来研究的发展方向。王雅杰和陈胜安（2014）结合外汇指令流、利率差以及中央银行对外汇市场的调控构建 OLS 方程综合研究了短期人民币汇率的形成机制，发现指令流对人民币汇率波动的解释能力随着时间频度的拉长而变弱。邹家洪（2016）通过构建最小二乘回归模型实证证明指令流会影响交易价格和市场预期。

国外学者关于外汇市场微观结构中指令流方面的探索主要有两个方面：研究指令流与汇率波动的关系或者宏观信息、指令流和汇率三者关系（邹佳洪，2016）；探索汇率受到指令流的不同组成部分的作用①。

综合国内外关于指令流方面的成果，发现国内外学者关于指令流的探索大多集中在理论上作用机制总结，探讨指令流和宏观信息、汇率的联系，或者是基于最小二乘法（OLS）方法实证指令流对汇率的解释能力，鲜有学者去探索指令流与人民币在岸、离岸的汇率价差的联系，通过自回归模型证明响应变量对解释变量在一系列冲击影响下的相关反应，以及动态解释并叙述展开汇率价格差异的波动原因。

现阶段，关于指令流、境内外汇率价差和境内外人民币市场的相关探索大部分体现在以下三个方面。

1. CNY 市场和 NDF 市场

在离岸即期汇率发生在中国香港以前，存在两种观点：一种观点是境内即期或远期汇率在价格方面存在更强的引导效果（代幼渝和杨莹，2007；黄学军和吴冲锋，2006；徐展等，2013）；另一种观点是 NDF 市场在价格方面存在更强的引导效果（徐剑刚等，2007；李晓峰和陈华，2008；严敏和巴曙松，2010）。而在中国香港离岸即期汇率定价之后，出现意见分歧。也有观点认为，境内人民币即期价格引导中国香港人民币即期价格（贺晓博和张笑梅，2012；伍戈和裴诚，2012；赵保国等，2012）。

2. 在岸与离岸人民币汇率价差影响因素

陈珂和王萌（2017）以及吴立雪（2015）通过探索会造成在岸与离岸汇率价差的因素以及相关原因的同时发现相关因素是人民币资金存量、升贬值预期以及利率差异等因素。邹家洪（2016）研究认为交易价格、市场预期可能受到指令流的相关作用。吴远远和赵启麟（2017）通过扩展的 GARCH 模型研究证明汇差会受到众多因素的影响②。刘一楠和宋晓玲（2017）通过

---

① 卡彭特和王（Carpenter & Wang，2003）讨论外汇交易市场客户行为，认为来自金融机构的指令流可能包含增量信息。马什和奥罗克（Marsh & O'Rourke，2005）的实证研究表明来自非金融公司客户的指令流与汇率变化负相关，来自金融公司的指令流与汇率波动正相关。张晓莉，孙琪琪，吴琼．汇率预期、指令流与人民币汇率价差［J］．金融与经济，2019（12）：4 - 11．

② 汇率预期、市场投资者风险偏好差异、利率差异、人民币汇率政策调整和鼓励人民币回流政策等因素都会对汇差产生重大影响。张晓莉，孙琪琪，吴琼．汇率预期、指令流与人民币汇率价差［J］．金融与经济，2019（12）：4 - 11．

TVP-SV-VAR 模型研究发现人民币在岸、离岸汇率的随机动态均衡呈现出非对称性与时变性特征，尤其是"8·11"汇改后，其具有结构性突变的特征。

随着人民币汇率定价机制改革的推进，更多学者开始研究"8·11"汇改和后续逆周期因子引入对人民币定价权的影响。王盼盼等（2018）和钱燕等（2019）均发现，"8·11"汇改后人民币离岸市场掌握着人民币汇率价格的发现权，人民币在岸市场的定价权被削弱，但央行的汇率调控措施提升了在岸市场的汇率定价权。何青等（2018）通过使用 VAR 和 EGARCH 模型发现，逆周期因子的启动不仅可以在不影响人民币汇率走势的情况下降低人民币汇率波动性，而且降低了市场参与者产生的顺周期性的过度反应，修正了市场预期。王盼盼等（2018）则认为，逆周期调节因子的引入使央行在短期内重新夺回汇率定价权，维护了人民币汇率稳定，但长期可能会加剧人民币汇率失衡，引起风险的积聚。

3. 指令流、人民币汇率与在离岸汇率价差

已有相关研究者关于外汇市场微观结构中指令流的相关探索大致分为两个方面：第一类是研究指令流与汇率波动的关系，或者探索宏观信息、指令流以及汇率的关系。埃文斯和里昂（Evans & Lyons，2002）、勒夫和佩恩（Love & Payne，2002）、巴切塔和温科普（Bacchetta & Win-coop，2004）认为造成短期混乱的主要原因是基本面信息与汇率无关，但从长远来看，汇率基本面信息和指令流有着密切的关系。第二类关于探索汇率受到指令流的不同组成部分的作用程度。卡彭特和王（Carpenter & Wang，2003）、丁剑平和曾芳琴（2005）对指令流的解释能力、不同部分指令流的解释力度、客户指令流与短期汇率波动正相关的原因等进行了分类总结。

总结已有的文献得出，在离岸人民币汇率价格差异方面的探索文献较少，并且以指令流中介效应视角考察人民币汇率预期和在岸与离岸汇率价格差异之间的关系较少出现。

2.4 人民币汇率稳定机制之一：一篮子货币制度

一些学者认为，使用一篮子货币更能使人民币摆脱美元控制，中国的汇

率制度已经从盯住汇率制度变为有管理的浮动汇率制度，并参考一篮子货币。威廉逊（Williamson，2005）提出中国汇率制度改革更效率的方式是建立起适应的货币篮子，而不是调整美元盯住制度的灵活性。王水林和黄海洲（2005）分析了新汇率机制对央行货币政策和国家对外贸易的直接影响。金永军和陈柳琴（2006）从"退出策略"的角度分析了 2005 年的汇率改革，并认为中国的汇率制度在短期内仍然是"以美元为基础的软盯住汇率制度"。弗兰克尔和魏（Frankel & Wei，2008）创造性地引出外汇市场压力指标，以反映汇率制度的灵活性。截至 2007 年，美元在人民币汇率篮子中的权重逐渐下降至 0.5 ~ 0.6，而欧元的权重高达 0.39。因此，他们认为人民币汇率不与美元挂钩，而是盯住一篮子货币的汇率。丁建平和杨飞（2007）指出，汇率改革后人民币汇率的权重已经相对于美元大幅下跌，而韩元、新台币、港元的联合权重迅速上涨，这不仅反映在这些货币汇率上，也反映在汇率波动的方差中，甚至在波动的持续性中也是如此。孙（Sun，2010）借鉴弗兰克尔和魏（Frankel & Wei，2008）的研究模型对近五年来汇率日数据进行回归分析，结果发现，人民币汇率中美元的权重比率下跌至 88%。日元、英镑和新加坡元都有一席之地。因此，他认为人民币对美元不再盯住。

有学者认为，采用一篮子货币后人民币仍与美元保持较大的相关性。沙等（Shah et al.，2006）和埃里森格林（Erichengreen，2006）分析了"汇率改革"开始时的人民币汇率数据，得出的结论也是篮子中美元权重在 90% 以上，篮子中的其他货币占比微乎其微。其他学者陆续也借用模型说明了美元在我国的一篮子货币中占比较大①；还有学者认为，采用一篮子货币体系后人

---

① 芬克和格伦沃尔德（Funke & Gronwald，2008）使用条件均值 GARCH 模型来估计中国的汇率篮子。研究结果发现，近三年美元占比仍然占 89% 以上，人民币汇率挂钩/参考一篮子货币的证据较弱。穆萨（Moosa，2009）构建了汇率系统识别模型，并使用完全修正的最小二乘法对 2005 年 7 月 21 日至 2007 年 5 月 24 日的汇率数据进行回归分析。他们发现尽管汇率制度严格地与美元汇率挂钩已经被抛弃，但没有证据表明中国政府已经实行了一篮子货币的汇率制度，而是采用类似"相机爬行到美元"的汇率制度。菲德鲁克（Fidrmuc，2010）使用变系数法估算了弗兰克尔和魏（2007，2008）的模型，使用的数据来自 2005 年 11 月 3 日至 2009 年 1 月 29 日。他没有发现除美国以外的货币权重增加美元在货币篮子里。弗兰克尔认为，样本期间人民币仍与美元挂钩。陈奉先. 中国参照一篮子货币的汇率制度：理论框架与实证考察 [J]. 财经研究，2015，41（2）：27 - 40.

民币与美元的关系仍不容易确定①。陆强（2011）认为，目前汇率形成中，做市商报价制度基于美元汇率指数和市场供求状况等因素，央行也是基于报价做加权平均取值，因此人民币兑美元汇率的中间价只会在一定范围内波动。杨雪峰（2012）认为，有管理地浮动汇率的目的是防止外汇市场出现过度波动，并通过调控外汇市场超过基本面确定的汇率。根据 TARCH 模型的实证结果，央行调控市场交易的系数为 0.817，说明人民币汇率交易程度不高，央行可以调控汇率中间价来实现调控汇率变动的目标。陈学斌（2016）指出，盯住汇率制度可以达到稳定汇率的目的。但在固定汇率制度下，国际收支与内部经济之间的不平衡随时可能出现。盯住汇率制度不应该是固定汇率制度，而应该随着经济波动及时调整，以确保自动实现平衡。

1. 基于市场供求的货币篮权重

张斌（2010）根据金融危机后，提出了一个最符合长期和短期利益的人民币汇率改革方案。丁志杰和郭凯（2010）认为，在金融危机之后，他们应该选择正确的时间进行美元化。唐灵琦（2011）基于新兴大国的视角，认为必须进行汇率制度改革，以分散风险，增强金融稳定。李阳（2013）认为，参考篮子货币易受外部风险影响，可能面临控制外部资金困难和国际热钱影响等问题，并建议人民币汇率可参考一篮子商品价格指数。

杰弗里（2011）认为，人民币国际化必然要调整汇率制度，对新兴经济体而言，应促进货币国际化和发挥货币锚效应。于永定等（2016）建议中国货币当局应尽快引入"人民币汇率对篮子汇率的大幅波动"，同时采取严格的资本管制措施。宋成（2017）认为，"一带一路"倡议是开放条件下中国经济新的平衡增长道路的开端。人民币汇率政策的演变方向也应该与这一根本相适应，即建立与中国经济的建立和全面开放相匹配的基本汇率制度和调整机制。

---

① 小川和坂根（Ogawa & Sakane，2006）使用 2005 年 1 月 3 日至 2006 年 1 月 25 日的数据来估计弗兰克尔和魏（1994）的汇率分析模型。在样本期间，中国政府对汇率政策作出重大的小幅调整，但变化极小，一篮子货币制度实施不明。方等（2012）使用贝叶斯方法的数据估计弗兰克尔和魏（2007）的时变系数，发现"篮子中"美元的权重显著下降，但也没有表明其他货币的权重有上升。陈奉先. 中国参照一篮子货币的汇率制度：理论框架与实证考察 [J]. 财经研究，2015，41（2）：27 – 40.

2. 人民币货币篮币种及其权重构成

为了与我国国际贸易发展的现实情况相结合，央行对几种主要的交易货币配置了对应的权重，从而构成一篮子货币①，并在这一基础上对人民币汇率水平的变化进行计算。经过改革后的汇率制度，可以更加清晰地体现出人民币对几种主要交易货币的变动情况，能够更清楚地反映美元变动所产生的影响，降低人民币由于除美元以外其他几种主要货币变动而产生的波动，实现我国国际贸易环境的稳定发展②。篮子货币是人民币汇率调节的重要参考对象，因此也成为汇率形成机制中的一项重要因素，故而选取篮子货币并确定其权重也尤为重要。

在进行人民币—篮子货币的主要币种的选取时，部分学者认为主要考虑四种主要货币：美元、日元、欧元以及韩元，就人民币—篮子货币的权重而言，美元的权重占比较高，但长期来看有下降的趋势。张晓莉和刘啟仁（2011）提出就长期来看，我国进出口的稳定会受到货币篮政策的巨大影响，在短期内为了防范这种短期冲击的效应，应当采取相应的金融手段。朱孟楠和张雪鹿（2014）认为，人民币国际化、东亚货币合作以及国际货币体系的格局是决定我国货币篮子构成的最重要因素。

弗兰克尔和魏（1994）率先建立了一个交叉汇率回归模型，以研究货币篮子的构成。沙等（2005）、小川（2006）和埃里森格林（2006）通过加权推理模型来估算人民币汇率篮子，认为人民币仍然与人民币汇率制度挂钩美元。但是，这些研究仅针对 2006 年之前的人民币汇率进行，样本期太短，结论不具代表性③。赵金文等（2006）采用协整理论和基于 VAR 的格兰杰因果关系检验方法，建议使用八种货币，如美元、日元、欧元、港元、韩元、台币、英镑和澳元组成一篮子货币。苏玉海和于海燕（2007）估计，美元（包

---

① 2005 年 7 月，我国进行了汇率制度的改革，结合市场的货币供求状况，并以一篮子货币为参照对象进行调节，实施有管理的浮动汇率制度。

② 刘冰. 国际法视野下人民币汇率合法性的探讨［J］. 齐齐哈尔大学学报（哲学社会科学版），2008（2）：49 – 52.

③ 弗兰克尔（Flankel，2009）更新了原始数据，指出在 2007 年中期，人民币货币篮子中美元的很大一部分权重转向欧元，美元权重下降至 0.6，欧元权重上升至 0.4，欧元现在与美元一起发挥几乎相同的效果。聂卉芬. 人民币—篮子货币汇率形成机制的实证研究［D］. 成都：西南财经大学，2010.

括港元）的最佳权重为34%，其目标是稳定贸易平衡。卢前进（2012）基于
新汇率改革（2010年6月21日至2011年6月24日）以来的年度每日汇率数
据，证明估计的货币篮子与实际的中央银行货币篮子密切相关。白晓燕和唐
景兴（2013）根据滚动回归的手段探索货币权重，并引入EMP指数来分析市
场因素对人民币汇率的影响。谢红艳等（2015）发现，如果货币篮子中没有
卖空货币，那么美元的权重就不如传统计算方法所示的那么高。通过汇率市
场化以及货币篮权重的变动研究，目前的探索重点是，一方面是货币篮中各
币种的比例。汪洋和荣璟（2015）根据对外贸易的相关特点展开汇率有效指
数的探索。王雨薇（2016）通过协整分析，从各个角度说明了货币篮子的比
例选择对解决对外直接投资（OFDI）的问题具有积极的促进作用。胡根华等
（2017）通过实证分析发现IMF的SDR篮里币种和人民币之间的依赖程度，
欧元最高、英镑最低。黄瀚铤（2017）得出汇改会使货币篮子的结构变动。
陈学彬和李华建（2017）得到人民币升值具有滞后性的相关特征[1]。篮子货
币的权重实际上更加分散；货币篮子中的货币构成是动态的，美元仍占主导
地位。另一方面则集中在几种东南亚和东亚货币中，货币篮子呈现出二元
模型。

综合来看，影响货币篮币种的选择的因素有：（1）商品和服务贸易。在
研究汇率的影响因素时，首先会想到进出口贸易额，因此选择一篮子货币币
种时，应当优先选择与我国进行贸易较多的国家。对于那些重要的贸易往来
国家[2]，应该考虑将与之对应的货币作为主要的篮子货币。此外，还应考虑将
占中国贸易量相对较大比例的新兴国家纳入其中。对于那些与我国的贸易额
较小，但是会相应削弱我国产品的国际竞争力或者会抢占我国重要资源的国

---

[1] 汪洋和荣璟（2015）对汇率有效指数货币篮子分类，且基于从我国净进口和净出口贸易伙伴的
角度测算了这一指数的变化情况。胡根华等（2017）基于规则藤介体模型和滚动窗口方法，选取16种货
币的实际有效汇率数据，分别进行了全样本和分样本实证分析。黄瀚铤（2017）在确定货币篮中的各
个币种权重时借鉴了弗兰克尔和魏（1994）的方法，并使用滚动回归对人民币货币篮权重在"8·11"
汇改后的动态变化情况进行了分析。陈学彬和李华建（2017）构建了两个衡量宏观经济内外均衡的指
标，同时在对一篮子货币汇率目标调整时加入资本流动的影响，且贬值是由汇率失衡引起的。资料来
源于：张晓莉."一带一路"倡议推进中的人民币货币篮绩效检验［J］. 上海对外经贸大学学报，
2019，26（6）：36-48.
[2] 目前，我国主要的贸易往来国家和地区是美国、日本、韩国以及欧盟。

家，其币种也可以考虑成为篮子货币①。（2）外债来源的币种。考虑汇率风险的防范问题，发展中国家在借入外债时，往往会结合现实情况采取多样化的币种策略，其综合考虑了汇率、利率和需要进口的商品，外债的币种结构是反映国际市场汇率的重要信号，外债货币的需求量较大时会影响人民币汇率。因此在确定篮子货币权重时，对外负债的货币种类也应当考虑其中②。（3）外商直接投资。投资对中国经济的增长具有重要意义，我国是全球引入外商投资最多的国家之一，2016年全国实际运用外商直接投资的金额达到1260亿美元，连续14年外商直接投资持续增长，其中许多投资是由投资者本身所在国家的货币形成的，故而在确定一篮子货币权重时也应当考虑这个因素。

3. 一篮子货币权重的优化

一篮子货币各个币种的权重依据是各国的政策目标③。国内外学者对货币篮权重的政策目标主要分为外部政策目标和内部政策目标。宿玉海和于海燕（2007）建立模型的目标是稳定贸易差额，得出13种货币各自最优权重的人民币货币篮子。胡春田等（2013）研究货币篮最优权重时将进口中间品纳入分析框架，以生产成本为作用媒介影响总供给，进而作用于最优权重。谢洪燕和肖明（2015）将经常项目的稳定作为政策目标，并对新一轮汇率改革后的人民币货币篮子中各币种的权重重新进行计算，发现货币篮子中的货币出现二元化结构的特点。陈奉先（2015）认为人民币货币篮子中的币种是"美元 + x"的二元组合，其中货币 x 要求能够最小化篮子货币组合的标准差。

归纳已有研究发现，从汇率变动对商品市场和贸易市场的影响考虑，选用作为政策目标的外部经济变量有以下三种。（1）贸易差额的稳定。在平衡国际收支的过程中，必定会涉及经常项目收支问题，选择货币篮子权重时应当将贸易差额的稳定性考虑在内④。我国一直存在"双顺差"的问题：一方面是经常项目顺差，这对增强我国对外结算和防范金融危机的能力具有积极作用，有利于拉动经济增长，促进出口部门的就业；另一方面是高额的经常

---

① 罗文雯. 人民币货币篮子实证研究［D］. 上海：复旦大学，2008.
② 李安伟. 人民币汇率制度改革初探［D］. 厦门：厦门大学，2006.
③ 宿玉海，崔晓燕. 人民币钉住一篮子货币最优权重测算［J］. 东岳论丛，2012，33（9）：116 - 121.
④ 王慧. 钉住货币篮子与人民币汇率制度改革［J］. 经济评论，2007（1）：106 - 112.

项目顺差，这会使人民币产生升值的压力，央行会增加外汇收购力度，影响国内经济的稳定发展。因此，维持贸易顺差或者略有逆差，能够更合理地调配国际资源，维持国内外经济的协调发展。在选择一篮子货币权重时，应当综合考虑主要国家（地区）货币，这些国家（地区）占我国的对外贸易、外债以及 FDI 等贸易活动的较大比例①。（2）贸易条件的稳定。贸易条件②包括三种不同的形式，即价格、收入以及要素，其中价格贸易条件最容易计算，应用范围最广。一般以进出口价格变动引出贸易条件，将贸易条件的变动同汇率联系起来，对货币篮权重的最优化选择就是使得汇率变动对贸易条件的影响最小化。（3）贸易额的稳定。贸易额是反映对外贸易的重要经济变量，我国经济的发展离不开对外贸易。"一带一路"拓展了中国企业对外贸易的区域，给我国对外贸易带来新的增长动力，维持贸易额的稳定对我国经济市场的发展意义重大③。此外，在考虑以稳定贸易额为政策目标时，可以同时兼顾商品市场和金融市场的影响。贸易额在选择最优货币权重时也应当考虑进去④。

20 世纪 80 年代至今，我国着力建设金融市场，使其迅速发展，因此与金融市场相关的一些经济变量也逐渐对一篮子货币最优权重的选择产生相应的影响，许多学者开始考虑一些内部均衡目标，如通货膨胀、收入等⑤。

归纳整理已有研究文献，以内部政策目标为基础，确定一篮子货币最优权重可考察以下方面：（1）价格稳定。在全球经济快速增长的背景下，要素供应逐渐受到限制，通货膨胀风险日益加剧。近年来，我国城乡居民收入呈快速增长态势，城乡居民消费能力的提升带动通货膨胀，以股市、房地产为

---

① 冯张伟. 人民币"参考"一篮子货币汇率制度研究 [D]. 成都：西南财经大学，2009.

② 贸易条件是用来衡量一定时期内一个国家出口相对于进口的盈利能力和贸易利益的指标，反映该国的对外贸易状况，在衡量双边贸易时尤为重要。

③ 自习近平总书记于 2013 年提出"一带一路"重大合作倡议以来，中国通过多种渠道与"一带一路"相关国家达到了约 20 万亿元人民币的贸易总额。

④ 宿玉海. 钉住一篮子货币汇率制度研究综述 [J]. 山东财政学院学报，2008 (6)：20 – 26.

⑤ 丹尼尔斯和图马诺夫（Daniels & Toumanoff，2001）以消费物价水平以及外汇储备规模的变动最小化作为一篮子货币最优权重选择的政策目标，并以新兴的发展中国家为研究对象。吉野等（Yoshino et al.，2004）将经常账户的稳定以及 GDP 的稳定分别设定为一篮子货币最优权重选择的政策目标，建立了一个关于商品市场与金融市场的一般均衡模型。

代表的资产价格的不断提高也成为通货膨胀的主要压力之一，控制通货膨胀，保证价格稳定已经成为政府工作的重要组成部分。已有的研究对象包括小国开放经济国家、新兴发展中国家，选择以本国价格水平变动最小方差来计算最优权重，或者以消费物价和外汇储备作为货币篮最优权重的政策目标，并且要考虑以贸易权重为货币篮最优权重时忽略的国外冲击对本国货币市场、债券市场的影响。（2）收入稳定。关（Kwan，1991）曾以稳定收入为目标设计了计算最优权重的模型，引入产出变动对贸易条件变动的弹性、对实际工资变动的弹性以及对利率变动的弹性三个变量，货币篮的最优权重在产出变动为零时取得。

4. 人民币实际有效汇率的计算方法

人民币有效汇率的计算方法有算术均值加权法①和几何加权平均法。麦奎克（McGuirk，1987）和杜兰德（Durand，1992）等提出的双权重方法考虑第三方市场影响对汇率的影响，反映了出口商与特定出口市场的国内生产商之间的直接竞争②。徐光军和陈海霞（2007）通过分析得出，用几何加权平均法计算的人民币实际有效汇率与国际货币基金组织公布的人民币实际有效汇率更为相关。在使用几何加权平均法进行计算的情况下，出口金额是人民币的实际有效汇率（贸易权重）与国际货币基金组织公布的结果之间的相关性高于进口重量和进口的计算和出口量作为贸易权重。

5. 人民币有效汇率指数测算的改进

随着经济全球化的加速和新的国际生产体系的发展，跨国公司主导的因素重新分配加速了跨境流动因素，导致中间产品的快速发展。产品仅由一个国家生产。这种现象正在逐渐减少。在此背景下，基于中间产品贸易假设的传统人民币实际有效汇率（REER）计算方法存在一定的缺陷，不能再准确反映一个国家的国际竞争力水平。

随着中间贸易商品的增加和对 REER 测量指标准确性的要求越来越高，

---

① 布罗德斯基（1982）指出，在算术加权法中，一国货币的变化往往会导致有效汇率指数向上移动。牛华，宋旭光，马艳昕. 全球价值链视角下中国制造业实际有效汇率测算 [J]. 上海经济研究，2016（5）：19－29.

② 它还反映了来自两个不同国家的出口商在第三方市场的竞争。荣璟. 人民币有效汇率指数体系理论与方法 [D]. 南昌：江西财经大学，2016.

有必要重新评估 REER，以构建准确反映一个国家竞争力的 REER 指标。在新的全球经济环境中，为中国的宏观经济研究和对外贸易政策制定提供指导。盛斌和张运婷（2015）发现，使用标准的 REER 指标会低估中国竞争力的下降。牛华等（2016）认为，传统的 REER 计算假设出口产品不含国外附加值，出口产品全部是国家制造，这在全球价值背景下是不现实的链①。

　　一些学者基于全球价值链改进了 REER 指数。一些学者关注贸易流量选择、价格指数以及权重构成三个层次，一些学者在 REER 测量中进行创新。（1）基于全球价值链测算 REER 指标的改进。考虑全球价值链的影响，贝姆斯和乔森（Bems & Johnson，2012）提出了一个基于任务划分的新 REER 指标——增值汇率（VAREER），也称为"基于任务的实际有效汇率（REER）"，因为他们认为在全球价值链的背景下，各国之间的竞争主要是任务竞争。巴尤米等（Bayoumi et al.，2013）提出货物实际有效汇率（GOREER），也称为"基于产品的实际有效汇率"。该方法通过计算进入实际有效汇率的中间产品的国内外增值，以准确衡量一个国家的出口产品的竞争力。盛斌和张运婷（2014）根据现有数据库编制了 1990 ~ 2009 年主要国家的贸易增加值，并利用国际货币基金组织的最新简化公式来衡量中国增加值的实际有效汇率。（2）交易流量选择的改进。贸易流量主要包括商品贸易和服务贸易。但是，由于服务贸易数据的可用性不如商品贸易数据，因此以国际清算银行为代表的大多数经济机构在计算实际有效汇率时仍然不包括服务贸易。梅金和罗伯森（Makin & Robson，1999）提出了替代贸易加权指数（TWI）的资本加权汇率指数（CWI），强调了国际资产交易的重要性，并认为汇率行为的有效描述应基于国际货物和服务贸易的名义和实际有效汇率的基础，以及构建有效汇率权重的新指标。（3）价格指数选择的改进。黄伟和任若恩（2008）认为劳动成本指数（ULC）是评估价格竞争力最重要的因素，但 ULC 不能代表增值的资本价格。巴尤米等（Bayoumi et al.，2011）指出，标准 REER 的修订与 GDP 平

---

① 鉴于中间产品贸易可能对实际有效汇率的计算产生重要影响，有必要更新传统实际有效汇率的理论基础，并将贸易增加值纳入实际有效汇率的计算公式。随着国际机构和学者不断加深对价格竞争力的认识，实际有效汇率计量方法也有所改善。牛华，宋旭光，马艳昕. 全球价值链视角下中国制造业实际有效汇率测算［J］. 上海经济研究，2016（5）：19 - 29.

减指数或单位劳动力成本不仅反映国内生产成本的差异，而且可以更准确地反映一个国家的出口成本的变化，从而更适合评估一个国家的国际竞争力水平。（4）权重构成的改进。商品的交易量通常用作 REER 的权重。王向宁等（2005）发现，基于商品贸易的实际有效汇率与基于资本流动权重的实际有效汇率没有显著关系，而是与外债余额的实际有效汇率相关的权重。因此，他建议，当人民币升值压力很大时，可以调整外贸结构，而不是调整外贸平衡。王向宁和甘燕（2005）利用交易权重及其替代算法——国际资本流动权重和外债余额权重来计算人民币的实际有效汇率，这一直表明人民币汇率从巴曙松和吴博（BaShusong & WuBo，2007）认为现有有效汇率计量模型的差异主要体现在样本国家的选择和权重模型的确定上。其中，样本国家的选择应考虑以下三类国家：与衡量国家有密切外贸关系的国家（主要反映在进出口总额中的比例）；代表其地理位置的国家；对全球贸易来说，它是一个具有一定程度可替代性的国家。

2.5   人民币汇率稳定机制之二：
人民币国际化与人民币汇率

货币国际化指的是货币跨越国界，在国际市场中起着计价、结算和储藏职能（Tavlas，1997）。科恩（Cohen，1971）最先使用矩阵来总结货币的国际职能。随后该矩阵被大量转载，成为学术界使用的主要概念框架。哈特曼（Hartmann，1998）认为，国际货币不需要同时具备上述三种国际职能，有时只需要满足其中一种职能，就可以被视为国际货币。马克思（1867）在《资本论》中把世界货币也看作货币的五大职能之一。他认为，世界货币是指货币突破国界，在世界市场执行价值尺度、支付手段以及储藏手段等职能。肯宁（2009）将货币国际化定义为一个国家的主权信用货币，由该国居民和非居民同时使用并持有。国际货币基金组织认为，国际货币是在国际贸易和世界主要外汇市场上广泛使用的货币。国际货币基金组织强调国际货币的自由可兑换，普遍接受和相对稳定的特性。

大多数学者用货币在本国或发行区之外的使用程度来衡量国际货币钦和弗兰克尔（Chinn & Frankel，2007）。还有一些学者将国际货币定义为国际交易中使用的货币（Lim，2006）。蒂曼（Thimann，2009）使用 33 个指标构建了货币全球地位。

就影响人民币国际化的因素而言，塔夫拉斯（Tavlas，1997）利用最优货币区理论讨论了影响货币国际化进程的因素，其中主要因素包括通货膨胀程度、金融市场的发展程度和贸易一体化。科恩（1998）提出同时运用"看不见的手"（市场）和"看得见的手"（政府）来促进货币国际化进程。随后，学者们开始为多个国家的货币数据构建面板数据模型。钦和弗兰克尔（2008）通过实证分析，认为货币惯性、经济实力、币值稳定性和金融市场发展程度等因素将影响发行国的货币国际化进程。钦和弗兰克尔（2008）的论文奠定了后续影响因素研究的思路框架。之后的文献只是在具体的指标选择上存在差异。

更多的学者主要讨论了金融市场发展的广度、深度以及开放度三个方面。金融市场的扩张能够降低金融风险和交易成本（Tavlas & Ozeki，1992），从而鼓励更多投资者投资该国的货币，以便该国货币发挥国际货币职能（主要是国际结算、融资等）。一些学者将研究重点放在资本项目的开放度上。资本项目开放能够促使货币的国际流通，降低货币的交易成本，使更多国际投资者愿意用该国货币进行国际交易。同时，资本项目的开放有利于发行国离岸金融市场的发展与完善，增强其作为世界其他国家央行外汇储备的吸引力。弗兰德曼和乔布斯特（Flandreau & Jobst，2009）率先将引力模型运用在这一命题上，认为影响英镑成为 19 世纪世界主导货币的主要因素有经济规模、贸易距离和交易成本。

国际资本流动是指一国居民向另一国居民提供贷款或购买对方财产所有权而带来的资本流通。国内经济学经典教材则直接将国际资本流动定义为资本在国际间的转移。国际上对国际资本流动的定义略有差异。多恩布什（Dornbusch，1980）将国际投资者对期望的投资组合的国际间调整定义为国际资本流动。克鲁格曼（Krugman，1997）则将国际资本流动归为国际贸易学领域研究范畴，指的是国与国之间当前消费与未来消费交换的国际贸易活动。

国外学者认为短期国际资本具有敏感、投机和高流动的特点（Jagdish Handa，2000）。国际货币基金组织在最新的《国际收支手册》中对期限划分国际资本的范围做出调整。金德尔伯格（Kindleberger，1985）主张按照资本流动动机定义短期资本和长期资本，将短期国际资本认作在短期内将改变资本在国际间的流动方向。他将持有资本动机划分为贸易性流动、金融性流动、保值性流动和投机性流动。巴雷特（Barrett，1939）在金德尔伯格的四种动机的基础上，提出了将短期国际资本划分为六类。

国内外学者对国际资本流动的驱动因素研究较为丰富，但是决定因素目前仍然没有一致结论。威廉斯（Williams，1929）认为国家发达水平的差异是跨国资本流动的动因。马克卢普（Marchlup，1932）认为资本将由低利率国家流向高利率国家。埃尔南德斯等（Hemandez et al.，2001）认为最主要的驱动力是国内经济增长和债务偿债能力。菲斯（Fiess，2003）提出各国的本国特征和全球因素都将决定金融资本是否流入。弗拉采尔（Fratzscher，2011）研究发现全球性的驱动因素对国际资本流动具有主导和支配作用。高希等（Ghosh et al.，2012）也认同全球性因素主导国际资本流向新兴市场。相反，福布斯和沃诺克（Forbes & Warnock，2012）则认为全球性因素影响有限，各国自身经济发展水平是主要因素。斯米勒（Chunhan，1998）通过对 18 个发展中国家的实证研究，提出对亚洲国家而言，国内因素对证券投资流动的影响是国外因素的 2 ~ 4 倍。阿尔法罗等（Alfaro et al.，2007）强调了资本项目开放作为制度因素在国际资本流动中发挥重要作用。奥吉等（Aoki et al.，2010）在资本账户开放的背景下研究了资本边际生产率和利率水平对国际资本流动的影响。普拉萨德和拉詹（Prasad & Rajan，2008）通过门阀效应研究，认为资本账户开放影响国际投资，不同国家的影响不同。本土偏好是国际投资领域的常见现象。特萨和沃纳（Tesar & Werner，1995）发现美国偏好投资本国债券市场，但是他们认为交易成本并不能很好地解释这个现象。此外，部分学者认为政府财政赤字（Dooley，1988；Lisa，1997）和信贷市场发展程度（Chuhui，1993；Lane，2004；Portes & Rey，2005）等因素也将影响国际资本的流动。

人民币国际化对中国金融资产跨境持有量的影响属于国际资本流动驱动因

素的研究范畴。学者普遍认为一国货币国际化后,资本市场的开放和资金在国际间自由流动将增强国内金融体系和汇率的波动(Griton & Roper,1981)。蒂曼(Thimann,2009)首次将货币全球地位作为影响跨金融资产持有的解释变量,研究证明货币国际化将促进金融资产的跨境持有。国际资本流动的驱动因素尚未有一致的研究结论,且随着经济形势的复杂化和经济全球化,影响国际资本流动的因素也更加复杂,仍然有进一步研究的需要。由于人民币国际化开展较晚,目前国内较少有学者实证得出中国金融资产跨境持有量受人民币国际化的影响。

1. 人民币国际化指标测算

李裕(2002)指出,国际货币经过三个阶段后实现国际化:经常项目可兑换、资本项目可兑换和成为其他国家的交易和价值储藏媒介。姜波克(2004)将国际货币分为部分国际化和全面国际化。部分国际化的国际货币职能发挥货币国际职能中的部分职能,效果有限。

最常用的货币国际化衡量标准是从价值储存角度,将国际货币基金组织COFFER 数据库的国际官方外汇储备份额作为代理变量。但是,国际货币基金组织只公布了世界主要货币的国际外汇储备份额,无法很好地解释包括中国在内的发展中国家的货币发展程度。人民币国际官方外汇储备份额直到2016 年底才公布了准确数据。一些学者还利用国际清算银行数据库中的国际债券货币结构,从会计角度衡量货币国际化程度。国际证券份额指标不仅可以反映货币核算单位职能的发展程度,还可以在一定程度上代表一国货币的储存价值(李稻葵,2008)。本章将展示常用的衡量货币国际化的单一指标,见表 2 - 1。

表 2 -1   常用的衡量货币国际化的单一指标

使用变量	代表作者及年份
国际官方外汇储备份额	孙海霞(2010)、杨海荣(2014)、甄峰(2014)
国际债券份额	白晓燕(2015)
境外人民币存款规模	沙文兵(2014)

资料来源:笔者整理。

所有上述指标均基于单一职能,对于货币国际化的度量研究采用单一职能指标的做法会导致货币国际化水平没有很好地被描述度量，存在局限性。因此，一些学者建立综合货币国际化指数展开研究。能够衡量人民币国际化且被纳入官方统计数据的指数主要有以下几个：渣打人民币全球指数（RGI）、人民币跨境指数（CRI）、人民币离岸指数（ORI）、交通银行银行间市场流动性指数（IBLI）和人民币国际化指数（RII）。在学术界，学者们使用多种指标来衡量国际货币的三种国际职能。综合衡量货币国际化程度，如林乐芬（2015）使用离岸市场外汇交易量占比、利率衍生工具量占比，货币储备量占比等七个指标加权。赵然（2012）构建了季度国际化指标，更加清楚地显示了货币国际化程度的变化。

中国学者的研究主要集中在影响人民币国际化的因素，以改善人民币发展的国内环境，促进人民币国际化。货币国际化基本上受货币国际化条件和影响货币国际化发展阶段的国内宏观经济因素的影响（孙海霞，2013）。学者们主要讨论了金融市场发展的广度、深度和开放程度三个方面。王华庆（2010）认为，资本账户开放与货币自由兑换是人民币成为世界各国央行储备货币的重要影响因素。资本项目开放能够促使货币的国际流通，降低货币的交易成本，更多使国际投资者愿意持有该国货币进行国际交易。同时，资本项目的开放将有利于发行国离岸金融市场的发展与完善，增强其作为世界其他国家央行外汇储备的吸引力。赵然（2012）和白晓燕（2016）对货币国际化进行分阶段研究，认为在不同发展阶段，影响货币国际化的主要因素是不同的。赵然（2012）认为，实体经济的发展和汇率波动状况以及货币稳定、货币惯性和金融市场的发展这些因素都将对货币的国际化产生影响，但在中后期金融市场的发展才是关键力量。白晓燕（2016）得出相似的结论，认为随着货币国际化的发展，金融市场发展水平对国际化进程的推动起到越来越重要的作用。一些学者扩大了影响因子变量的选择范围，发现了更多的影响因素。蒙代尔（2003）提出，国家政治和军事实力以及公众对该国货币的信心因素。蒙震（2013）也通过实证肯定了军事力量的重要性。其他影响因素还包括外债结构和汇率安排（赵然，2012）、产品的差异度（姜波克和张青龙，2005）和第二产业比较优势（陈雨露，2003）等。朱孟楠（2012）用引力模型证明影响中国人民币国际化进程的因素，包括人均 GDP 和双边贸易额、地理距离、债务负担等。

　　虽然货币国际化的确能够带来许多好处，但货币发行国仍然需要承担推进国际化这一进程的成本。首先，货币国际化一定会遇到"特里芬难题"，即国内外政策冲突。姜波克和张青龙（2005）通过对该问题进行研究，提出中国人民币国际化在初期将面临国内外政策冲突带来的较高成本，收益有限。货币国际化指货币流通更自由，汇率波动将更加频繁，容易受到世界市场的冲击，削弱货币发行国货币政策的效用（刘力臻和王益明，2005）。其次，货币需求的预判更加复杂，需要综合考虑国内外因素。政府政策的制定也需要考虑更多的因素，将降低政府政策的自由度（张青龙，2011）。最后，对中国来说，人民币的国际化对世界大国来说带来一定的冲击，损害了既得利益者，海外煽动"中国威胁论"，对中国的和平发展带来障碍。所以说，货币国际化是机遇也是挑战。

　　在货币国际化对国际资本流动影响方面，王信（2011）指出人民币市场化改革可与国际化同步进行，推动人民币国际化将在一定程度上倒逼国内金融开放。孙杰（2014）认为人民币国际化对经济改革和金融开放以及提高国内金融机构的效率可能有促进作用。中国经济和金融的开放意味着资本能够更加自由地进出，能够在一定程度上加速国际资本的流动，提高境外投资者对我国金融资产量的持有。

　　关于国际资本流动的影响因素方面的探讨包括中国金融资产跨境持有量是否受到人民币国际化促进作用方面的考察。刘铮（2017）构建两国代际交叠模型，以探讨人民币加入 SDR 后，人民币将面临来自国际资本流动和汇率波动的压力。国际资本流动的驱动因素研究尚未有一致结论，且随着经济形势的复杂化和经济全球化，关于国际资本流动的作用成分更加复杂，需要增加更多地对于此方面内容的关注力度。沈悦等（2019）选取美元、欧元、英镑、日元以及人民币五种货币来构建国际货币份额指数，测算了人民币国际化绝对指数和相对指数，并对人民币国际化前景进行了预测。通过构建货币锚模型测算人民币货币锚地位后，将其纳入货币国际化指标体系，并运用熵权法测算了人民币国际化水平。通过上述分析可以发现，单一指标只能反映一国货币在履行某一职能时的国际化程度，而基于货币三大职能所构建的货币国际化综合指数则能够更为全面地反映一国货币的国际地位，从而为测算各国货币的国际化程度提供更加合理、科学的比较标准。

2. 人民币国际化与人民币汇率预期

随着人民币国际化的推进，人民币及人民币资产在全球的总需求增加，人民币升值推动人民币升值，引发人民币需求不规律变动，从而加剧汇率波动[1]，甚至还会影响人民币汇率波动的预期，稳定人民币汇率的走势。

人民币国际化的含义包括三个方面：第一，人民币现金在境外享有一定的流通度；第二，也是最重要的一个方面，以人民币计价的金融产品成为国际各主要金融机构（包括中央银行）的投资工具，为此，以人民币计价的金融市场规模不断上升；第三，国际贸易中以人民币结算的交易要达到一定的比重。这是一个货币（包括人民币国际化）的通用标准，其中最主要的是后两点。对于人民币的利弊，国内学者也纷纷进行了各方面的研究。王元龙（2008）认为人民币境外流通、推进人民币国际化对缓解我国外汇储备过快增长具有一定的作用，也是我国对外经济发展战略调整的必然要求。曹红辉（2008）分析认为美国次贷危机爆发，美元国际信用受影响，正是为人民币扩大国际影响、增强信用水平和国际地位创造了一定条件。从中国长远的国家利益考虑，人民币国际化的好处远远大于其弊端。第一个好处是人民币在国际范围内的发行量进一步提高，央行通过发行货币来获得一定数量的铸币收入；第二个好处是大大减少中国国际收支的波动，如作为世界最大经济体的美国，从来不需要考虑其国际收支的危机；第三个好处是外贸企业的结算和成本以人民币计价，可以大大减少其面临的汇率风险。

中国人民银行人民币国际化研究小组（2006）建立了一个衡量货币国际化程度的指数，并提出了一些人民币国际化的可能途径。如果假设美元的国际化水平指数是 10，则欧元的国际化指数为 40，日元指数为 28.2，而人民币的国际化水平指数只有 2。周元元（2008）通过分析中国—东盟区域货币合作的收益、成本，阐述了推进人民币区域化的策略。张宇燕（2008）对货币的性质做了详细文献回顾，对国际货币的成本和收益进行了成本和收益分析，

---

① Korla K. Can Credit Risk be Rated through the Cycle? ［J］. Frontiers in Finance and Economics, 2012（1）：1-32.

最终提出人民币应通过亚洲货币合作机制来推行区域国际化发展。

2.6　人民币汇率稳定机制之三：逆周期因子

自 2015 年以来，人民币中间价经历了多次改革，从 2016 年的双支柱模型"收盘价 + 一篮子货币"到 2017 年 5 月的三因子模型，在原来的基础上变为"收盘价 + 一篮子货币 + 逆周期因子"的新的中间价的形成机制，在人民币从双支柱模型到三因子模型的过程中的变化，国内外学者做了许多相关的研究。

2015 年 8 月以来，人民币中间价形成机制调整的目的是发挥市场在人民币汇率形成中的作用，坚持强势人民币的理念。然而，完全市场化的汇率可能存在失调。弗兰克尔和福特（Frankel & Froot，1990）发现，宏观经济变量，如货币等无法解释美元的大幅升值。伊藤（Ito，1990）研究发现，外汇市场参与者的预期存在个体效应，银行、贸易商等对汇率的预期各不相同。相同类型的市场参与者往往对自己所持有的信息做出类似的处理，或受其他同类市场参与者判断的影响，导致预期同质化，产生"羊群效应"。

管涛（2017）认为，人民币在岸外汇市场较特殊，所有外汇交易必须基于真实的贸易业务或投融资背景，其市场主体主要是银行与一些非银行金融机构。这样的微观结构虽然能规避境外投机者和金融危机对人民币的冲击，保证金融安全与汇率稳定，但市场主体过于单一，易形成一致性预期，进而导致单边市场。

余永定和肖立晟（2016）认为，双支柱模型难以消除人民币贬值预期，不能扭转人民币贬值的趋势，并且无法解决外汇市场出清问题，一定程度上强化了"昨天跌，今天跌""美元强，人民币弱"的一致性预期和单边市场。中国人民银行货币政策分析小组（2017）发现在双支柱模型下，即中间价参考上日收盘汇率，如果当日人民币收盘汇率高于中间价，次日中间价就维持贬值的趋势。这正是 2017 年上半年美元汇率持续走弱，而中间价升值幅度远小于其他新兴市场货币的重要原因。周远游等（2017）认为，在"8·11"汇率改革后，人民币在岸波动的市场化程度没有提高。张明（2016）则表明，双支柱模型不能背人民币贬值的锅，汇率改革的方向没有错误，而是时机选择值得商榷。国外学者也开始研究人民币中间价。杰曼等（Jermann et al.，2017）描述了双支柱模型。刘和保韦尔斯（Liu & Pauwels，2012）的研究表明，外部政治压力提高了人民币中间价的条件波动性，但对人民币中间价的收益率没有显著影响。张等（2018）发现"8·11"汇改后，VIX 指数失去了原来的解释力，离岸人民币对中间价的偏离和美元指数是人民币中间价的重要影响因素。克拉克（2017）分析了不同中间价报价机制下，影响人民币汇率变动的主要因素。

对三因子模型市场影响的量化分析的文献并不是很多。何青等（2018）利用 VAR 和 GARCH 模型发现，逆周期因子对人民币汇率走势没有影响，但降低了人民币汇率波动，修正了双支柱模型的顺周期特性。克拉克（2017）的研究发现，只有当央行采取外汇市场调控时，中间价才对当日人民币汇率变动方向有指示作用。

2.7　人民币汇率市场化效果检验

党的十九大将创新作为引领经济发展的首要推动力，支撑现代化经济发展体系。同时加快国际经济升级，形成新的贸易业态与贸易模式，由"中国速度"转向"中国质量"，使中国跻身于一流贸易强国[①]。从国际宏观层面比较，根据 2018 年联合国教科文组织统计数据，我国虽然研发总投入仅次于美国，位居世界第二，但研发投入占 GDP 的比重（2%）依然落后于美国（2.7%）、德国（2.9%）、日本（3.4%）、韩国（4.3%），表明我国总体研发投入与总体经济水平并不匹配，与发达国家差距较大；统计显示，我国从事研发创造的人员远

---

① 从首个"五年"计划实施至如今的"十四五"规划，中国已迈入工业化后期时代，经济也呈现出从高速增长转向中高速增长的新常态。并且随着中国参与世界程度的不断加深，服务业等第三产业在 GDP 中所占比重已超过制造业等第二产业。面对这一新形势，我国政府提出"中国制造 2025"十年战略规划，并与德国提出的"工业 4.0 时代"对接，以期实现中国制造业转型升级。

远低于与西方发达资本主义国家，与我国综合国力严重不匹配，这也是我国制造业转型升级过程中的一大障碍。此外，企业研发是我国研发创新的主力军，占总研发的 77.3%，位居世界第三，仅次于韩国（78.2%）与日本（77.8%）。因此，制造业企业的研发创新对我国制造业转型升级有着决定性作用。

鉴于目前国际国内形势，为鼓励企业进行研发创新，国家制定了一系列相关贸易政策，大力扶植战略性新兴产业与高新技术产业，并进一步完善中国的汇率制度，为企业进出口营造良好的制度环境。同时，2005 年以来，中国本币汇率一直在有弹性地变动，对企业研发创新的影响主要通过"出口收益效应"与"进口溢出效应"两个传导路径实现。一方面，"出口收益效应"通过提高自身竞争力倒逼企业创新①。人民币升值会降低出口企业国际市场竞争力，进而使其利润缩减，产生企业的退出与新企业的进入，从长期来看，会倒逼企业提高自身产品竞争力，强化其创新动机（余静文，2016；Tang，2010；Tomlin，2010），从而注入更多研发资金（邹小芃等，2016；许家云，2015），这种"出口收益效应"会对企业创新起到积极作用（张先锋等，2014；Ekholm，2012）。另一方面，"进口溢出效应"通过进口中间品份额与企业生产率的叠加来促进企业创新。企业会选择进口高质量水平、高技术含量的中间品，并且会增加中间品进口种类（Amiti & Konings，2007），实现与国内中间品的优势互补（张杰，2015），进口中间品与国内中间品在生产过程中产生的技术溢出会内化为企业的生产率（Halpern et al.，2015），进而提高企业新产品研发能力，即"进口溢出效应"。

国内学者关于人民币汇率对企业研发创新影响的研究主要有两方面：一方面，本币升值能够促进企业创新。国外学者本币升值显著促进了出口企业的创新能力提升②。国内学者伏玉林和李弗贝（2019）经研究发现人民币升

---

① Korla K. Can Credit Risk be Rated through the Cycle? [J]. Frontiers in Finance and Economics, 2012 (1): 1–32.

② 埃克霍尔姆等（Ekholm et al.，2012）使用 DID 方法全面考察本币升值对出口企业创新的作用，发现本币升值显著促进了出口企业创新能力的提升。唐寿（2010）对加拿大农业机械设备制造行业的研究发现，汇率升值导致低效率企业的退出和新企业的进入，这些新进入的企业具有更强的竞争力和创新动机，从而有利于提高行业整体的创新水平。汤姆林（Tomlin，2010）经研究得出新兴企业会提高行业整体创新水平的结论。来源于：何砚. 人民币汇率、企业创新与企业生存 [J]. 国际经贸探索，2017，33 (6): 51–68.

值最终会使企业提高研发创新投资①。张先锋等（2014）利用中国的制造业行业层面数据，实证证明人民币汇率上升会促进企业增加研发创新投入，同时有助于企业提升自身的出口学习效应。余静文（2016）以 1998～2007 年为样本区间。用 DID 方法研究得出，中国本币汇率提升对行业改革能力起到了强化作用，提高了新类型产品的价值及其在该行业总价值中的占比。熊广勤和周文峰（2016）针对跨国企业建立汇率与企业研发创新的理论模型，并结合日本跨国公司的现实证据，论证了汇率升值会通过影响企业的产出和产品价格水平及边际成本收益，来影响企业的研发创新行为。邹小芃等（2016）以 2006～2015 年中国上市公司数据为依据，考察了全国与地区之间汇率变动与市场化程度对企业创新的不同影响，研究发现汇率升值促进企业研发投入的增加，并且市场化程度越高的地区，越重视研发投入。大不里士（Tabrizy，2016）利用 1995～2005 年韩国的行业数据分析发现实际有效汇率的贬值会减少研发支出。

另一方面，本币升值对企业创新的影响是双向的。努奇和波佐洛（Nucci & Pozzolo，2001）、唐（Tang，2010）等相信凭借"收入渠道"方式，人民币汇率提升会使企业投资下降，通过"成本渠道"有相反的作用，企业会因汇率上涨带来的行业竞争加剧而运用技术创新来增大生产。王雅琦和卢冰（2018）通过测算出口制造业企业出口实际有效汇率等指标，得出出口实际有效汇率增加，即人民币贬值会抑制企业研发，人民币汇率波动预期增加同样会显著抑制企业研发创新的结论。张先锋等（2017）利用 2005～2007 年的微观层面企业数据，分析了人民币实际有效汇率对中国的制造业进口企业学习效应的影响，研究证实汇率升值会通过降低企业的进口成本来影响企业的研发创新活动，进而影响企业进口学习效应；但人民币汇率上升会加剧"进口竞争效应"，抑制企业的"进口学习效应"。刘啟仁和黄建忠（2017）将 2008～2011 年海关数据库与全国税收调查数据匹配，测算出企业层面实际有效汇率，研究发现人民币汇率升值但波动风险预期增加会显著抑制企业研发投入。

---

① 基于融资约束视角探究人民币汇率对企业研发投资的影响，发现人民币升值会刺激企业加大研发投入，并且出口企业更倾向于提高研发创新投资应对本币升值。来源于：伏玉林，李弗贝．实际有效汇率对企业创新的影响：基于融资约束的视角［J］．金融发展研究，2019（6）：12–21.

1. 人民币汇率与企业进出口贸易

在汇率影响传递的相关研究中，主要分为宏观和微观两个层面。在宏观层面，通常的研究文献主要是采用国家间双边名义或者有效汇率进行相关影响的研究，如曹伟等（2016）在对"一带一路"相关国家货币与人民币汇率之间波动影响贸易出口的研究中发现，人民币贬值可以推动对相应国家的出口额，具体为每贬值1个单位，出口增加0.5个单位。在行业层面，徐建炜和田丰（2013）使用行业价格数据和行业的贸易数据，并采用生产者价格指数有效规避了"加总谬误"，测算了我国九大产业实际有效汇率。研究结论显示，我国不同行业的实际有效汇率存在明显的差别，以往方法测算国家的实际有效汇率无法考察不同产业的异质性特点，产业方面实际有效汇率指标明显好于国家实际有效汇率，并且在某些行业中，产品的相对价格变化才是实际有效汇率变动的主要原因。

而在现在数据可获得性以及微观计量的普及下，越来越多的学者开始从微观视角研究汇率传递效应，这当中具有说明性的是，在全球贸易中，垄断竞争者的存在使得企业在面对汇率冲击时会调整价格策略，从而导致汇率不能完全传递，这种影响还会进一步影响企业的进出口额及贸易流向等①。这为通过微观视角来探讨汇率传递建立了原理根基。由于文本主要是通过企业层面微观视角进行研究，因此下面主要就汇率微观层面的影响文献研究进行梳理。李宏彬等（2011）首次利用中国企业微观数据衡量了2000~2006年的人民币有效汇率，发现企业层面人民币有效汇率每提高一个单位，出口额和进口额都会降低，但出口额降低的幅度要高于进口额，并且出口额在面对汇率升值中受到的冲击最大。努奇和波佐洛（Nucci & Pozzlolo，2010）在研究意大利数据时指出在行业内，由于企业进出口强度的不同，汇率的变动会对员工工资及就业的影响存在显著差异，并且在进口渗透率越高的行业中，这种影响越大。进一步地，戴觅和施炳展（2013）指出企业在进出口目的国结构上的不同，使得企业面对汇率变动的风险也有异质性差异；其研究发现在2000~2006年尽管国家层面汇率贬值，但仍然有57%的企业汇率上升，其波

---

① 克鲁格曼（1987）提出的"依市定价"理论（PTM）。宋倩倩. 汇率变动对企业全球价值链嵌入程度的影响［D］. 大连：大连理工大学，2017.

动与其进出口目的国的数目有显著的负相关，并且行业内差异相较行业间的差异以及汇率的波动相较贸易权重的更改体现出有效汇率中多数变化，这一结论进一步说明了区分企业进出口实际有效汇率的必要性。基于此，余淼杰和王雅琦（2015）进一步分析发现人民币名义有效汇率的变动会显著影响企业在出口中的产品种类数目，且汇率升值会显著促进企业重点出口核心产品，降低出口产品的种类。王雅琦等（2015）通过基于产品层面的数据进一步研究发现，在汇率对企业出口贸易的影响过程中，出口价格对汇率冲击的反映不明显，汇率传递效应几乎完全，汇率出口价格弹性会因产品质量的高低差异而有显著不同，低质量产品更易受汇率冲击的影响，质量每增加 1 个标准差，汇率弹性提高 5.85 个百分点。徐建炜等（2016）通过区分进口竞争、出口收益以及进口成本渠道的差异来分析有效汇率对企业员工收入的影响，发现进口竞争和出口收益渠道都会因人民币汇率的升值而降低，进口成本渠道则有显著的正向效应。进一步地，印梅和张艳艳（2018）基于企业价值链参与的视角出发，得出企业进口中间品、出口中间品的存在使得汇率变动对企业出口贸易的影响有限，且弱化的幅度与企业价值链嵌入的程度显著正相关。企业异质性分析要从梅莉塔（Melitz，2003）研究企业出口的行为开始，其研究使得异质性企业分析也成为汇率传递效应的新的研究视角，例如近年来诸多学者研究了不同生产率、不同融资约束以及其他的公司异质性要素对汇率传递的作用效果。毛日昇等（2017）通过对企业成本加成率的估算，研究发现实际汇率的变化会显著地影响企业成本加成离散程度，且汇率升值会通过影响企业进入、退出从而降低成本加成离散度，进而影响企业资源要素配置的效率。贝尔曼（Berman，2010）通过研究分析 1995～2005 年法国进出口企业发现，在不同生产率企业之间汇率的传递效应有明显的异质性影响，其中本币贬值会使得生产率较高的企业倾向于改变出口产品的价格而非数量，生产率较低的企业则倾向于调整出口产品的数量而非价格。余静文（2018）通过构建企业层面的汇率暴露指标来识别汇率变动研究汇率对企业生产率的影响，均得出企业会通过提高生产率来应对汇率变动，并因企业出口、贸易方面而具有差别化。刘啟仁和黄建忠（2017）研究发现汇率风险会降低企业出口研发投资，且因企业面临的资金约束程度越高，投资的概率越低，但对出口产品分散的企业来说，应对汇率风险的抵抗能力越强。王雅琦和卢冰（2018）利用微观层面的数据同样考察了实际汇率对企业研发活动的影响，汇率升值明显对出口公司研发开销的提升起到了促进效果，且因企业融资限制差别化的不同而有差异，并且通过进口产品竞争和中间品进口渠道加以了验证。吴国鼎（2017）基于中国海关和工业数据库，区分了进出口和净有效汇率，发现企业出口层面和净有效汇率的升值会降低企业利润，进口层面则相反，且因企业所有制类型、贸易类型以及出口产品结构的差异而不同。铁瑛和刘啟仁（2018）发现，行业竞争程度会受到企业的雇佣结构产生调节作用①。

2. 人民币汇率与企业全球价值链嵌入

经济全球化的快速发展，不仅带来了商品的全球流动，更加融合了全球生产分割，使得产品被分割成不同环节分散在全球各个国家和地区完成生产，各个国家依据要素禀赋的差异和生产加工流通等能力从事产品不同阶段的生产加工，但产品不同环节的价值可创造幅度的差异，使得不同国家在价值链嵌入过程中所获得的贸易利得必然不同，但由此形成的国际生产分工的全球价值链体系（GVC）正逐渐形成。其中全球价值链可以简单地被描述为：企业使其产品在从概念品到最终可被投入消费者使用中间以及所延展的所有流程，其中涵盖了产品的设计、生产、销售、物流以及最终对使用者的附带服务（Gereffi，2011）。早期文献研究中对各国在全球价值链分工地位上衡量的指标主要有以出口价格、出口技术复杂度等指标来测算，方塔涅等（Fontagne et al.，2007）认为在产品国际分工中存在产品品质差异，发达国家出口高质量、高价格产品，一般处于价值链中有着高附加值率的两端，而发展中国家由于技术低、资本少，一般出口低质量、低价格产品，被锁定在全球价值链低端环节。班加（Banga，2013）则进一步估计了全球价值链下所创造的总附加值在各国之间的收益分配，发现发展中国家和发达国家在全球价值链分工下只能分享8%的增加值。施炳展（2010）则采用本国出口产品价格与世界

① 铁瑛和刘啟仁（2018）研究了企业层面实际有效汇率变动的技能偏向效应及其对企业雇佣结构的影响，汇率升值通过"出口收益渠道"和"进口中间品渠道"对其产生截然相反作用；价格竞争型企业的雇佣结构受到外汇风险暴露指数的负面影响更强，反映了"质量竞争"模式的积极作用。来源于：铁瑛，刘啟仁. 人民币汇率变动与劳动力技能偏向效应——来自中国微观企业的证据［J］. 金融研究，2018（1）：53–66.

平均出口价格的差异来衡量一国的分工地位，发现中国处于低端环节。还有一些学者从出口产品技术含量视角展开研究。邱斌等（2012）利用出口复杂度指标来衡量我国制造业各行业 GVC 分工地位，发现行业间存在显著差异。探究影响全球价值链分工的因素是有关全球价值链研究中的重点关注方向，国内外学者对此进行了许多理论与实证研究。胡梅尔斯（Hummels，1999）的研究表明降低贸易壁垒（削减关税和运输成本）可以促进垂直专业化扩大，提高全球价值链分工地位。胡昭玲和宋佳（2013）通过对企业异质性的分析发现，企业较高的创新资金投入、较低的融资约束、规模经济以及良好的营商制度环境等都能促进企业全球价值链分工地位的上升。黄先海等（2010）在研究中国高技术产业较高分工地位的原因中发现，企业劳动生产效率的提升是一个重要的因素；另外，有较多文献研究得出融资约束对企业 GVC 分工地位产生负面影响，使企业被迫从事低前期投入低后期利润的加工贸易或低产品质量的生产活动，此时企业在国际分工中的价值创造有限，被锁定在价值链低端环节。马诺瓦和余（Manova & Yu，2012，2016）研究发现融资限制明显的公司影响明显[①]。张杰（2015）的研究表明融资约束与企业出口产品质量存在倒“U”型关系，而出口产品质量正是价值链分工地位的一种测度指标。吕越等（2015，2017）采用四种方法研究公司在各国价值链中的定位，发现融资约束对企业出口海外增加值率有显著的负向影响，并且融资约束会显著地阻碍企业参与价值链贸易的决策，但会提高企业出口国内中间投入的比例，而且融资限制过大会导致公司被迫参与价值链初级分工。高翔和黄建忠（2017）还从要素市场扭曲的角度分别从相对价格和成本加成两个视角考察了其对企业 DVAR 的影响，发现扭曲的国内外中间要素相对价格会抵消企业因创新绩效等的不足而导致的成本加成不利影响并进而提升企业出口 DVAR 的比例。进一步地，赵玲和高翔等（2018）从成本加成的视角分析了企业在出口价格效应以及边际成本效应的影响下，加成率的提升显著地促进

---

① 融资约束会影响企业在价值链中的参与模式：融资约束较大的企业只能进口国外中间品进行简单的加工、组装，融资约束较大的企业多数被限制在选择前期投入少但后期利润创造也少的加工贸易形式。来源于：吕越，罗伟，刘斌. 异质性企业与全球价值链嵌入：基于效率和融资的视角［J］. 世界经济，2015，38（8）：29 – 55.

了企业出口国内增加值率。余淼杰（2018）在研究汇率影响机制中也验证了加成率企业 DVAR 的正向影响路径。唐宜红和张鹏杨（2017）利用 WIOD 以及中国工业数据库验证了外国直接投入在价值链嵌入机制的影响下对我国出口 DVAR 的影响，发现参与价值链对其国内附加值的影响显著为正，但容易陷入价值链低端陷阱，并且因行业密集度的差异而有所不同。

3. 人民币汇率与企业出口国外增加值

研究汇率传递效应①的早期文献通常假设企业在完成出口商品的所有生产中，汇率波动不会对企业的边际成本造成影响，货币敞口仅仅会对企业出口贸易的环节有所影响。然而，随着企业参与国际生产分工，这样的假定条件必然不能真实反映企业所面临的汇率风险冲击，尤其随着我国改革开放，企业在国际生产分工中融入的范围不断扩大，程度不断加深，企业在出口产品中所含有的进口中间品的部分也越来越多，尤其在加工贸易中，这一现象也更加明显。汇率变动对企业出口的影响渠道主要可以从两个角度来观察：其一是对企业出口产品中用目的地币种表示的出口价格；其二是通过影响企业在进口的中间品用本币表示的价格，来影响对企业出口产品的成本（林玲和余娟娟，2012）。戴觅（2014）则进一步对这种情况较为明显的加工贸易企业进行了研究，由于来料加工企业和进料加工企业在面对价格的市场传递比较充分，且加工贸易企业往往国内附加值率和生产效率较低，汇率变动的影响将会直接影响企业出口贸易量，进而影响企业出口贸易中的增加值率。余淼杰和崔晓敏（2018）研究发现进口汇率与加工产业国内附加值率之间存在一定关系②。其中易靖韬等（2019）在研究汇率在企业出口贸易中的不完全传递时指出，人民币汇率传递率因产品质量程度的不同而不同，质量越高人民币汇率传递率越低。张天顶和唐夙（2018）通过国家间制造业的进出口贸易数据实证检验了汇率冲击对贸易竞争力的影响，发现在引入价值链的因素后，

---

① 汇率传递是指汇率变动时，出口（进口）贸易品以销售地货币计价变动的程度，当本币贬值 1% 时，进口商品本币价格上涨（或出口商品货币价格下降）的百分比被称为汇率对进口价格（或出口价格）的传递率。

② 通过按初始年进口份额加权的名义有效汇率得出进口汇率贬值会通过中间品替代效应和成本加成效应对加工贸易企业国内附加值比进行影响。来源于：余淼杰，崔晓敏. 人民币汇率和加工出口的国内附加值：理论及实证研究 [J]. 经济学（季刊），2018，17（3）：1207 – 1234.

汇率对出口贸易影响的弹性降低，说明在新的全球分工体系下，一国汇率贬值不再是促进国家出口的有效手段，要想提高整体价值链嵌入水平就要综合考虑多方面因素。假设其他因素不变的情况下，企业出口商品的价格主要来自企业生产过程中国内增加值的部分和国外增加值的部分，在既定的要素总量投入中，国内中间投入的资源增加，则相应的国外投入减少；反之则增加。如果在面对人民币汇率升值过程中所带来的出口收益的减少全部由企业所承担，则其成本上升的不利因素会使得企业在国际生产分工中难以继续保持竞争优势，同样会使得我国企业出口的结构发生改变，进一步影响我国企业的价值链嵌入，影响我国产业结构。张文磊和陈琪（2010）通过引入国内中间品投入比例来分析汇率冲击对出口产品结构的影响，发现国内中间品投入的增加，其产品在汇率升值的冲击下竞争力却趋于降低，随着人民币汇率的升值，企业出口国内增加值越高的产品，其海外竞争力趋于下降，但在不同行业中表现出差异。任永磊等（2017）在分析利用贸易额加权的人民币汇率对企业价值链嵌入度的影响时发现，汇率上升会显著地提高企业出口国外附加值率，并且因企业融资约束的降低以及产品质量的提高，汇率升值对企业嵌入价值链的正向效应越明显。田开兰等（2017）研究发现，汇率变化对贸易增加值影响较大①。张会清和翟孝强（2018）利用行业层面的研究得出，行业及国别间的不同企业的全球价值链嵌入度有明显的差异，并且在考虑 GVC 的前向和后向联系上，汇率升值有利于行业结构的改善以及贸易流向的结构调整，忽略价值链嵌入的影响会显著低估出口贸易的汇率传递程度。

综合上述研究，随着全球价值链的形成，企业的竞争力更多体现在企业增加值方面的竞争，传统基于阿明顿需求函数衡量的一国贸易层面有效汇率暗含了假定企业所有贸易均来源于本国，这一定程度上使得基于此测算的汇率影响大小以致方向可能都会存在偏误。而现有学者在研究汇率对企业增加值影响中只单一考察了人民币贸易层面加总衡量的有效汇率变动的影响以及

---

① 汇率波动对出口增加值的影响比对出口额的影响更大，其会通过影响进口品和国内品的替代，进而影响国内中间投入结构和出口中的间接增加值，并且其对一般贸易出口的影响相较两头在外的加工贸易的影响程度要大。来源于：田开兰，孔亦舒，杨翠红. 汇率波动对中国出口增加值的影响分析 [J]. 系统工程理论与实践，2017，37（5）：1144 - 1153.

企业异质性存在的差异（任永磊等，2017），而且较多地是通过世界投入产出表测算的行业层面的影响程度，较少通过企业层面来研究进出口实际有效汇率对企业出口国外增加值的渠道影响，另外在计算企业出口国外增加值上忽略了国内中间品中包含的国外中间进口品的成分，忽略了汇率对其影响的进出口渠道不同差异。

4. 人民币汇率与企业绩效的相关研究

刘啟仁和黄建忠（2017）提出，实际汇率上升会受到出口公司的创新重视程度有明显的负面作用效果，出口产品种类多、出口目的地多，融资约束低的企业能够较好地隔离汇率的不利冲击，政府的补贴以及研发费用所得税的减免也能起到显著的缓冲作用。部分学者对本币升值对出口公司的投资影响持有不同观点①。田巍和余淼杰（2017）运用微观数据研究了中国贸易服务型对外投资，首次提出了汇率对于贸易服务型投资和生产性投资的相反影响，研究发现当汇率上升10%时，贸易服务型投资概率将上升4.3%。

毛日昇（2013）提出，在扩大出口和深化进口方面，实际汇率增长明显降低工业净就业程度。戴觅等（2013）也有类似结论，他们进一步提出出口和进口的不同强度和地区差异，导致整体就业水平低下。还有学者实证分析了汇率增长在劳动力方面的作用效果并发表评论②。李梦凡和刘新（2018）研究的结论有所不同，他们认为汇率变动对就业存在长期影响，适度的贬值有利于就业的提高。

---

① 王雅琦和卢冰（2018）提出本币升值显著促进出口企业研发支出的增加，并且融资约束越轻，效应越显著。来源于：胡红. 汇率变动对异质性企业生产率的影响研究 [D]. 山东：山东大学，2019.

何砚（2017）通过实证研究发现，人民币升值显著促进了中国出口企业的创新能力提升，人民币升值对出口企业创新的积极影响随着企业出口强度的提高而增强，并且提出汇率对创新能力的影响受到企业融资状况、企业规模以及知识产权制度的制约。来源于：何砚. 人民币汇率、企业创新与企业生存 [J]. 国际经贸探索，2017，33（6）：51-68.

吴国鼎和姜国华（2015）认为人民币升值会减少出口收入进而对企业投资产生负向影响，企业的进口依存度越大，该负向影响越大；人民币升值会降低进口成本从而对企业投资产生正向影响，并且企业进口依存度增大，其影响也会增大。来源于：廖孟. 人民币汇率水平及波动对企业出口的非对称影响研究 [D]. 杭州：浙江理工大学，2019.

② 佟家栋和许家云（2016）实证研究得出出口企业职工的平均工资提高对人民币升值有促进作用，但是在长期不可持续，人民币升值对技能劳动力工资的提升作用大于非技能劳动力。来源于：周守奇. 我国人民币汇率变动对进口企业职工工资影响的实证研究 [D]. 南京：东南大学，2018.

黄建忠和刘啟仁（2016）认为，企业市场份额越高，加成率也越高，在出口市场份额悬殊的外向型垄断行业中，本币升值会相对压低高市场份额（高加成率）企业的加成率，缩小行业内"加成率离散度"。任永磊等（2017）发表了有关本币增长在价值链方面作用效果的结论①。张天顶和唐夙（2018）以全球价值链（GVCs）为视角，构建动态面板研究汇率对出口贸易的影响，研究发现实际有效汇率波动对一国的出口贸易具有显著的负向作用，全球价值链参与程度提高有利于缓解汇率波动对出口的不利影响。全球价值链参与程度低的国家，维持稳定的汇率更易在国际贸易中获得收益，相反全球价值链参与程度高的国家，更容易从较大的汇率波动中获得收益。余淼杰和崔晓敏（2018）研究发现本币汇率下滑对外贸企业具有多方面影响②。

汇率水平对企业绩效的总体影响。王生云（2010）提出人民币的快速升值对企业盈利具有较大的负向冲击，影响企业资本投入甚至是产业结构转型，长期来看升值对绩效仍然具有负向的显著影响。

在出口利润方面，国内外学者研究得出汇率变化对公司利益有明显影响。洛蕾塔·冯等（Loretta Fung et al.，2009）利用我国台湾证券交易所上市的公司和海关贸易数据企业数据，实证分析汇率会受到公司出口、国内销售、总销售、增值和生产率的影响，发现新台币实际升值导致出口、国内销售、总销售、增值及生产力降低。沙文兵和李莹（2018）通过相关数据分析发现我国本币变化对出口公司利润的影响十分明显③。

---

① 人民币升值对企业全球价值链嵌入度提升有积极影响，但全球价值链嵌入度计算过程中考虑了中间商贸易的影响力有所减弱；人民币升值对企业全球价值链嵌入度提升的作用，因嵌入程度高低及企业所有制、生产率和融资约束的不同而有所差异；产品质量改善有利于企业价值链嵌入度的提升，并且对于产品质量越高的企业，人民币升值对其价值链嵌入度提升的积极作用越强。来源于：任永磊，李荣林，高越. 人民币汇率与全球价值链嵌入度提升——来自中国企业的实证研究 [J]. 国际贸易问题，2017（4）：129－140.

② 他们认为本币贬值影响企业对进口和国内中间品的配置，进而导致其国内附加值比重提高；本币贬值还影响出口企业的定价策略，使得加工贸易企业的国内附加值比提高。来源于：余淼杰，崔晓敏. 人民币汇率和加工出口的国内附加值：理论及实证研究 [J]. 经济学（季刊），2018，17（3）：1207－1234.

③ 他们基于2005~2010年中国工业企业数据库，研究了人民币实际有效汇率对中国出口企业盈利能力的影响。结果表明，人民币实际升值对出口企业的盈利能力具有显著负面影响。来源于：沙文兵，李莹. 人民币汇率变动对中国出口企业利润的影响——基于中国工业企业数据库的实证研究 [J]. 南京财经大学学报，2018（5）：40－48.

　　众多研究者从异质性企业的角度进行详细研究。詹·巴格斯和洛蕾塔·冯（Jen Baggs & Loretta Fung, 2007）利用 1986～1997 年加拿大公司层面的一组详细数据，分析了企业层面汇率变动对企业生存、销售和行业入市率的影响，结果表明销售和行业入市与加元的升值呈负相关。对生产率更高的公司而言，对生存的影响不太明显。在样本期间，汇率变化对企业生存、销售和行业入市的影响幅度远大于 CUSTA（美加自由贸易协定）规定的关税变化的影响。周琢和陈钧浩（2016）提出汇率变化对利润率的作用效果更明显①。阿努巴·达斯马纳（Anubha Dhasmana, 2015）实证研究发现汇率变化对公司绩效作用效果取决于多个要素②。梁中华和余淼杰（2014）利用我国制造业企业微观面板数据进行回归分析，发现企业出口强度越大，汇率增长受到公司盈利能力消极作用效果越大。吴国鼎（2016）、匡贺武（2017）也有类似结论，他们发现从总体上看，本币汇率增长会降低公司绩效，通过公司特征分析得出，出口公司营业绩效对汇率增长的消极作用效果要明显于国有企业，汇率升值对民营企业的负向冲击也大于国有企业。陈晓珊和袁申国（2016）发现汇率"缓升"对企业影响存在差异，区分企业特征来看，内陆企业、劳动和资源密集型企业、民营企业和中小型企业受到汇率冲击影响较大，而沿海地区、资本和技术密集型、国有企业和大型企业的生存模式受到的冲击较小。顾海峰和于家珺（2018）研究得出本币汇率增长会限制私营出口公司盈利能力，但可以增加中外合资公司的盈利能力，中外合资企业因自身的融资和技术优势抵御风险的能力更强，汇率升值会促使企业产品的结构升级。沙文兵和李莹（2018）进一步细化不同技术密集度企业受到汇率的影响，按照产业技术密集度划分，研究发现，汇率升值对高技术密集度的企业影响不显著，在中低技术密集度公司方面作用效果明显，在中高技术密集度企业方面

---

　　① 他们提出出口退税率上升对企业出口收益的影响并不明显，企业层面实际有效汇率变动对一般贸易企业利润率影响大于出口退税率调整对一般贸易企业利润率的影响。来源于：周琢，陈钧浩. 出口退税和汇率变动对中国出口企业利润率的影响［J］. 世界经济，2016，39（12）：95 - 120.

　　② 阿努巴·达斯马纳探讨实际汇率变动对 2000～2012 年的印度制造业公司经济表现的影响，实证分析表明，实际汇率变动显著影响企业绩效水平，但影响因企业和行业水平特征的不同而异，具体影响取决于市场力量、贸易导向、外资所有权、获得国内融资的渠道和程度行业集中。来源于：丁锐. 人民币实际汇率变动对制造业企业绩效的影响［D］. 上海：华东理工大学，2017.

作用效果最为明显。

也有一类观点认为人民币升值会因为行业和企业指标的选取而使得汇率对企业绩效负向影响发生变化。通过部分学者多角度研究得出汇率变动对公司绩效和利润方面有明显的作用效果①。同时，沙文兵和李莹（2018）提出企业全要素生产率、创新能力、管理水平越高，现金流动性越强，盈利能力越强；而企业负债规模越大，盈利能力越弱。此外，企业投资水平越高，盈利能力越强，但高技术密集度行业的企业除外，行业出口渗透率越高，中高技术密集度行业的盈利能力有显著提升。

汇率与风险承担能力的研究截至目前相对较少，许家云等（2015）提出，公司在出口后风险承受能力显著上升，这就意味着鼓励企业积极从事出口活动、学习国外现金技术和经验，参与全球竞争，对提升企业风险承担能力具有重要作用。还有学者提出汇率变动对规模效应的作用效果更明显②。

何正全和李亚萍（2016）发现，短期内人民币升值对电气机械和器材制

---

① 唐（2010）利用加拿大制造业数据进行研究，发现加元升值企业的劳动生产率和增长率提高，并且行业对外贸易依存度越大的企业在升值期间劳动生产率增长越快。来源于：沙文兵，李莹. 人民币汇率变动对中国出口企业利润的影响——基于中国工业企业数据库的实证研究［J］. 南京财经大学学报，2018（5）：40–48.

袁志刚和邵挺（2011）采用一种定量分析的方法研究人民币升值对企业利润变动的影响，结果显示 22 个行业的利润会因为升值而提高，20 个行业的利润率则会因为升值而降低。来源于：吴国鼎. 汇率变动、企业特征与企业绩效［J］. 中央财经大学学报，2016（12）：101–110.

马飒（2014）综合多个绩效指标，研究人民币汇率的变动与企业绩效的关系。结果表明，人民币汇率对中国出口企业的偿债能力和营运能力具有显著的负向影响，与出口企业的盈利能力之间的关系，因盈利指标的不同而存在差异。来源于：马飒. 人民币汇率变动对中国出口企业的绩效影响［J］. 南通大学学报（社会科学版），2014，30（6）：133–137.

许家云等（2017）研究发现，企业净有效汇率和企业出口有效汇率上升对企业利润有负向影响作用，而企业进口有效汇率上升对企业利润有正向影响。来源于：吴国鼎. 企业有效汇率变动对企业利润的影响［J］. 世界经济，2017，40（5）：49–72.

沈筠彬等（2018）发现实际有效汇率对企业绩效的影响因企业生产率、行业集中度、要素密集度及所有制的不同而表现出差异性。来源于：丁锐. 人民币实际汇率变动对制造业企业绩效的影响［D］. 上海：华东理工大学，2017.

② 人民币升值有利于企业风险承担水平的提高，人民币汇率升值对企业风险承担的出口传递效应为负，规模经济效应却显著为正，并且后者大于前者，总体效应为正；人民币汇率对企业风险承担的影响因企业的异质性而有所不同，融资约束越低、规模越大企业因汇率升值的风险承担能力的提升效果越明显。来源于：赵建春，许家云. 人民币汇率、政府补贴与企业风险承担［J］. 国际贸易问题，2015（8）：135–144.

造业的盈利能力有负面影响，长期看来影响逐渐减小。胡宗彪等（2019）发现，相比于服务类公司，汇率变化对商品类公司作用效果更明显①。陈晓珊和匡贺武（2017）发现，产品市场竞争有助于提升企业的盈利能力；产品市场竞争机制可以有效削弱汇率升值对企业盈利能力的不利冲击，并且对民营企业的削弱作用更强。余静文（2018）研究发现，汇率变化对公司利润作用效果十分明显②。田朔等（2016）提出，外界环境条件不确定性越高，企业出口收益受到的影响越大，即汇率波动概率越大，出口收益降低越多。

2.8　文献评述

已有的文献主要讨论了影响人民币汇率波动的主要因素有哪些，推进人民币市场化改革的影响因素有哪些，如何推进人民币汇率市场化改革、保持人民币汇率稳定。文献较为丰富，议题非常广泛，为下一阶段人民币汇率市场化改革推进工作提供了不少参考意见。但总体上，已有的人民币汇率形成机制改革文献仍存在以下不足。

1. 研究内容的局限

（1）已有文献研究内容主要局限于宏观分析人民币汇率市场化形成机制，缺乏基于微观视角的人民币汇率一般理论分析框架。人民币汇率本身不仅涉及金融市场改革，也会受到国内经济结构调整的影响。现有文献主要集中在已发生的经验事实的研究上，仍然停留在经验事实发生的表层，而忽略了整个外汇市场汇率体系的分析和研究，也没有兼顾我国宏观经济基本面的相关措施，人民币中间价的形成在不同外汇市场间，既存在短期的信息流动，也

---

① 生产率较高的服务企业和商品企业在汇率贬值时能够增加更多的利润和销售；商品企业生产率越高，汇率波动对其利润和销售的负面冲击越大。来源于：胡宗彪，滕泽伟，黄扬嘉. 汇率水平、汇率波动对企业绩效的影响——中国服务企业与商品企业的表现相同吗？ [J]. 经济与管理研究，2019，40（2）：47－69.

② 通过构建企业层面的汇率暴露指标来识别汇率变动通过竞争环境渠道对企业的影响，即汇率通过影响竞争环境来促进产业升级和结构调整。可以发现，汇率暴露指标越高，人民币升值对企业竞争环境的影响越大，企业利润受影响程度也就越大。来源于：余静文. 汇率冲击与企业生产率——基于市场竞争传导机制的分析 [J]. 统计研究，2018，35（2）：75－84.

有长期的综合性影响和发展路径。因此，需要将人民币汇率机制置于整个外汇市场的体系中进行考虑，不仅要兼顾宏观基本面，而且要基于微观视角来发现汇率的价格形成机制。

（2）现有文献与人民币汇率改革的静态与动态研究、境内与境外研究、远期与近期研究割裂，在文献上没有得到一致性的研究结论，在汇率定价方面也没有达成共识，这是研究方法和样本选择过程中，不同学者有不同的选择模式导致的。但是目前境内和境外人民币外汇市场处于动态变化过程，并且外汇市场的发展存在长期与短期相结合，导致研究很难充分反映动态变化，人民币离岸市场受到国际环境的变化也在快速发生改变，因此，在考察人民币汇率形成机制时，要全面、系统与科学地进行全方位研究。

2. 研究视角的局限

（1）现有文献大多从宏观角度研究人民币汇率形成机制对中国外贸发展的影响，较少从企业微观角度研究人民币汇率形成机制改革对企业行为的影响。

一直以来，人民币汇率问题的研究主要从国家层面政策推动，宏观层面影响因素进行分析，很少从微观层面的企业利益最大化的角度来思考。虽然人民币汇率属于较宏观层面的变量，但是宏观经济都是由微观的企业和个人组成，他们受宏观货币政策影响程度最大，同时，他们的行为和决策总和影响和决定着宏观变量的波动和趋势。因而，我们有必要从微观企业角度来审视人民币汇率形成机制改革的问题。

以往的文献主要集中在人民币汇率对中国外贸发展的影响，人民币汇率保持合理均衡稳定水平是促进中国贸易、更好地利用国内外市场发展经济的主要手段和方式。近年来，随着我国外贸的高速发展，在国际贸易中扮演的角色越来越重要，在世界贸易格局中扮演着举足轻重的作用。在国际市场中，国际贸易与国际金融密不可分，根据已有文献整理出来的中国对外贸易的评价指标，见附表1，可以看出人民币汇率制度选择会直接影响企业的出口、企业在全球价值链的位置以及贸易竞争力。

（2）现有文献对于人民币汇率市场化与稳定机制没有放入同一个理论框架，人民币汇率市场化是形成机制改革的基石，而汇率的稳定是阶段性的目标。市场化改革目标是既定的，需要保持战略定力，但改革路线不一定是线性的，在双向弹性波动的同时，如何稳定在区间，如何稳定国际收支平衡、给予企业调整行为的时间和空间，需要纳入人民币汇率市场化形成机制的理论框架中。

3. 研究方法的局限

（1）研究方法相对单一、静态，缺乏多学科方法、多层次方法的融合应用。本课题涉及的研究内容比较广泛，需要综合运用政治经济学、经济学、国际经济学、开放宏观经济学、金融学等学科方法。而现有文献研究方法偏于经济学、金融学和国际经济学学科研究方法，而且方法相对单一，对于案例研究、归纳研究方法、政治经济学、历史分析方法使用不足，经济学建模方面也缺乏局部均衡、动态最优方法综合应用，方法相对传统和静态。

（2）注重宏观层面研究方法，而忽视了对于人民币汇率微观机制形成中所涉及的微观方法和中观分析方法的应用。由于数据的局限性，大部分研究都采用了宏观分析方法，如国家层面的时间序列分析方法，用于分析汇率、利率、贸易总额等宏观变量关系，但是我们需要进一步从微观层面剖析内在机理与生成原因，并从中观层面厘清宏观、微观层面相互间的逻辑联系，进一步考察进出口贸易和外国企业境外结算与投资需求的微观逻辑，微观计量等微观分析方法使用不足。

（3）测算方法的一些缺陷。为了研究人民币国际化影响因子，许多文献采用人民币国际化指数来衡量人民币国际化程度，并划分出等级来进行一系列实证分析，见附表2。依据人民币国际化职能测算国际化程度，选取国际储备、贸易结算和国际债券中的各国货币占比；国际货币储备额与所有货币的储备额作比值；货币在国际外汇市场上的交易占比来衡量，但实际测算中会受到数据、测算方法以及适用范围等限制，最终只能分别衡量人民币履行各项国际货币职能的情况，无法综合度量人民币国际化程度，也无法直观反映人民币与其他货币国际化程度的差异；文献关于测度人民币国际化指数的文献则主要从定性和定量两个角度，通过划分货币国际化的不同阶段和针对人民币国际化进程中某一重要影响因素，来加权衡量整体国际化程度。定性与定量分析的时效性和准确性较低。可以看出，无论是从货币职能角度进行测算，还是从国际比较分析法方法进行研究，都不能提供人民币国际化指数完善的测算体系。

本书在以下三个方面进行完善与拓宽。

1. 将人民币汇率形成机制理论内容进一步完善

人民币汇率形成机制具有中国特色，近期中国经济崛起所面临的外部压力剧增，人民币汇率理论也需要进一步深入研究。人民币汇率是一个十分复杂的过程，包含金融制度、资本市场开放、外汇市场建设、经济发展诸多层面的问题，是从"点"到"面"的国家战略，该领域的研究需要建立起多学科的、统一坚实的理论基础。因此，本书在完善和创新理论基础的基础上，从宏观人民币国际化与人民币汇率到微观指令流价格发现机制，从理论到实证，并从企业创新的角度将人民币汇率改革受影响的实体经济发展约束纳入分析框架，见附表3。

2. 研究视角进一步拓宽

（1）从人民币汇率市场化宏观层面到微观价格发现机制。20 世纪 90 年代中期以来，大多数针对人民币汇率的研究从中国快速提升的经济地位角度出发，并提出中国货币当局应当采取积极的措施来推动人民币的形成机制改革。已有文献主要基于国力增强的客观需要，从经济规模与货币国际地位、声誉方面研究人民币汇率的必要性和战略意义，却较少从微观角度探讨人民币汇率的内在经济规律及其核心原动力，并进一步理性思考人民币汇率微观基础的重要根源。为了克服已有研究大多是从人民币汇率影响贸易、金融、投资研究视角讨论两者的关系，较少从微观价格发现机制视角研究人民币汇率，本书从指令流与在离岸汇率价差视角拓宽人民币汇率形成机制的视角。

（2）从金融发展研究人民币汇率的视角拓宽到企业创新、提高出口国外贸易增加值。自 2008 年全球金融危机爆发后，人民币汇率主要被视为金融问题，在这种理论视角下放开资本管制、资本账户自由化被认为是人民币汇率市场化的前提条件，对人民币汇率市场化具体路径的讨论被有意无意地"置换"为如何实现资本账户自由化的讨论①，大部分注意力放在了国家的宏观经

---

① 赵柯. 德国马克的崛起［D］. 北京：中国社会科学院，2013.

济政策上，并特别聚焦在了金融业对外开放。企业是人民币汇率改革直接的风险承担者，因此，有必要将企业创新与企业出口行为纳入人民币汇率形成机制分析框架，把企业创新、产品地位和人民币跨境交易和投资需求相结合，将国内问题和国际经济、离岸金融市场和国内商品市场构建进行多层次叠加。

3. 研究方法进一步改进和创新

（1）综合性分析方法的应用，弥补现有文献研究中采用的分析方法相对单一的缺陷。鉴于以往该领域的研究方法偏于定性、传统和简单，在已有的研究基础上，通过历史经验分析法和比较分析法结合的方法，进行人民币汇率稳定与市场化的研究；在研究关于人民币汇率问题时，主要采用历史分析与逻辑分析相结合、实证分析与定量分析相结合的研究方法，旨在提出具有针对性和可操作性的对策与建议，注重从系统论角度来讨论人民币汇率的约束条件，注重多种前沿性实证检验方法的结合运用，克服以往文献使用方法、手段相对单一、静态、表面化带来的局限性。

（2）改进指标测算方法，针对人民币国际化与人民币汇率影响机制开展有效研究。计算企业层面的人民币实际有效汇率。此外，人民币国际化地位的衡量方法也有待改进，借鉴该综合指标的衡量方法，拟采用 13 个规模指标和 13 个结构指标衡量包括人民币在内的世界主要货币的全球地位。此外还涉及人民币国际化系统性风险指标的重新测算，通过这些指标的改进，能够帮助我们对于实体经济如何影响人民币国际化做出正确评价，为人民币国际化决策提供科学依据。

第3章 人民币汇率市场化形成机制改革的进程

本章主要从人民币汇率市场化形成机制的历程出发，总结了2005年汇率的渐进式改革、"8·11"汇改的市场化方向，并论证中国的经济结构、国际收支、外贸结构发生改变，也对人民币汇率市场化形成机制的改革提出了新的要求。

3.1 人民币汇率市场化形成机制改革的历史进程

从1994年以来，中国政府针对人民币汇率的相关机制发布了一系列的改革措施，本节从1994年开始，一步步梳理人民币所经历的改革的历史进程与相关的轨迹，理清人民币汇率改革的重要思路与相关措施，见表3-1。

表3-1 人民币汇率改革进程

时间	改革内容
1994年1月1日	汇率并轨，人民币与美元1∶5.8的官方汇率调整为1∶8.7的市场汇率
1996年12月1日	经常账户人民币与外币完全可以互相兑换
1997~1999年	人民币与美元兑换比固定在1∶8.28
2001~2005年	中国加入世贸组织，人民币升值
2004年2月	中央允许香港银行提供部分人民币零售的银行服务
2005年7月21日	以市场供求、参考一篮子货币
2005年7月22日	央行宣布将在每个工作日闭市之后公布收盘价
2005年8月9日	人民银行扩大外汇银行相关的远期结售汇业务并开始办理人民币和外币的掉期业务

时间	改革内容
2006 年 1 月 4 日	引入做市商制度
2007 年 5 月 21 日	央行宣布将浮动汇率波动区间从 3% 上调至 5%
2007 年 7 月	人民币计价债券在香港发售
2008 年 7 月~2010 年 6 月	人民币与美元兑换比固定在 1∶6.83
2009 年 4 月 8 日	在上海和广东的四个城市内开始跨境贸易人民币结算试点
2009 年 7 月 21 日	人民币累计升值 21%
2009 年 7 月	部分城市的公司以人民币进行贸易结算
2010 年 6 月 19 日	提升汇率弹性，使用参考一篮子的货币进行调节，实施有管理的汇率浮动制度
2010 年 7 月 19 日	正式启动离岸人民币交易
2010 年 8 月 19 日	人民币兑马来西亚货币在中国银行间外汇市场正式推出
2010 年 10 月 1 日	开展允许指定的出口商将部分外币收入留在境外的试点项目
2010 年 12 月 15 日	人民币兑换俄罗斯的卢布交易在国内银行间市场开办
2011 年 1 月 12 日	人民币交易向美国消费者开放
2011 年 1 月 14 日	获得批准的境内企业被央行允许在境外直接投资中使用人民币
2011 年 4 月 1 日	央行正式推出人民币兑换外币的期权交易
2011 年 5 月 7 日	人民币账户在 82 家俄罗斯银行被设立
2011 年 6 月 17 日	从 2005 年汇率改革以来人民币升值则达到 21.8%
2012 年 4 月 14 日	央行发公告将扩大人民币兑美元汇率的浮动区间
2012 年 5 月 29 日	外汇交易中心开始发展人民币兑换日元的直接交易
2013 年 4 月 9 日	开展人民币直接兑换澳元的交易
2014 年 3 月 17 日	人民币兑换美元的交易价浮动区间在银行间即期外汇市场从原来的 1% 扩大至 2%
2014 年 3 月 19 日	第一笔人民币兑换新西兰元直接交易在中国银行完成
2014 年 6 月 18 日	人民币兑换英镑直接交易在银行间外汇市场展开
2014 年 7 月 2 日	客户的美元挂牌交易价差管理被取消，扩大市场供求在交易和汇率的形成中的作用
2014 年 9 月 29 日	人民币兑换欧元直接交易在我国银行间外汇市场开展
2015 年 1 月 21 日	瑞士作为人民币合格境外投资者的试点地区
2015 年 6 月 27 日	人民币汇率形成机制以及利率的市场化将进一步得以推进
2015 年 8 月 11 日	做市商从 2015 年 8 月 11 日起，提供中间价报价机制
2017 年 5 月	引入逆周期因子

资料来源：笔者整理。

由以上人民币汇率形成机制改革的历程可见，人民币汇率的改革方向与宏观经济的发展一致。

由表 3 - 1 可以看出，中国政府在人民币汇率形成机制的改革方面做了许多努力，而 2005 年的汇改在中国的汇率改革历史上迈出了重要的一步。关于汇率的决定选择主要包括两个方面：一方面是汇率是升值还是贬值；另一方面是如何选择汇率的制度。这两个方面密不可分、相辅相成。在改革开放之前，中国实行高度集中的外汇计划管理体制；在改革开放之后，中国实现多重汇率制度，目的是维持出口产品竞争力最大化；1994 年之后，实行单一的有管理的浮动汇率制度；1997 年，为了应对东亚金融危机，人民币汇率实行单一的盯住美元的汇率制度，之后，中国政府也并没有改变人民币盯住美元的汇率制度；2002 年之后，巨大的中国贸易顺差，使得人民币升值的预期在国际市场上占据一个主导地位，大量的资本流入我国。因此，从东亚金融危机中我们可以得出以下教训，固定汇率制度下想要调整经济是十分不容易的，对于大量流入我国的投机资本来说，我国的汇率政策难以抵御和调整。因此，为了抵御国际投机资本的冲击，我国开始逐渐恢复有管理的浮动汇率制度，2005 年 7 月 21 日，央行宣布，我国开始实行以 "一篮子货币为基础 + 有管理的浮动汇率制度"，并且让人民币兑美元升值 2%。事实证明，货币政策是正确的。因此，了解人民币汇率制度如何形成以及在新汇率制度下可能会遇到的问题，以及人民币汇率未来发展的趋势十分重要。

3.2　2005 年的 "渐进式" 汇改

在 2005 年的汇率改革中，人民币汇率一次性升值 2%。改革主要包括两个内容：人民币汇率不再钉住单一美元，而是按照我国对外经济发展的实际情况，选择若干种主要货币，赋予相应的权重，组成一个货币篮子；同时，根据国内外经济金融形势，以市场供求为基础，参考一篮子货币计算人民币多边汇率指数的变化，对人民币汇率进行管理和调节，维护人民币汇率在合理均衡水平上的基本稳定①。当时我国经常项目和资本项目双顺差持续扩大，加剧了国际收支失衡；2005 年 6 月末，我国外汇储备达到 7110 亿美元；对外贸易顺差迅速扩大，贸易摩擦进一步加剧，外汇管制进一步放宽，外汇市场建设的深度和广度不断拓展，正是在这样的情况下，中国政府坚持独立自主、高度负责的态度，坚持从我国的根本利益和经济社会发展的现实出发，选择这一合适时机启动了此次汇率改革。

国内经济学家在大量地讨论关于汇率制度的选择问题，然而国外的经济学家则更多关注于人民币的升值和贬值问题，认为此次人民币的升值幅度过低，人民币应该呈现一个大幅度的升值，以此来达到防止投机资本的大量流入，缓解美国的收支平衡问题。但是汇率水平的决定是复杂的系统问题。中国经济在持续高速稳健地发展②，中国企业在这样渐进的汇率升值压力下，并没有出现大面积的破产，而是通过内部管理和技术挖掘，有效地分解了汇率升值的压力。

当时的西方学者认为人民币存在大量的低估，2005 年汇改以后从急速增加的外汇储备看出人民币确实在一定程度上被低估了；此外，中国经济对于出口的依赖程度越来越高，加上我国的经济体制的问题，我国经济难以承受短时间内人民币大幅升值所带来的冲击。所以，如果人民币在短期内大幅升值，将会导致中国的经济产生不可估量的和后果。因此，比较好的方法就是通过小幅度的渐进的升值慢慢向均衡汇率靠近，但是这种方法也有其相应的问题，如这种方法会鼓励投机资本的流入。因此在汇率问题上，对大多数政府来说，进行小幅的渐进的升值是相对比较有效的选择。

此次人民币的小幅度升值导致出口速度下降，拉低经济增长的速度。但是由于升值幅度还是相对有限的，故我国的进出口贸易受到的影响相对较小。由以往的经验证据表明，汇率的变动使得中国进出口贸易变动的弹性较小。此外，我国的贸易主要是以加工贸易为主，所以人民币的升值导致 1 美元的销售收入所得到的人民币将少于 8.27 元，由于出口对冲，对出口企业来说，其利润不会受到太大的影响。但是对于一些利润率很低的出口部门，如纺织

---

① http：//www.gov.cn/jrzg/2005 – 12/28/content_139405.htm.
② 韩哲. 人民币汇改继续"小步慢跑"［N］. 北京商报，2011 – 06 – 20（2）.

品出口部门，会产生许多的不利影响。人民币升值 2% 意味着商业银行的资本减少了 2%。此外，在农产品和农村收入方面，人民币升值也可能会对其产生不好的影响。但是中国政府对于人民币的升值还是保持着十分谨慎的态度的。中国政府也积极地出台相应的政策以减弱升值可能会对某些行业产生的不利影响。

2005 年汇改后人民币升值的预期不断加重，大量投机资本流入我国加重了中国的泡沫经济。同时，人民币的小幅度升值使得人民币升值预期更加强烈，进一步促进投机资本的流入。中国出台许多政策来阻止投机资本的流入，如严格地禁止与经常项目无关的外汇和期货期权交易等。通过加强资本管制的方法阻止投机资本的流入，减少投机资本的利润仍然是可行的；除了传统的资本管制方法外，还利用税收、行政管理、提高换汇手续费等方法来阻止投机资本的流入。但是不能使用资本开放来缓解人民币升值的压力，对于资本项目自由化的速度应该严格控制。例如，严格控制外资进入我国房地产市场的情况以防止泡沫经济的产生。

2005 年汇改后十年内中国经济呈现出高速增长的趋势，我国经济在高速增长的同时伴随着人民币汇率渐进式持续升值。事实证明，这种坚持小步慢跑的汇率制度使得我国的贸易条件有了明显的改善，在本书后面章节通过理论与实证证明了人民币实际有效汇率的渐进式升值为企业争取了转型升级的空间与时间，通过企业的技术创新与挖掘有效地分解了汇率升值的压力。

3.3　"8·11"汇改之后人民币汇率市场化改革方向

2015 年 8 月 11 日，《中国人民银行关于完善人民币兑美元汇率中间价报价的声明》在央行发布，做市商从 2015 年 8 月 11 日起，提供中间价报价机制变为在每日银行间外汇市场开盘之前，参考上日的收盘汇率，综合考虑外汇供求以及国际汇率变动方向各个方面来进行中间价报价。这个调整促进了人民币兑换美元汇率进一步市场化其中间价机制，当期外汇市场的供求关系被进一步表现出来。

人民币汇率从以前的盯住单一美元制度改为货币篮子政策，即使用几种主要货币，赋予相应的权重来组成。同时，在市场供求的基础上，为了维护人民币在一定合理均衡的水平上的稳定，将一篮子货币篮作为基准，计算人民币在多边汇率指数中的变化。为了形成有管理的汇率浮动制度，在参考一篮子货币的同时，还要以市场供求作为相应的依据。

2015 年的"8·11"汇改在汇率改革的历史长河中是重大的一步，其汇率改革进程有许多作用。

（1）从 2015 年 8 月 11 日到 2016 年 8 月 11 日这一年的改革进程中，人民币兑换美元从 1∶6.2298 降至 1∶6.6971，达到了 8.3% 的降幅，扩大了汇率双向浮动的弹性，单边升值的趋势结束了。

（2）从以前的盯紧美元制度转变为参考一篮子货币制度。

（3）"8·11"汇改使得人民币汇率机制从原来的"单锚"转向"双锚"。

（4）"8·11"汇改使得人民币的中间市场的价格更加规则和透明，进一步加速了市场化的程度的发展。

（5）由于央行渐进式的发展形成了"收盘汇率 + 一篮子货币汇率变化"以及人民币的中间市场的定价机制，故对于中间价格的形成机制慢慢可以找到规律，可以避免中间市场的预期不足而导致的价格的大幅度变动。

（6）逐渐减轻了资本的跨境流出。

"8·11"汇改使得中国跨境资本的流出压力变小，可以表明国内国外的不同市场环境的变动使得市场不断地向更加理性和稳定的趋势靠近，降低了人民币的贬值期望。

时至今日，曾经逢 7 "色"变的人民币汇率已然淡定。人民币汇率双向弹性波动不仅成为调节内外部冲击波的"减震器"，也是平衡国际收支的"稳定器"。灵活的汇率机制使得汇率已经成为国家金融安全稳定的一部分。

3.4 人民币汇率市场化形成机制改革的新要求

在改革开放的 40 多年来，中国经济取得了飞速的发展，创造了世界经济增长的奇迹。在经济高速增长的现在，中国的经济结构、国际收支、外贸结构发生改变，也对人民币汇率市场化形成机制的改革提出了新的要求。

（1）我国经济的投资率很高，但是投资效益比较低。1981～2017年全社会投资累计完成490万亿元，年均增长约20.2%，但我国当前每新增1元GDP需要增加6.9元投资，投资效率明显低于发达国家平均水平，也大大低于我国10年前的水平（2008～2017年增量资本产出效率平均为5.7元；1998～2007年则为4.0元）。全要素生产率水平仅为美国的43%左右①。

（2）国际收支经历日趋平衡，已形成更有韧性的外汇市场。2020年新冠肺炎疫情给世界经济造成了非常严重的冲击，国际金融市场波动加剧，但中国的跨境资金流动和外汇市场运行经受住了严峻的考验，表现出"韧性增强、更趋成熟"的总体特征。2020年我国外汇市场平稳运行，保持了国际收支基本平衡。截至2020年末，我国外汇储备规模为32165亿美元，较2019年末上升1086亿美元②。

（3）中国在国际贸易中的份额进一步提升。根据WTO和各国已公布的数据，仅2020年前10个月，中国进出口、出口、进口在国际市场的份额就分别达到12.8%、14.2%、11.5%，创历史最高纪录。此前的2019年，中国的进出口、出口和进口占国际贸易市场的份额分别为11.9%、13.1%和10.7%。从2020年全年的数据看，中国在全球贸易领域的份额较2019年平均提升了1个百分点，中国不仅成为全球唯一实现货物贸易正增长的主要经济体，而且货物贸易大国的地位进一步巩固③。

2020年人民币汇率总体保持稳定④，出口数据较好但总体也是稳定的。这主要是由于一方面国内率先控制疫情并且经济持续恢复，传统出口优势行业优势继续维持，疫情防控所需物资产能和产量快速增加；另一方面，国外在疫情持续蔓延的情况下，正常的经济活动受到影响，对中国出口商品的依赖度增加，同时为应对疫情也高度依赖中国出口的口罩、医疗器械等防疫物资。中国经济的稳定发展需要继续人民币汇率机制改革继续坚持市场化方向，

---

① ②　资料来源于：国家统计局，www.stats.gov.cn。

③　资料来源于：海关总署，www.customs.gov.cn。

④　娄飞鹏. 人民币汇率合理均衡状态今年有望持续［N］. 证券时报，2021－01－28（A03）.

坚持市场在人民币汇率行程中的重要作用，同时能够保持合理均衡的稳定波动。因此，对人民币汇率制度以及波动水平提出了要求：

（1）发挥市场作用、以一篮子货币制度进行调节。目前我国的贸易与投资总量与结构都发生了变化，日趋多元化，为了避免汇率波动影响我国的国际收支与内外部均衡，还应坚持参考一篮子货币制度增强汇率对宏观经济的调节作用①，能够稳定宏观经济。

（2）增强人民币汇率波动弹性，更好发挥汇率调节宏观经济和国际收支稳定器作用。人民币汇率弹性波动能够对冲外部不稳定性、不确定性的冲击，保持货币政策自主性，有利于加快形成以国内大循环为主体、国内国际双循环相互促进的新发展格局。

（3）更加注重预期管理和引导。央行退出常态化调控后，预期管理和引导的重要性进一步突出，人民银行将继续通过多种方式合理引导预期，为外汇市场的有序运行和人民币在合理均衡水平上的基本稳定创造条件。

（4）把握好内外部的平衡，在一般均衡框架下实现人民币汇率在合理均衡水平上的基本稳定。人民币汇率是联系实体经济部门和金融部门、国内经济和世界经济、国内金融市场和国际金融市场的重要纽带，是协调好本外币政策、处理好内外部均衡的关键支点。市场化的汇率有助于提高货币政策的自主性、主动性和有效性，促进经济总量平衡。

3.5　本章小结

本部分通过对人民币汇率市场化形成机制相关文献的回顾，厘清了人民币汇率机制改革的历程，提出人民币汇率形成机制改革一直是经济深化改革的重要内容，并且与宏观经济的发展方向一致，主要有 1994 年汇率并轨，2005 年"7·21"以市场供求、参考一篮子货币，2015 年"8·11"中间价报价机制，2017 年 5 月引入逆周期因子等重要的机制改革。随着经

---

① 央行货币政策司青年课题组. 人民币汇率形成机制改革将继续坚持市场化方向 [EB/OL]. http：//www. cs. com. cn.

济全球化趋势的不断发展与完善，汇率将继续影响我国产品在国际上的竞争力。自"8·11"汇改以来，人民币汇率弹性日趋增强，中间价的引入使得汇率更多地捕捉市场信息，加深了汇率形成机制的市场化，同时汇率保持合理均衡水平的稳定也至关重要。

第4章 中国央行的外汇管理与人民币汇率稳定

自 2001 年中国加入 WTO 以来，中国央行始终将人民币汇率的稳定作为外汇调控的目标。本章主要研究中国央行外汇管理制度改革的目标、效果以及现存的问题，探讨央行稳定汇率的举措以及各项能够反映汇率波动的指数。

4.1 中国央行外汇管理

外汇管理是指各国的政府机关部门或由其授权的国家货币金融管理当局对外汇进行的交易、结算等活动所采取的管制措施，其目的是防止外汇投机活动的发生，对资本的流入和流出进行限制，使得货币汇率维持稳定，进而实现国际收支平衡。

4.1.1 外汇管理制度改革

随着市场情况的剧烈变动、经济的飞速发展，外汇管理制度也相应地改进和完善①。改革开放至今，中国外汇管理制度主要经历了五个阶段的演变历程。

1）汇率双轨期（1978~1993 年）

对经常项目实行强制结汇制度、外汇留成制度和双重汇率制度；控制资

---

① 人民币汇率形成机制、外汇储备管理制度、外汇交易管理制度、外汇风险管理制度是中国外汇管理制度的四个主要组成部分。

本项目的外债规模和结构、对直接投资实行宽进严出、对证券投资和金融信贷实行严格的管制政策。

2）汇率并轨期（1994～2004 年）

在这一时期，汇率改革的目的是形成有效、规范、统一的外汇市场，从1996 年起完成人民币经常账户可兑换。经常项目实际上仍存在外汇管制，对于资本与金融项目，仍然采取控制外债规模和结构、引导外商在国内进行直接投资、对外直接投资受到限制、对于投资和信贷这两个方面采取严格控制的管理方式。

3）汇率市场改革期（2005 年）

在这个时间点上，对汇率的基准价格作出适当的调整，对人民币汇率的浮动区间进行适当地扩展，并且对外汇储备的管理制度进行调整，允许符合条件的非银行类金融机构、非金融企业加入即期银行间外汇市场中，与此同时引进做市商制度，并且在市场交易中采取询价交易机制。

调整资本管制的思路，既不追求过多的外汇流入，也不要求外汇尽可能少地流出。对于经常项目，在结汇制度方面发生了重大转变，不再设立强制性要求，而是逐渐过渡为意愿结汇制度；对于资本和金融项目，采取了一些放宽交易和汇兑管制的措施，先后引入合格境外机构投资者（QFII）、合格境内机构投资者（QFII）。在这一阶段，逐步确立了均衡的资金管理制度、稳步实现资本项目可兑换、外汇贸易投资更加灵活便利。

4）中间价形成机制期（2015 年）

中间价形成机制主要是根据 14 家做市商报价去除部分最高和最低值后的均值来形成中间价的机制。做市商首先假定维持当天 CFETS 为主的一篮子指数不变所需要的中间价，将其和上一日中间价的差额用过滤系数 β 调整，再加上上一日的银行结售汇收盘价，则得到当天新的中间价。这就是所谓参考"收盘汇率 + 一篮子货币汇率变化"的中间价形成机制，各家做市商报价的差异主要来自过滤系数的取值。

5）逆周期因子期（2017 年）

逆周期因子其实就是过去的波动过滤，只不过更加机制化、清晰化，都是为了对抗市场异动所进行的逆周期调节，报价行按照央行给的逆周期因子公式，也与央行形成了更为清晰的沟通模式。

4.1.2　外汇管理的政策目标

在经历外汇管理的五个阶段的不同时期，我国的外汇管理政策虽然发生了翻天覆地的变化，但是我国政府管理外汇的政策目标一直没有改变，主要体现在以下四个方面。

1）保持汇率稳定

目前，人民币还不是国际货币，这就决定了未来一段时间内我国的汇率政策还是以稳定为主，这可以为国内经济提供较好的发展环境，同时对涉外经济的开放也是有利的。外汇管理的政策目标需以保持汇率基本稳定为出发点，协调跨境资本流动，减少因汇率因素而造成的市场波动，更深层次地促进人民币汇率形成机制的发展和实现。

2）维持国际收支平衡

社会总供求的平衡是宏观经济稳定的重要内容，而国际收支平衡又是宏观经济稳定的重要标志，进而外汇管理的核心任务便是维持国际收支的平衡。我国长期存在贸易"双顺差"问题，外汇资本大量流入，一方面，加大了"热钱"流入的可能性，增大外汇风险，孕育资产泡沫；另一方面，银行和企业将外汇卖给中央银行，增加了外汇储备量。外汇管理当局为了防止虚假外汇的流动，会对国际收支情况进行定时的审查和核对，根据相应的结果来调整外汇政策，进而实现国际收支的稳定。

3）防范资本冲击

随着发展中国家资本管制政策的放松，资本可以实现自由流动，当被投资国的经济发展不被看好或者该国资本市场发生剧烈波动时，国际投资者对该国的资本投资收益缺乏信心，进而会撤回在该国的投资，这就使得该国国内的资本市场更加不稳定，受到更加剧烈的冲击。因此，对各国之间短期资本流动的冲击进行防范、维护资本市场的稳定、安全和可持续性尤其重要。

4）服务经济发展

对于发展中国家，其在经济发展中对外汇的需求是比较大的，资源的分配和投向将对行业的发展产生重要影响，服务经济发展是外汇管理的重要落脚点。外汇管理政策需统筹规划，深入了解市场化、国际化等方面的需求，并且根据经济发展以及产业发展的阶段状况，全面利用各项政策，如外汇管理政策、财税政策等，同时配合国家供给侧改革、宏观调控政策和行业发展方向，使外汇资源流向最有效的部门，以最大限度地提高经济效益。

4.1.3 外汇管理现存问题

要想高度把握现阶段中国经济和政治发展方向，就必须深入了解我国外汇管理模式存在的问题，进而针对性地提出外汇管理体制改革的意见，更有效地调节汇率产生机制、外汇储备、贸易顺差等问题。

1）监管职能分割

目前对跨境资本交易和管理实行分开管理模式，行业主管部门负责交易环节，外汇管理局负责汇兑管理，工业部门专注于行业的发展，稳定汇率及国际收支是外汇管理部门的工作重点。不同部门的指导方向和管理目标不一致将造成部门各自为政、监管重复或者空白、管理成本增大、信息不对称和管理不协调等问题。经常项目和资本项目的管理也是实行分开管理模式，随着服务贸易、货物贸易和资本投资边界逐渐模糊，对现有的监管体系中的监管职能、监管内容提出了更高的要求。

2）外汇管理法律

我国现行外汇管理法律范围覆盖不全面、管理范围小、推广性弱，在外汇市场管理、金融机构外汇管理和管理职责分工方面都缺少统一的法律；法律内容也存在不足，对于一些条款没有具体的规定，容易滋生犯罪。此外，我国外汇管理政策和货币政策变动频繁，将影响政策的有效实施，增大企业对外投资的风险，造成市场主体的动荡。

3）人民币汇率形成机制现存问题

在我国目前的人民币汇率形成机制中，依然存在以下问题：第一，人民币汇率市场化机制仍没有达到目标，市场缺乏对汇率的定价权，汇率杠杆难以发挥调节作用；第二，由于资本项目没有实现完全放开，若预期人民币出现长期升值，就会使得许多投机资本流入，进而形成潜在风险；第三，汇率实现自由浮动之后使得许多企业的出口利润减少，企业在开拓海外市场时会受到一定的影响。因此，外汇的供给和需求主要来源于外汇交易和国际贸易，资本流动对利率变动的反应程度较小，外汇市场并没有形成以资本流动为中心的利率汇率联动机制。

4.1.4　外汇管理改革方向

为了更好地理解我国的外汇管理政策，更快实现外汇制度的完善，需要理清我国外汇管理的改革方向，更快、更稳地朝着改革方向前进。外汇管理的改革方向主要体现在以下三个方面。

1）实现一体化主体监管

需要加快管理方式的转变，实现外汇管理一体化的监管形式，努力构建基于主体监管的新型外汇监管模式，突破功能监管中存在的束缚，完善监管内容使其更加全面。在职能监管方面，不再单独区分资本账户、经常账户，依据交易主体进行控制和管理；在监管内容方面，通过有效整合外汇管理局各业务系统数据与外部信息，使信息和行为主体保持统一，并且构建以交易主体为基础的全面、统一的评价、预警指标体系。

2）健全法律法规体系

根据市场实际情况制定一个外汇核心法律，以此为基础逐渐完善外汇市场管理和外汇金融管理法，并明确外汇管理部门的职责，在有法可依、执法严格的环境下，确保外汇市场和外汇交易的有序发展。完善法律后，还需对已有的法律内容进行丰富、细化，完善不明确的内容，实现我国外汇法律体系与国际之间的对接。

3）完善外汇市场和人民币汇率形成机制

我国外汇体制改革应当将一篮子货币作为参照对象，以此为基础作出相应的调整和规范，同时应当关注市场上的供求状况，根据实际情况逐步放宽人民币兑篮子汇率宽幅区间，在采取严格的资本管制的同时，不断改进政策规则和提高透明度。

4.2　央行外汇调控与人民币汇率稳定

2020 年 10 月 12 日起，央行把远期售汇业务的外汇风险准备金率从 20%
下调为 0[①]。2020 年中央经济组工作会议也将稳定市场预期、保持人民币汇率
在合理均衡水平上的基本稳定作为重要工作之一。2020 年以来，人民币汇率
以市场供求为基础双向浮动，弹性增强。2020 年 5 月下旬以来，人民币对美
元汇率呈明显的升值趋势，至今累计升幅逾 6%[②]。"稳汇率"的信号表明，
不追求人民币汇率趋势升值有助于实现人民币汇率合理均衡稳定。这不仅包
括国内物价水平的稳定，也包括汇率的基本稳定。

4.2.1　央行调控外汇的作用

自 2001 年中国加入 WTO 以来，中国央行始终将人民币汇率的稳定作为
外汇调控的目标，具体见表 4-1。2001 年，经常项目与资本项目"双顺
差"、固定汇率以及强制结售汇使得央行调控外汇处于被动状态，随着固定
汇率向自由浮动汇率改变，人民币汇率作为调节宏观经济和国际收支稳定
器的作用开始显现。2005 年"7·21"汇改之后，人民币不再盯住美元，
开始进入人民币单边升值状态，这时央行重视通过外汇调控的信号渠道来
引导汇率预期。2010 年 6 月，央行进一步增强人民币汇率的弹性波动，因
此扩大了人民币汇率的浮动区间，非理性预期产生的汇率波动日益严重。
2012 年，一方面，随着"藏汇于民"官方储备与国际收支变动一致下降，进
一步强化了汇率预期波动；另一方面，取消合格境外投资机构投资者（QFII）
和人民币合格境外机构投资者（RQFII）投资限额，加剧了国际资本流动对汇
率预期稳定的冲击。

---

① 辛继召. 人民币汇率创两年多来新高或助力人民币国际化提速［N］. 21 世纪经济报道，2020-
10-22.

② 张炜. 保持人民币汇率合理均衡稳定［N］. 中国经济时报，2020-10-13（2）.

2017 年 5 月 26 日，央行为了缓解汇率预期的"羊群效应"，正式宣布在人民币汇率中间价报价模型中引入"逆周期因子"，此后人民币兑美元汇率累计升值近 2600 点。

表 4 - 1   央行调控外汇的背景与作用

时间	背景	作用
2001 年	加入 WTO；双顺差、固定汇率、强制结售汇	自由浮动汇率
2005 年 7 月 21 日	不再盯住美元、人民币单边升值	通过外汇调控信号来引导汇率预期
2010 年 6 月	扩大人民币汇率波动区间	非理性预期成为影响汇率预期的重要因素
2012 年	取消强制结售汇、取消 QFII 与 RQFII 投资限制	货币供给与汇率预期的权衡
2017 年 5 月 26 日	疏解外汇市场"羊群效应"	加入逆周期因子

资料来源：笔者整理。

4.2.2　人民币汇率指数

汇率是货币政策的重要组成部分，汇率的稳定对国家经济的稳定具有重要的影响。中国人民银行行长易纲就人民币汇率稳定问题指出，"继续推进人民币汇率形成机制改革，增强人民币汇率弹性，更好地发挥汇率在宏观经济稳定和国际收支平衡中的稳定器作用"[1]。因此，人民币汇率的稳定具有双重意义：一方面，汇率要保持在合理均衡的稳定水平；另一方面，汇率要在稳定宏观经济与国际收支平衡中发挥"稳定"的作用。人民币汇率稳定可以通过一篮子货币指数与人民币实际有效汇率指数表现出来。

1. 人民币有效汇率指数

"有效兑换率"是一个国家与贸易伙伴的贸易汇率的加权计算[2]。CFETS

---

　① 2020 年 3 月中国人民银行行长易纲在十三届全国人大二次会议新闻发布会上提出。

　② 它不仅更客观地衡量一国货币的价值，而且真实地反映了一个国家汇率的稳定性和波动性，可以作为政策实施的重要参考。2015 年 12 月 11 日，中国外汇交易中心首次公布了 CEFTS 人民币指数及其指数算法。其货币篮子包括在 13 个中国外汇交易中心上市的外汇交易货币。来源于：陈凤. 人民币有效汇率指数的编制及国际经验借鉴 [J]. 金融教育研究，2016，29（4）：3 - 12.

人民币汇率指数是衡量人民币价值的新举措①。自 2020 年 6 月以来，人民币有效汇率呈现波动中升值的格局，2019 年 12 月至 2020 年 11 月，人民币实际有效汇率指数升值了 3.2%，人民币名义汇率指数升值了 4.6%。2020 年，受新冠肺炎疫情冲击，中国出口在第一和第二季度大幅下挫，出现负增长的情况，如图 4 - 1 所示。其主要原因在于中国经济最先从疫情冲击中缓和过来，第三和第四季度开始企稳回升。在 2020 年 11 月，出口同比增速达 21.1%。此后一段时间出口额同比增速很难再达到 2020 年 11 月 21.1% 的高水平。原因在于：一是外部需求的复苏可能不及预期；二是其他新兴市场经济体的复工复产将导致中国在全球产业链上的短期不可替代性逐渐被削弱②；三是人民币有效汇率的快速升值通过时滞效应在未来一段时间对出口增速造成负面影响。这意味着未来净出口对经济增长的贡献与 2020 年第三和第四季度相比可能有所下降。

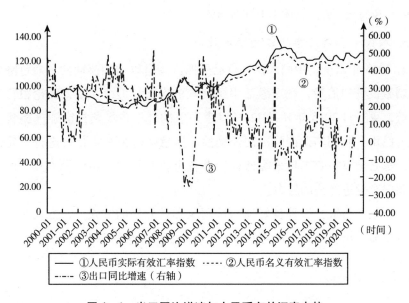

图 4 - 1　出口同比增速与人民币有效汇率走势

资料来源：笔者据 Wind 数据绘制。

---

① 它将一篮子货币的货币和份额定义为人民币的新货币锚。它不仅更客观地反映了人民币的货币价值，而且是中央银行外部沟通的新工具，提升了中央银行汇率政策的透明度。来源于：陈凤. 人民币有效汇率指数的编制及国际经验借鉴 [J]. 金融教育研究，2016，29（4）：3 - 12.

② 张明. 疫情、衰退与冲突下的中国经济新发展 [J]. 文化纵横，2020（6）：26 - 34.

2. CFETS 指数

2017 年，货币篮子的扩张进一步促使人民币与美元脱钩。从 2017 年 1 月 1 日开始①，CFETS 货币篮子增加了南非的兰特、韩国的韩元、波兰的兹罗提、丹麦的克朗、瑞典的克朗、挪威的克朗、土耳其的里拉、墨西哥的比索等 11 种 2016 年上市的货币来与人民币直接进行交易，篮子货币的种类有 24 种，新增篮子货币权重为 21.1%，以前的 13 种货币在货币篮子中的比重为 78.9%，以及美国的权重 CFETS 篮子中的美元从 26.4% 降至 22.4%。

人民币汇率指数货币篮子的扩大和美元贬值将进一步使人民币与美元脱钩②。2020 年人民币兑 CFETS 篮子指数由 91.39 上升为 94.84，总体上升了 3.8%。2019 年 12 月 31 日至 2020 年 12 月 31 日，人民币兑 BIS 篮子指数由 95.09 上升为 98.68，总体上升了 3.8%。

3. 人民币有效汇率指数的稳定效应

自 2015 年以来，中国人民银行已经四次降息以增加流动性，通过降低利率来刺激投资和消费，试图激活中国疲软的经济。但事实是，无论银行利率有多低，央行自 2015 年 8 月 11 日以来采取的外汇市场调控措施（抛售美元购买人民币）将扭转此前降准的流动性。这意味着中央银行每进行一轮外汇调控，都必须有一套工具来降低存款准备金率和其他货币计量工具，以避免降低利率和促进经济的努力。

公布汇率指数是一种良好地协调国家和谐发展的方式。官方发布 CFETS 指数可以显示出将来人民币与一篮子货币平稳关系会得到保证③。

---

① 2016 年 12 月 29 日，中国外汇交易中心公布了中国外汇交易中心人民币汇率指数货币篮子的调整规则。来源于：刘琨. CFETS 人民币汇率指数走势 [J]. 中国金融，2017（3）：67-68.

② 在一篮子货币进一步市场化的人民币汇率形成机制下，人民币兑美元的双边汇率受到一篮子货币汇率和美元汇率本身变化的影响。来源于：刘琨. CFETS 人民币汇率指数走势 [J]. 中国金融，2017（3）：67-68.

③ 人们可以根据一篮子货币的构成和权重来预测人民币未来的波动性。市场仍更多地参考人民币兑美元的汇率，这也要求官方通过 CFETS 指数发布更多、更强大和更透明的信号。来源于：陈凤. 人民币有效汇率指数的编制及国际经验借鉴 [J]. 金融教育研究，2016，29（4）：3-12.

4.3　近期人民币兑美元和非美元货币的波动幅度

1. 人民币兑美元

自 2005 年 7 月 21 日，中国人民银行正式宣布实施基于市场供求的有管理的浮动汇率制度，参考一篮子货币以来，人民币兑美元的汇率仅为 0.3%，国际汇率中发生大幅波动。保持一篮子货币稳定性的能力是有限的。此后，汇率波动幅度有扩大趋势，并且平均每日波动率有所下降[①]。2020 年，人民币兑美元呈现先抑后扬的趋势，人民币兑美元总体上升了 6.5%。如图 4-2 所示，其大致可以分为两个阶段：第一阶段是 2019 年 12 月 31 日至 2020 年 5 月 29 日，在这个阶段内，人民币兑美元汇率呈现贬值趋势，总体贬值了约 2.2%；第二阶段是 2020 年 5 月 29 日至 2020 年底，在这个阶段内，人民币兑美元汇率转为快速升值格局，累计升值幅度达到 8.5%。

2019 年 12 月 31 日至 2020 年 12 月 31 日，人民币兑 CFETS 篮子指数由 91.39 上升为 94.84，总体上升值了 3.8%，如图 4-3 所示。2019 年 12 月 31 日至 2020 年 12 月 31 日，人民币兑 BIS 篮子指数由 95.09 上升为 98.68，总体上升了 3.8%。

2. 人民币兑非美元

1）人民币兑欧元和日元

人民币兑欧元和日元汇率在长期来看具有比较宽阔的贬值空间，但是短期

---

① 2007 年 5 月 21 日银行间市场人民币兑美元汇率的日波动率从 ±0.3% 扩大至 ±0.5%。这是自 1994 年以来人民币兑美元汇率波动的第一次调整。BIS 计算的名义有效汇率（CFETS 人民币汇率指数于 2014 年 12 月 31 日开始计算。为了比较波动率在此期间人民币有效汇率，在这里使用国际清算银行公布的广义人民币名义有效汇率指数）2008 年 6 月底人民币恢复稳定后，平均每日波动率从之前的 0.169% 下降到 0.167%。

2012 年 4 月 16 日，银行间市场人民币兑美元汇率每日波动幅度从 ±0.5% 扩大至 ±1%。汇率波动限制基本上不再是人民币汇率路径的硬约束。0.220% 的波动幅度从 2010 年 7 月持续到 2012 年 4 月；从 2012 年 4 月开始下降，到 2015 年底下降到 0.183%。2016 年，中国人民银行进一步明确了人民币兑美元的中间价，最初在"前一天收盘汇率 + 一篮子货币汇率变化"中形成了人民币兑美元汇率形成机制。中国外汇交易中心计算的有效汇率的平均每日波动率从 2015 年的 0.231% 下降至 2016 年的 0.112%。来源于：刘琨. CFETS 人民币汇率指数走势 [J]. 中国金融，2017（3）：67-68.

图 4 - 2　人民币兑美元中间价

资料来源：笔者据 Wind 数据绘制。

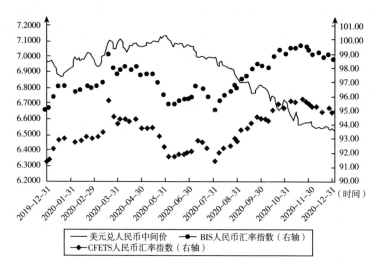

图 4 - 3　人民币兑美元、CFETS 货币篮汇率指数、BIS 货币篮汇率指数

资料来源：笔者据 Wind 数据绘制。

内贬值情况发生的概率不大①。2019 年 12 月 31 日至 2020 年 12 月 31 日，人

---

①　在美国金融危机之后，欧洲央行和日本采取了强有力的量化宽松政策。自 2013 年以来，欧元兑日元汇率大幅贬值，人民币兑欧元和日元汇率也大幅上升。估计现象，即使在 2015 年 7 月人民币汇率相对贬值之后，人民币兑欧元和日元的当前汇率仍被高估约 20%，人民币进一步贬值的空间很大。然而，由于欧元区和日本经济复苏乏力，人民币在短期内再次对日元和欧元再次贬值更为困难。李建伟，杨琳. 影响因素、管控机制与人民币汇率波动趋势 [J]. 改革，2017 (1)：85 - 98.

民币兑欧元汇率中间价由 7.8155 降至 8.0250，总体上贬值了约 2.7%，年内
最大跌幅 9.7%，如图 4 - 4（a）所示。2020 年，人民币兑日元汇率走势呈现
小幅升值趋势。2019 年 12 月 31 日至 2020 年 12 月 31 日，人民币兑日元汇率
中间价由 6.4086 降至 6.3236，年内总体升值了 1.3%，年内最大跌幅为
8.6%，如图 4 - 4（b）所示。

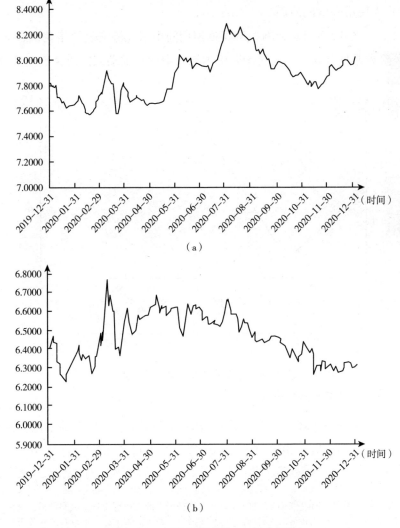

（a）

（b）

图 4 - 4　人民币兑欧元、日元中间价

资料来源：笔者据 Wind 数据绘制。

2）人民币兑韩元、泰铢

人民币现阶段会仍有贬值邻国货币汇率的空间，如韩元和泰铢。韩国、泰国、印度尼西亚和马来西亚等邻国的经济高度依赖中国、美国、欧洲和日本。货币汇率取决于人民币、美元、欧元和日元的有效汇率波动。为了提高国家出口产品方面在国际上的竞争优势，这些国家或地区的大多数货币都处于弱势地位[①]。

3）人民币升值的原因

（1）如图4－5所示，新冠肺炎疫情期间中国经济恢复快于美国，导致中美无风险利差显著加大，大量国际资本流入中国，推动人民币兑美元升值。

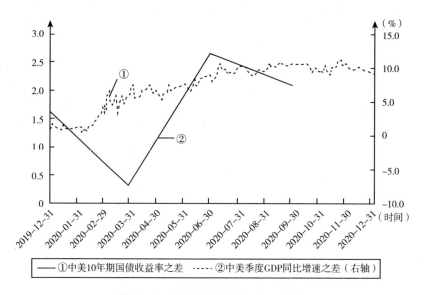

图4－5　中美利差及中美GDP增速

资料来源：笔者据 Wind 数据绘制。

（2）中国金融市场加快对境外投资者的开放，越来越多的中国金融资产被纳入全球金融指数，2019年9月10日中国央行宣布取消对 QFII 与 RQFII

---

① 在亚洲金融危机期间和美国金融危机之后，这些国家的货币都出现了大幅贬值。目前，人民币兑韩元、泰铢、印尼卢比和马来西亚林吉特仍高估3%～28%。未来，人民币对这些货币有一定的贬值空间，但从促进区域经济双赢发展的角度来看，人民币对这些国家货币难以大幅贬值。李建伟，杨琳. 影响因素、管控机制与人民币汇率波动趋势 ［J］. 改革，2017（1）：85－98.

的投资额度限制。中国政府债券三度被纳入国际重要债券指数。

（3）全球发达国家央行开闸放水，导致全球流动性过剩，如图 4 - 6 所示。新冠肺炎疫情发生后，几乎所有发达国家或地区的央行都实施了史上最宽松的货币政策，其中包括实行零利率或者负利率，也包括比较大规模的公开市场操作，如量化宽松。

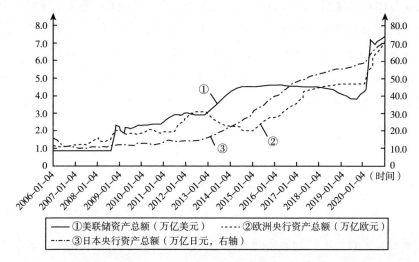

图 4 - 6　美国、欧洲、日本央行资产负债表总资产规模变动趋势（2006～2020 年）

资料来源：笔者据 Wind 数据绘制。

4）稳定人民币汇率建议

基于目前阶段以及未来的人民币汇率的情况。除了完成均衡汇率稳定等相关目标的基础上维持有效汇率，使得货币估计不准确导致的大幅波动的情况不发生外，稳定人民币汇率有助于中国经济社会稳定转型①。

稳定人民币汇率的重点将放在以下五个方面。

（1）增强控制热钱流动的力度，减少人民币汇率可能受到的投机机会，控制好随着人民币汇率波动下的流入和流出的扰动游资。防范热钱对市场造成涌动的金融风险。

———————

① 为了保持人民币汇率稳定在合理均衡的水平，有必要进一步完善市场供求关系，建立有管理的浮动汇率形成机制。李建伟，杨琳. 影响因素、管控机制与人民币汇率波动趋势［J］. 改革，2017（1）：85 - 98.

（2）在货币政策独立原则下，构建多边区域贸易体系有助于人民币汇率稳定更加有效地实现。

（3）提高国内投资环境水平。在实施开放式经济新体制建设的同时，促进企业走出去的措施得到落实，增加对居民在海外资产配置方面的预期。

（4）出口以及贸易顺差保持在合适的区间。实施"一带一路"倡议，加快建立自由贸易试验区，推进区域综合经济合作（RECP）进程，保持出口与全球经济的双赢发展。持续快速增长，具有适度的贸易顺差，保障中国的国际收支平衡，外汇供需基本平衡，人民币有效汇率保持在合理区间。

（5）加强对美元、欧元等主要货币汇率的调查，以及相关的国家和地区货币政策，做好应对国际金融的准备工作。改善人民币汇率形成机制，积极应对外部应急响应。

4.4 本章小结

本章首先对外汇管理政策进行了总结，并给出了人民币兑美元与非美元的近期走势，指出从 2019 年 12 月 31 日至 2020 年 12 月 29 日，人民币兑美元汇率累计升值幅度达到 8.5%，其他指数也有不同程度的升值。同时，提出了稳定人民币汇率的建议：增强控制热钱流动的力度；构建多边贸易体系；提高国内企业投资环境；出口以及贸易顺差保持在合适的区间；加强对美元、欧元等主要货币汇率的调查，以及相关的国家和地区货币政策，做好应对国际金融的准备工作。

第 5 章　人民币汇率市场化机制

　　2015 年 "8·11" 汇改市场化形成机制中做市商参考上一日银行间外汇市场收盘汇率，并综合考虑外汇市场供求情况和一篮子货币走势，形成 "收盘价 + 一篮子货币" 的报价模式。但此次汇改由于受金融风险等因素影响，人民币汇率大幅贬值，央行最终动用大量外汇储备进行调控。此后，央行多次修正中间价报价机制①，如果延续 "上日收盘价 + 一篮子货币汇率变化" 这一机制，会使美元兑换汇率往贬值方向超调。2017 年 4 月，美元市场走弱，汇率升值预期降低，单边市场预期自我强化的情况下，如果继续采用 "收盘价 + 一篮子货币汇率变化" 的形成机制，难以解决汇率易贬难升的顺周期性。因此，为了进一步适应对冲市场的顺周期波动，缓解可能由于外汇波动产生的 "羊群效应"。2017 年 5 月，中国人民银行宣布，为了进一步合理引导市场供求关系，并对供求因素进行适当过滤，将在人民币汇率中间报价模型中合理引入 "逆周期因子" 这一关键元素。2018 年初 "逆周期因子" 被暂时停用，直至同年 8 月被重新启用。几年间，央行多次调整中间价定价机制，目的在于平稳推进人民币汇率市场化。自中国逐步实施人民币汇率形成机制改革以来，人民币汇率朝着市场化方向不断推进，人民币中间价的形成机制也随之发生多次改变，市场对此曾产生诸多质疑。人民币汇率市场化改革是否可以降低人民币在岸、离岸汇率差价，能否起到在岸、离岸良好的互动效应？随着人民币国际化的程度，其是否能够起到稳定汇率的作用？人民币汇率的微观价格发现机制由哪些关键因素决定？一篮子货币的权重如何确定？人民

---

　　① 唐勇，林娟娟，周文洁. 人民币汇率中间价的市场基准地位研究 [J]. 武汉金融，2020 (11)：3-12.

币汇率市场化的机制改革对企业的创新与出口有什么样的影响？本书主要研究和回答以上问题，这不仅有利于准确评估人民币汇率市场化形成机制改革成效，也可从中总结经验，明确人民币中间价定价机制的下一步改革方向，从而稳定有序地推进人民币市场化和国际化。本章主要对人民币汇率市场化形成机制中的中间价形成机制、在离岸汇率联动以及人民币汇率微观价格的影响机制进行深入探讨。

5.1 人民币汇率中间价形成机制

我国外汇市场的活动主要在银行与零售两个外汇市场进行，目前银行机构的外汇市场仍然是外汇交易主要的实际体系，同时也必须接受地区政府的较强管制。对于零售市场，基本是个体或一般企业和银行机构以及另外非银行的金融单位进行的双向资金交易，实际交易市场都相对分散。2010 年，我国开始正式引进做市商体制，通过做市商向银行机构间市场自身会员提供汇率相关的买卖价格[①]；从 2015 年初开始，我国国家外汇管理机构去除了对金融单位进入银行机构间外汇市场需要具有事前准入许可的相关政策，基金、银行、保险以及证券等金融单位只需要得到外汇管理局颁发的结售外汇业务资格以及保监会、银监会和证监会等相关金融机构监督管理单位发布的相关衍生商品交易资质，就能实际参与银行机构间外汇市场活动，通过人民币进行期权、即期、掉期以及远期等货币交易[②]。如图 5－1 所示，首先，基于外汇市场微观结构，剖析货币篮为货币当局提供盯住中间汇率变动的原理，并引出货币篮的核心基础地位；其次，外汇管理局先要构建或调整好合理的货币篮；最后，通过货币篮参考国际货币的波动情况，同时也要根据做市商报价和宏观经济情况确定中间价和浮动范围，形成有弹性的双向浮动的汇率波动。

---

① 姜蔚. 人民币中间价形成的影响机制研究［D］. 哈尔滨：哈尔滨工业大学，2020.
② 我国内部外汇市场的关键对象依旧是银行机构间的外汇市场，每天的交易数量大概是零售交易市场数值的 5 倍。

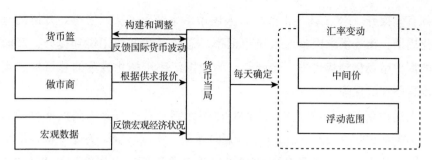

图 5 - 1　人民币汇率中间价机制

资料来源：笔者绘制。

5.1.1　人民币中间价机制双支柱：收盘汇率 + 一篮子货币

2005 年 7 月，我国正式开始推行以市场需求为依托，加上一篮子货币进行调节，并且有管理地浮动汇率体制。也就是说，根据货币篮子中各种货币的使用程度和对外贸易中产生的影响程度而给予它们权重，然后由这种方式通过参照一篮子中各种货币的汇率指数来进行调整。人民币汇率的形成机制改革在各个方面不断地深化，人民币汇率实行参考一篮子货币而不再仅仅盯住单一货币来进行调整，使得人民币的汇率不再被市场低估，汇率的浮动范围扩大，进而使得汇率的弹性也有所增强，汇率的形成机制进一步迈向市场化。此次汇改还明确了以中间价为基础的汇率形成机制，继而建立起"收盘价 + 篮子货币"的定价模式。2015 年 8 月 11 日，中国人民银行正式对外宣布调整人民币汇率的中间价形成机制，做市商要参考上日银行间外汇市场的收盘汇率，综合分析并考虑外汇市场供需情况和主要国际货币汇率的波动情况，然后向中国外汇交易中心提供外汇中间价的具体报价[①]。此次调整不仅促进了人民币汇率中间价形成机制进一步市场化，也更加真实有效地反映出当期外汇市场的交易供求关系。"8·11"汇率改革后人民币汇率不再限于只盯住美元，而是选择若干种主要的国际货币，赋予它们相应的权重，构成货币篮子。由此可见，此次汇率改革有效解决了我国过去一段时期的人民币中间价和市场汇率之间不断存在偏离的问题，使得人民币中间价的市场化程度和基准性

---

① 　王瑞琪. 管控汇率风险 [J]. 金融世界，2015（9）：52 - 53.

得到有效提升。"8·11"汇改后，人民币汇率经历了从贬值再到升值的完整变化周期，市场供求因素对人民币汇率的总体趋势的作用得到提升，双向波动的汇率市场化趋势也进一步强化，为我国汇率市场化改革的总目标的实现提供了坚实的保障。

人民币兑美元的稳定（即所谓盯住美元制）曾一直是中国汇率政策的重心，但是从 2005 年起人民币开始探索向浮动汇率制转变。为此，每日汇率浮动的区间从中央人民银行公布的"人民币对美元汇率中间价"的上下 0.3%逐步扩大至约 2%。并且，在明确中间价时，着重强调反映市场供需关系的收盘汇率，同时兼顾主要国际货币对美元汇率的"一篮子货币汇率变化"。

5.1.2 双支柱定价机制

近年来，中国人民银行一直致力于研究制定人民币汇率的中间价形成机制。2015 年 8 月 11 日以来，为了充分反映人民币外汇市场的实际供求变化状况，在降低人民币汇率中间价、引导人民币逐步贬值的同时，还多次特别强调以后在央行调整人民币汇率中间价时，将会参考人民币上日的实际收盘汇率。另外，为了提升一篮子货币的参考力度，从而更好地有效保持人民币对参考一篮子货币的稳定，中国外汇交易中心于 2015 年 12 月 11 日正式启动指数公布，其中指数显示了由人民币对由 13 个主要国家和地区的货币组成的一篮子货币的价值"CFETS 人民币汇率指数"，将其作为一种"一篮子货币的汇率"。

在此指数的基础上，"收盘汇率 + 一篮子货币汇率变化"的人民币汇率中间价形成机制开始建立。对于此机制的相关内容，中国人民银行做了如下说明：中央人民银行每天早上发布的中间价以做市商（中国人民银行和外汇交易中心指定的决定银行间人民币中间价的金融机构）提出的报价为基础进行计算。做市商在进行人民币中间价的报价时，需要特别充分考虑"收盘汇率"和"一篮子货币汇率变化"两个主要因素。"收盘汇率"是指上一日 16 时 30 分银行间我国外汇市场上的人民币对美元的收盘汇率，主要反映了我国外汇市场的供需均衡情况①。"一篮子货币汇率的变化"是指为了维持当日人民币汇率的基本稳

---

① 数字 [J]. 大众理财顾问，2015（9）：12-13.

定所要求的人民币汇率的调整范围，即要与一篮子货币变化的调整幅度相对应，其主要目的是使得相邻两日的人民币汇率指数保持相对稳定。

　　每日银行间境内外汇市场交易开盘前，做市商参照上一日一篮子货币汇率的波动情况，计算人民币汇率相对于货币篮子保持稳定而需要作出调整的当日人民币兑美元汇率的幅度，并将其与上一日外汇市场收盘后的人民币汇率进行加总，从而得出当日人民币汇率中间价。做市商进行市场报价时既会充分考虑参照 CFETS 货币篮子，同时也会参照国际清算银行（BIS）人民币的有效汇率以及国际货币基金组织（IMF）的 SDR（特别要求提款权）的货币篮子。由于各个做市商会根据自身的情况判断，因此参考三种货币篮子的比重各不相同，对于各个货币篮子比重的参照程度也各不相同，从而使得各个做市商的人民币中间价报价不一致①。中国外汇交易中心将各个做市商的全部报价作为计算样本，去除最高报价和最低报价后，将剩余报价计算平均值之后，得到当日人民币兑美元汇率的中间价，并于北京时间上午 9 时 15 分对外公布中间价。

　　下面以数字实例进行说明，如图 5-2 所示。

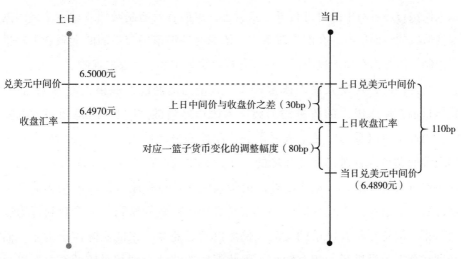

图 5-2　收盘汇率示意图

资料来源：笔者绘制。

---

①　逯新红. 人民币汇率形成机制改革探讨［J］. 中国金融，2011（5）：55-56.

假设上日人民币兑美元汇率的中间价为 6.5000 元，收盘汇率下跌至 6.4970 元，当日一篮子国际货币汇率的变化表明人民币对美元汇率需要升值 80 基点（bp，1bp = 0.0001 元）时，做市商的中间价报价为 6.4890 元，较上日的中间价升值 110bp。其中，30bp 反映了外汇市场的供求变动，80bp 反映了一篮子国际货币的汇率变动。这样，人民币汇率中间价的波动既能反映货币篮子汇率的变化，也能反映外汇市场的供求变化。

5.2 在、离岸人民币汇率联动机制

在"8·11"汇改之前，在岸人民币市场的汇率中间价和日间波动区间一直都受到限制，在人民币汇率制度改革中，依靠对外汇市场实际交易额的上限和下限进行限制，由此也为在岸人民币汇率变化提供更加坚实、可靠的保障。在汇率改革开始之前，汇率的中间价定价依赖市场调整的情况仍然不够明显，所以中间价需要更多地起到对市场进行调控的作用。如果市场波动较为严重，那么人民银行通过对中间价进行进一步管理，也能有效遏制剧烈波动震荡给国内经济造成的负面影响。在汇率改革中，依靠对外汇市场交易额的上限和下限进行限制，由此为在岸人民币汇率的变化提供更加坚实、可靠的保障。

与此同时，在岸人民币体量较大，这是当前经济发展很大的优势之一。我国目前在岸人民币的体量约为离岸人民币体量的 70 倍，这是相当大的差距，由此也可以看出，在岸人民币的流动性和灵活性更强。如果面对监督管理政策的调整或者遇到外部环境的变化，在岸人民币市场对汇率波动可以呈现出更有效的吸纳性。除此之外，由于人民银行对在岸人民币市场的监督管理，所以要求在汇率交易时，必须秉承真实、有效的原则。尽管套利行为屡禁不止，但是在岸人民币的交易，仍然以满足商业往来的实际需求为主，而套利和套汇等投机行为相对较少，因此汇率的波动程度相对较低。根据以上这些情况可以看出，在岸人民币市场在其市场体量、价格体系、交易动机等方面相对稳定可靠，而离岸人民币市场主要依靠跨境资金，因此供给呈现出流动性的特征，缺少稳定有效的货币作锚。通过比较离岸和在岸人民币市场

的交易结算，如图 5－3 所示，在汇率改革开始之前，在岸和离岸人民币的即期价格呈现出显著的相关性，如果出现汇率偏离的情况，那么多数情况下，偏离方向是从离岸市场向在岸市场收窄。针对这一现象，有经济学者提出观点，认为在岸市场对离岸市场发挥"锚定"作用。

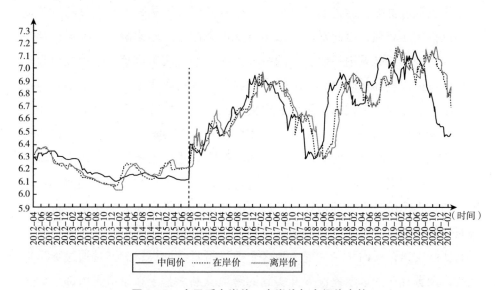

图 5－3 人民币在岸价、离岸价与中间价走势

资料来源：笔者据 Wind 数据绘制。

当 2015 年"8·11"汇改实行具体内容以后，在岸人民币的汇率中间价逐渐完善了公式化以及透明化的相关定价制度，人民银行也只能对这些中间价展开间接性干预，由此才可能让汇率管理真正得以实施。虽然肯定具有一定波动区间的实际制约，然而中间价定价过程中伴随着实际的市场化发展，这导致事实上中间价对市场汇率存在的约束制度是逐渐被解除的，市场自身供需关系也逐渐对在岸人民币实际汇率定价过程产生更具决定性的影响，促使其自身实际价格的偏离能够获得真正的扭转，汇率自身的波动性也得以逐渐提升。在具体汇率走势层面，离岸以及在岸等市场一直维持了较高程度的实际关联性，然而在岸市场自身具有的"锚定"作用却产生了十分显著的改变。实际离岸汇率的走势开始多次脱离在岸市场实际轨迹，在具体变化趋势层面，在岸市场不能再对相应的离岸价格产生一定的引领性，两者发生了背离现象，在岸价格自身具有的"锚定"作用实际产生了改变。

伴随离岸市场的持续运行以及发展，人民币总的来说是在朝着不断升值方向发展的，而离岸市场本身就是自由程度较高的市场，其实际升值幅度要比在岸市场表现得更加明显。虽然离岸市场实际价格在很多状况之下要比在岸价格表现得更强，但是购汇价格一般比较低。市场实际参与人员经过跨境资本进行实际套利，由此对在岸市场自身汇率产生实际影响，基本渠道涵盖了下列几种：一是采用一般企业的跨境人民币进行实际结算。通过在岸售汇产生的价格一般都相对较高，一般企业都比较喜欢在在岸市场内把实际外汇收款结汇成我国的人民币，由此获得大量的人民币实际收益，这会进一步促进在岸人民币不断升值。二是通过离岸以及在岸两者的现汇，也就是依靠价差来通过跨境进行具体的套利。该活动一般将创建迂回贸易形式作为基础进行具体实施。当实际在岸市场的售汇价格要比离岸市场的价格更高时，境内公司通过人民币进行实际结算，经过香港的子公司或是相关合作伙伴进行实际货物的进口；香港地区企业通过离岸人民币进行实际购汇，之后通过美元进行实际支付，反向从一些境内地区企业进行货物的进口。三是通过离岸以及在岸两者存在的远期差额展开实际的跨境套利。基于在岸市场内部远期售汇价格要比离岸市场高等条件，现汇套利和实际贸易结构比较类似。公司先在境外地区进行远期购汇，随后在境内地区进行远期结汇，由此得到离岸以及在岸两个市场存在的实际汇价差额以获取利益。以上套利活动出于汇差水平原因能够在其交易成本实际覆盖环节进行自主性交易，由此也可以促进离岸以及在岸两个市场内部人民币自身远期以及即期实际价格的相向变化，一直到这两个市场内部汇差空间基本被缩减为零。

但是从 2014 年下半年开始，由于遭受美元加息预期与我国实际宏观经济逐渐下行等事件影响，我国人民币迈进贬值阶段。特别是当具体实施"8·11"汇改以后，打开了我国人民币迅速、连续贬值的直接窗口，在实际汇改实施的时期以及随后进行的交易日内，银行机构的外汇市场存在的中间价对比上个交易日，其基本向下调整了 0.019 以及 0.016，实际市场状况也对人民币自身贬值产生了更加严重的影响，汇率自身波动幅度也显著提升。处于贬值预期期间，离岸人民币自身贬值幅度要比在岸市场表现得更加明显，同时离岸以及在岸两个市场价差方向实际也存在转变。比较关键的是，实施的"8·11"汇改导致在岸汇率成为中间价能够真正地将市场预期显示得十分充分的原因，也与之前交易过程内真正得到的市场汇率比较接近。这基本上通过两个层面促使离岸实际汇率对在岸汇率产生具体影响力：一方面是人民银行经过确立中间价的形式向市场进行相关汇率预期传送的调控手段的终止，这使得人民银行必须进入市场内部，并且通过购买外汇等手段，提升实际外汇储备并由此对贬值压力进行具体的调控，同时这一过程所引发的外汇储备实际数据的不断降低也能够对贬值预期产生新的刺激；另一方面则是之前的市场交易动能和实际市场预期能够在随后的具体交易日内一直保持稳定。所以，当离岸市场存在更加强烈的实际贬值预期指引时，在岸市场自身市场具有的交易价格以及汇率的中间价都开始朝着离岸市场实际价格方向持续贴近，同时在较短时间段内产生不断贬值的真正的"雪球效应"。

近年来，尽管外部市场风险管理形势日益复杂，但随着人民银行进一步切实加强了外部预期性风险管理和加强政策导向引导，使得外汇市场的风险预期保持平稳，人民币中间价、离岸价、在岸价已经可以真正实现"三价合一"，避免了当前人民币的大幅波动对我国宏观经济的直接冲击。外汇市场改革发展进程逐渐深入，市场抵抗一定风险的能力明显提高，银行间外汇市场银行结售汇也基本保持均等，供需基本维持稳定。

5.3　指令流、人民币汇率预期与在岸、离岸汇率价差

5.3.1　人民币汇率价格发现机制：指令流

在世界汇率理论研究发展的过程中[1]，宏观层面的汇率模型的研究方法始终居于主流地位。直到短期内出现汇率的剧烈大幅波动和宏观基本面与汇率

---

[1]　王旭，许莎，张璇. 市场微观结构理论中的汇率指令流 [J]. 时代金融，2016（12）：12-14.

市场波动无直接关联两个重要难题的出现，宏观汇率模型无法再对其有合理的解释，学者们才开始改变思路，转而投向微观层面来寻求两大难题的解答，于是 20 世纪 90 年代，有关汇率决策的微观市场结构分析理论出现并且逐渐发展起来。汇率市场微观结构理论是指在外汇市场的研究中，运用市场微观结构方法的新工具来解释如何进行汇率决定的理论。相对于宏观汇率模型，这一理论主要有三个很重要的前提假设：第一，市场中存在私人信息，并且私人信息也不是每个人都能够共享的，而且相对于公开的信息，它们会对未来具有更好的预测效果，宏观模型则认为所有的信息都是可获取到的；第二，市场的参与者之间存在异质性，市场参与者的异质性又可以从三个角度来解释——交易目的的差异性、分析方式的不同以及在交易活动过程中的信息量不一致，宏观汇率模型则认为所有市场交易者都是一致的；第三，不同的交易机制对于价格的影响程度也是不同的，市场上的交易机制大致可以划分为直接的交易（没有经纪人）和间接的交易（有经纪人），宏观模型中的观点则是认为价格与交易机制之间没有关系。基于以上假设，市场微观结构理论把外汇市场中的价格波动视为是无数个交易者在交易过程中的加总的结果，而反映其交易行为最重要的一个变量便是交易的指令流。

所谓指令流，其实就是带有符号的交易量，是指在一定时间期限内，由交易者发出的一个带有符号的交易量总和，例如，交易者发出一个负的指令流就代表在该时期是净卖出，交易者发出一个正的指令流就代表着在该时期是净买入。若某个做市商（或交易商）接受某个客户卖出 100 单位美元的交易询价并达成这笔交易，则此时的交易量为 100，但是交易的指令流表示为 -100。此处的指令流是负号，因为这笔交易的发起者为卖家，而做市商只能被动接受此交易，其中的原因是指令流的符号由发起交易的一方的地位决定。

指令流从出现逐渐发展成为外汇市场微观结构领域的核心变量，其对于汇率价格形成、汇率短期波动等的解释作用也是相关领域学者研究的重点。尤其是 2000 年以后，从指令流角度研究外汇市场微观结构的实证性文章成为主流。指令流是净需求的一种近似表达方式，它并不等同于需求，因为在某些均衡条件下，净需求可以是零，但指令流不一定会等于零。在微观层面上，指令流实际上是客户针对做市商发起的，代表了这种估值差距的大小。做市商作为一个交易双方之间沟通的桥梁，充当着交易缓冲器。在能够获得合理补偿的情况下，做市商可以有效地调节交易双方之间的不均衡。所以从某种意义上讲，做市商的交易行为并不是完全主动的，这也正是指令流和需求之间很重要的区别。同时，指令流衡量的是真实发生的交易，而需求的变化并不一定会导致实际交易的发生。对于指令流与汇率价格的关系，主要有以下解释：做市商的交易并非完全主动的，这也是指令流与需求的重要区别。同时，指令流衡量的是真实发生的交易，而需求的变化并不一定会导致实际交易的发生。指令流信息传递机制如图5-4所示。

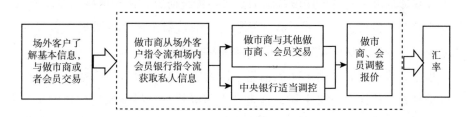

图5-4　指令流信息传递机制

资料来源：笔者绘制。

对于指令流与汇率价格的关系，主要有以下三种解释。

（1）存货控制效应。做市商在进行做市时会接收大批来自客户的进行买卖的交易指令。由于这些指令都具有很强的随机性，所以交易者发送给做市商的交易指令通常会出现不匹配的情况。因此，做市商要想有效地消除资产错配所带来的风险，就必须持有一定数额的存货或者是现金头寸，也因此导致了相应的存货成本。为了减少和弥补这些费用，做市商需要通过调节外汇购买报价来应对各种指令流的状况，从而间接地造成指令流对汇率价格的影响。

（2）反馈交易效应。通常以价差的形式体现。因此价差也成为外汇微观结构理论中的一个重要变量。反馈交易理论认为指令流与汇率波动存在相关性是因为汇率变动引发指令流的变化，而非指令流决定了汇率价格的变动。当汇率产生波动时，做市商和客户察觉到其中蕴含的信息，并据此调整自己的报价和交易量，随即作用于指令流。实际上，这也是外汇交易"向后看"特质的一种解释。

（3）指令流的信息效应。指令流的信息效应是指其不仅反映了交易方向和交易量信息，还向做市商释放交易发起方的私有信息。部分学者发现，汇率波动的主要直接原因是在特定的交易体制下，掌握了不同的信息或者是对信息的理解不一致而导致的外汇交易者之间产生博弈的结果。当市场并非完全有效时，知情交易商为实现利润最大化会利用他们的信息优势向做市商发出交易指令。而做市商只能根据自身接收到的指令去猜测交易商所持有的私有信息，从而调整买卖报价并达成交易。非知情交易商在一般情况下只能被动地接受价格，因为他们对头寸的管理是出于流动性需求的目的。因此，这种市场交易体制下的各种公开或者非公开的市场信息都是通过外汇交易指令来影响汇率波动的。

理解指令流是理解市场微观结构方法与传统研究方法相区别的基本条件。尽管交易总是包括买卖双方，微观结构理论通过对个体交易采取正负号的方式来衡量指令流，从而提供了一个更有活力的模式。

指令流传达了关于基本面的信息，因为它包括了通过分析基本面进行交易的交易者。从这个意义上讲，这是一个传导机制。尽管如此，知情交易者和不知情的交易者全部放在一起，从而导致"投票计数"的工作变得非常复杂，目前标准微观汇率结构模型中，对于不能从指令流中获取的基本面信息①，交易者无从得知。出于实用目的，这一点显然是至关重要的。由于交易者所获知的信息并非公开，故交易方对从指令流中得到信息具有很强的依赖性。实际上，虽然与外汇交易相关的一些信息有的是公开的，但有一些并不是公开的，所以从指令流中获悉信息仍然是重要的②。

微观结构模型中最鲜明的特征就是指令流的中心作用，因为它大大拓展了微观结构的运用。所有类型的微观结构模型中都在强调，这个变量是极其重要的，它把微观结构从狭隘的"价格影响的制度性结构"的概念拓展为更为广义的"研判市场的新的透视镜"，值得我们特别关注。在微观结构模型中，指令流可以看作影响汇率变动的大致原因，但并不等于它是一个基本原因，更为基本的原因是哪些因素影响了指令流的发生与变动。抓住了这些基本原因也就解决了为什么宏观变量在解释汇率变化的无能为力这一问题。理解了指令流也就等于理解了信息是如何传递的。

---

① 杨烨.外汇市场微观结构视角的人民币汇率形成机制研究［D］.长沙：湖南大学，2008.
② 徐炜.汇率波动的微观研究及对政府干预的政策建议［D］.成都：西南财经大学，2006.

5.3.2　指令流的中介效应机制

外汇市场微观结构理论所包括的变量有所改变[①]，其中指令流是连接宏观基本面信息和短期汇率的信息中介，含有私有信息的指令流能够反映市场参与者对当前汇率的一种态度，在外汇市场进行信息传递。其信息传递有两个阶段：第一阶段是市场参与者把对基本面观察的信息传递给做市商；第二阶段是做市商解读指令流信息，并反映到汇率中间价报价中[②]，该阶段目前更多地受到国内外学者的关注。利用指令流传递出的宏观基本面信息和市场交易者对宏观基本信息的理解，进行外汇的汇率报价，再通过交易影响在岸和离岸价差所包括的相关变量，使其有所变化，初始变量包括交易者的异质性、私人信息和交易制度（刘培蕾和陈晓露，2008）。而后随着研究的深入发展，指令流、不对称信息等变量被提出来，尤其是客户指令流成为外汇市场微观结构的研究重点[③]。客户指令流[④]越来越受到微观结构理论的重视，可以通过指令流获得外汇市场相关信息，做市商因此获得便利，做市商之间通过加总信息进行相互交易，进而影响汇率，具有异质性的客户指令流经过加总后，所依据的信息变量和做市商报价所依据的信息变量相同，这是客户指令流能够解释现汇汇率的原因。而客户指令流是通过调整家庭的资产组合形成的，资产组合的调整依据是预期债券的投资收益率，投资收益率又取决于预期汇

---

① 最初的主要变量是：交易者的异质性、私人信息和交易制度；随着外汇市场微观结构理论的逐步发展，又有学者提出指令流、不对称信息等变量。在标准的市场微观结构模型中，交易者能从指令流中获知不公开的信息，交易者对从指令流中获知信息的依赖性逐渐提高，指令流也逐渐成为外汇市场微观结构理论的重要研究变量。张晓莉，吴琼. 基于"指令流"微观市场的人民币在岸离岸汇率价差研究 [J]. 国际商务研究，2019，40（4）：66－75.

② 在场外市场，流动性需求者与做市商或者会员交易产生了指令流，此时指令流汇总了市场宏观基本面信息以及投资者对这些信息的解读；在场内市场，做市商和会员挖掘客户指令流传递的汇率信息，进行交易并反映到现汇汇率中，进而调整汇率的报价，在这个过程中中央银行根据交易情况适当调整，共同影响汇率价格。张晓莉，吴琼. 基于"指令流"微观市场的人民币在岸离岸汇率价差研究 [J]. 国际商务研究，2019，40（4）：66－75.

③ 张晓莉，孙琪琪，吴琼. 汇率预期、指令流与人民币汇率价差 [J]. 金融与经济，2019（12）：4－11.

④ 指令流具有信息传递和风险管理的作用。做市商间的指令流不仅传递市场上分散的信息，同时也传递所有客户关于公开信息的不同理解的私人信息。

率的变化，于是投资组合调整模型认为利率差和做市商间的指令流能够影响汇率变化[①]。

借鉴雾淞等（Rime et al.，2010）的研究，即汇率变化受到指令流[②]作用的效果的表示模型为：

$$s_t = (1 - b) \sum_{q=0}^{\infty} b^q E_t^m f_{t+q} \qquad (5-1)$$

$$\Delta s_{t+1} = \frac{1-b}{b} [E_t(f_t) - s_t] + \varepsilon_{t+1},$$

$$\varepsilon_{t+1} \equiv (1 + b) \sum_{q=0}^{\infty} b^q [E_{t+1}(f_{t+1+q}) - E_t(f_{t+1+q})] \qquad (5-2)$$

公式中相关符号具有具体的理论含义，在式（5-1）中，s_t 表示 t 时期的名义汇率。在式（5-2）中，$\Delta s_{t+1} \equiv s_{t+1} - s_t$；$b(0 < b < 1)$ 表示贴现因子；f_t 表示 t 时期宏观经济信息基本面；$E_t(f_t)$ 表示 t 时期指令流信息可得的情况下基于现在宏观经济基本面的投资者的市场预期，$E_t(f_{t+1+q})$ 或 $E_{t+1}(f_{t+1+q})$ 表示 t 或 $t+1$ 时期基于指令流信息未来宏观经济基本面的投资者市场预期。式（5-2）表示指令流会引起汇率变化 Δs_{t+1}，因为指令流反映汇率预期的变化，在 $t+1$ 时期指令流新的冲击为 ε_{t+1}。式（5-1）、式（5-2）适用于不同国家的不同贴现因子。为了不失一般性，假设 $E_t(f_t) - s_t = 0$，在 $t+1$ 时刻如果汇率预期是升值 $E_{t+1}(f_{t+1+q}) > E_t(f_{t+1+q})$，指令流传导正向的信息会使汇率的变化 $\Delta s_{t+1}^A > 0$，因此会缩小在离岸汇率价差。相反，如果汇率预期是贬值 $E_{t+1}(f_{t+1+q}) < E_t(f_{t+1+q})$ 情况，会使 $\Delta s_{t+1}^A < 0$，进而导致在离岸汇率价差增大[③]。早期研究发现，指令流能够很大程度解释汇率的变化（Lyons，1995，1997），同时指令流可以整合宏观经济信息（Andersen et al.，2003），预测汇率收益（Mark，1995）。并且，指令流能够连接汇率与宏观经济信息（Evans & Lyons，2002a，

---

①③　张晓莉，孙琪琪，吴琼. 汇率预期、指令流与人民币汇率价差［J］. 金融与经济，2019（12）：4-11.

②　指令流含有未来的经济基本面的信息，这些信息与即期的经济基本面的信息之间没有替代关系，相反，它在预期的基础上补充了当前经济基本面信息（Rime et al.，2010）。从传统宏观汇率出发，汇率被看作当前和预期信息基本面的贴现现值。张晓莉，孙琪琪，吴琼. 汇率预期、指令流与人民币汇率价差［J］. 金融与经济，2019（12）：4-11.

2007；Bacchetta & Van Wincoop，2006）。

5.4 人民币汇率市场化与企业行为

党的十九大将创新作为引领经济发展的首要推动力，支撑现代化经济发展体系。同时加快国际经济升级，形成新的贸易业态与贸易模式，由"中国速度"转向"中国质量"，使中国跻身于一流贸易强国①。人民币汇率市场化的实现过程中，会使得人民币汇率频繁波动，自汇率市场化改革以来，人民币汇率不断趋向升值，汇率的变动可以通过多种途径和方式综合影响企业行为，会在经营成本、投资环境、外币价格变动、产品定价及结算等方面对企业产生影响，因此人民币汇率市场化与企业行为之间存在密切关系。

5.4.1 人民币汇率与企业创新机制

本部分模型推导分为两部分：第一部分考虑存在中间品进口人民币汇率与企业研发创新的关系；第二部分着重于进口中间品对企业研发创新的作用渠道分析。

1. 人民币汇率对企业研发创新模型设计

为了刻画公司受到实际有效汇率的研发作用效果，参考了查特吉等（Chatterjee et al.，2013）以及吴国鼎（2017）的模型设定，并在此基础上进行了四个扩展：一是将企业的出口行为转化为进口行为；二是进口产品是中间品，企业生产的最终产品由国内中间品与进口中间品构成，且企业面临国内与国外两个市场；三是将企业研发创新作为企业生产成本的隐函数纳入模型中；四是将汇率分为出口汇率与进口汇率来考察对成本与收益

① 自首个"五年"计划实施至"十三五"规划结束，中国已迈入工业化后期时代，经济也呈现出从高速增长转向中高速增长的新常态。并且随着中国参与世界程度的不断加深，服务业等第三产业在 GDP 中所占比重已超过制造业等第二产业。面对这一新形势，我国政府提出《中国制造 2025》十年战略规划，并与德国提出的"工业 4.0 时代"对接，以期实现中国制造业转型升级。

的直接影响。

在消费者方面，中间品进口国效用函数为：

$$U = \left[\int_{\Omega} X(\varphi)^{(\sigma-1)/\sigma} \right]^{\sigma/(\sigma-1)} \qquad (5-3)$$

式中，$X(\varphi)$ 表示对产品 φ 的消费量；φ 表示企业的生产率；$1/\varphi$ 表示生产一单位产品所需的劳动力数量；Ω 表示市场上所有可供消费者购买的产品；σ 表示任意两种产品的替代弹性（$\sigma > 1$）；

企业生产的产品 $X(\varphi)$ 由两部分组成，即：

$$X_i(\varphi) = \left\{ \left[Ax_{if}(\varphi) \right]^{(\theta-1)/\theta} + x_{ih}^{(\theta-1)/\theta} \right\}^{\theta/(\theta-1)} \qquad (5-4)$$

式中，$x_{if}(\varphi)$、$x_{ih}(\varphi)$ 分别代表外国进口中间品与本国中间品的投入；θ 表示两者的替代弹性；$A \geq 0$，用来衡量外国中间品与本国中间品的技术差别。

假设企业进口一单位中间品需要耗费一单位劳动与一单位价格，则企业生产成本函数可表达为：

$$c_1(\varphi) = \frac{w_h}{\varphi} x_h(\varphi) f_1 + \left[\frac{1}{\varphi} - \frac{tw_f}{w_h E_{im}} \right] w_h x_f(\varphi) f_2 + F \qquad (5-5)$$

式中，w_h、w_f 分别表示进口国工资水平与进口来源国工资水平；f_1、f_2 分别表示购买国内中间品实际支付的成本与购买进口中间品实际支付的价格；$x_h(\varphi)$、$x_f(\varphi)$ 分别表示购买国内中间品数量与购买进口中间品数量；t 表示进口中间品税率；F 表示固定成本；E_{im} 为名义进口汇率；又因为进口实际汇率 $e_{im} = w_h E_{im}/w_f$，则进口中间品实际成本表示为：

$$c_f = \frac{tf_2}{\varphi e_{im}} w_h(\varphi) x_f(\varphi) \qquad (5-6)$$

国内中间品购买成本为：

$$c_h = \frac{w_h x_h(\varphi) f_1}{\varphi} \qquad (5-7)$$

则企业生产成本函数可重新表达为：

$$c_1 = c_h + c_f w_h x_f(\varphi) + F \qquad (5-8)$$

此外，假设企业将一部分营业利润用于研发投入，从而得到新产品产值，因而研究开发费用也构成企业成本的一部分，则新产品研发的函数可表达为：

$$c_2(\varphi) = \eta\varphi(\Pi(\varphi)) \qquad\qquad (5-9)$$

式中，η 表示新产品产值的产出弹性，$\eta > 1$。

因此，企业的总成本函数可表达为：

$$c(\varphi) = c_1(\varphi) + c_2(\varphi) \qquad\qquad (5-10)$$

假设代表性企业 i 使用进口中间品以及国内中间商生产出的产品同时在国内市场和国外市场上销售。那么在本国市场的消费价格为 $p(\varphi)$，在国外市场的消费价格为 $\tilde{p}(\varphi)$；则两者的关系可表示为：

$$p(\varphi) = \frac{\tilde{p}(\varphi)}{E_{ex}} \qquad\qquad (5-11)$$

式中，$p(\varphi)$ 是使用进口中间品生产出的产品在本国市场的消费价格；$\tilde{p}(\varphi)$ 是进口来源国的出口价格；E_{ex} 是间接标价法下的出口名义汇率（一单位本币可以兑换多少单位外币）。

中间品进口国在两个市场上的最终收益函数为：

$$R(\varphi) = p(\varphi)X_h(\varphi) + \left(\frac{\tilde{p}(\varphi)}{E_{ex}p(\varphi)}\right)p(\varphi)X_f(h) \qquad\qquad (5-12)$$

式中，$X_h(\varphi)$ 为在国内市场销售的产品数量；$X_f(\varphi)$ 为在国外市场销售的产品数量。

又因为出口实际有效汇率可表示为 $e_{ex} = p(\varphi)E_{ex}/\tilde{p}(\varphi)$，则收益函数可进一步表示为：

$$R(\varphi) = p(\varphi)X_h(\varphi) + \frac{p(\varphi)}{e_{ex}}X_f(h) \qquad\qquad (5-13)$$

那么考虑企业利润最大化问题，构建利润函数：

$$\Pi(\varphi) = PX(\varphi) - c(\varphi) \qquad\qquad (5-14)$$

将有关函数代入式（5-14），有：

$$\Pi(\varphi) = p(\varphi)X_{\mathrm{h}}(\varphi) + \frac{p(\varphi)}{e_{\mathrm{ex}}}X_{\mathrm{f}}(\varphi) - c_{\mathrm{h}} - \frac{tf_2}{\varphi e_{\mathrm{im}}}w_{\mathrm{h}}x_{\mathrm{f}}(\varphi) - \eta\varphi(\Pi(\varphi))$$

$$(5-15)$$

同时，对式（5-15）两侧的出口实际有效汇率（e_{ex}）与进口实际有效汇率（e_{im}）求偏导，得到式（5-16）、式（5-17）：

$$\frac{\partial\Pi(\varphi)}{\partial e_{\mathrm{ex}}} = -\frac{1}{e_{\mathrm{ex}}^2}p(\varphi)X_{\mathrm{f}}(\varphi) - \eta\frac{\partial\varphi(\Pi(\varphi))}{\partial\Pi(\varphi)}\frac{\partial\Pi(\varphi)}{\partial e_{\mathrm{ex}}} \qquad (5-16)$$

$$\frac{\partial\Pi(\varphi)}{\partial e_{\mathrm{im}}} = \frac{1}{e_{\mathrm{im}}^2}\frac{tf_2}{\varphi}w_{\mathrm{h}}x_{\mathrm{f}}(\varphi) - \eta\frac{\partial\varphi(\Pi(\varphi))}{\partial\Pi(\varphi)}\frac{\partial\Pi(\varphi)}{\partial e_{\mathrm{im}}} \qquad (5-17)$$

一般来说，企业利润越高，企业研发投入越多，从而新产品产值越多，因此，假设 $\frac{\partial\varphi(\Pi(\varphi))}{\partial\Pi(\varphi)} = \alpha > 0$，则进一步整理，可得：

$$\frac{\partial\Pi(\varphi)}{\partial e_{\mathrm{ex}}} = -\frac{1}{1+\alpha\eta}\frac{1}{e_{\mathrm{ex}}^2}p(\varphi)X_{\mathrm{f}}(\varphi) < 0 \qquad (5-18)$$

$$\frac{\partial\Pi(\varphi)}{\partial e_{\mathrm{im}}} = \frac{1}{e_{\mathrm{im}}^2}\frac{tf_2}{\varphi(1+\alpha\eta)}w_{\mathrm{h}}x_{\mathrm{f}}(\varphi) > 0 \qquad (5-19)$$

从以上两式可以看出，出口实际有效汇率增加，会减少企业利润；而进口实际有效汇率增加，会增加企业利润。

因此，人民币汇率变动影响企业创新的渠道分为两种：进口溢出与出口收益。当人民币升值时，本币购买能力提高，企业进口成本降低（进口渠道），从而企业利润增加，使得企业有能力进一步增加研发投入资金，最终使得新产品产值增加；但同时人民币升值导致出口竞争程度增强，企业盈利能力降低，利润下降，从而使企业减少研发投入，最终抑制了新产品的增加。

2. 中间品进口对企业研发创新的影响

中间品进口在国家进口中占据半壁江山。发达经济体（如 OECD 国家）对中间品的进口达到其进口总额的 50% 以上，而对一些新兴经济体，这一份额甚至达到 75%（Araujo，2009）。以往研究表明，企业通过学习吸收进口中间品中包含的技术提高自身生产率（张杰等，2015；胡小娟和陈彬彬，

2015），从而使企业增加研发强度（Chen et al.，2017）与研发概率（魏浩和林薛栋，2017）。另外，企业通过扩大进口种类、提高进口质量（郑亚莉等，2017）来提升自身生产率，从而提高企业的创新能力（Goldberg et al.，2004）。因此，企业在使用进口中间品生产时会与企业自身生产率相结合产生"溢出效应"，从而促进企业研发创新（姚博和汪红驹，2019；湛柏明和裴婷，2019；刘暄之和李晓娟，2019）。

因而，对式（5-19）两侧的进口中间品（$x_f(\varphi)$）求偏导，可得：

$$\frac{\partial \Pi(\varphi)}{\partial e_{im} \partial x_f(\varphi)} = \frac{1}{e_{im}^2} \frac{tf_2}{\varphi(1+\alpha\eta)} w_h > 0 \qquad (5-20)$$

由式（5-20）可以看出，企业增加进口中间品能促进企业提高利润，并且进口中间品能够促进进口实际有效汇率对企业利润的提高。

因此，企业选择进口中间品时，则进口中间品体现出的成本节约效应、质量效应、产品种类效应会在生产过程中与企业自身生产率相结合而产生"溢出效应"，能够提高企业生产率，增加企业利润，从而在研发方面投资更多资金，进而增加其新产品产值，即进口中间品溢出效应能够提高本币汇率增长在公司改革创新方面的显著影响。

3. 出口竞争对企业研发创新的影响机制

经国内外专家研究发现，汇率的变动会对企业产品的价格产生影响，尤其是涉及出口的企业，其产品竞争力会受到显著影响，而生产高精密或者技术含量较高的产品，对该类产品的价格往往可以保持企业利润不受到汇率变动的影响。而企业为了面对竞争压力，会更加重视创新研发投资[①]。何砚（2017）采用倍差法分析相关数据，发现人民币汇率上升在出口公司研发方面

---

① 对出口企业而言，货币升值是一种"负向冲击"，会加大出口企业竞争压力并增加其研发创新动力。当面临本币升值时，如果出口企业无法及时调整产品的本币价格，以外币计价的产品价格会上升，企业产品竞争力会随之下降。从市场结构因素来看，高质量产品由于技术复杂度和生产门槛较高，生产这类产品的企业面临更少的市场竞争者，从而可以在本币升值时相对自由地调整价格以维持自身利润（Auer & Chaney，2009；王雅琦等，2015）。同时，因为竞争加剧，出口企业的利润率降低，流动性下降，企业进行研发支出的机会成本会下降。在两种力量的共同作用下，出口企业会努力提高产品质量，将更多资金用于研发等长期投资。来源于：王雅琦，卢冰. 汇率变动、融资约束与出口企业研发 [J]. 世界经济，2018，41（7）：75-97.

影响明显①。

因而，对式（5-20）两侧出口数量（$X_f(\varphi)$）求偏导，可得：

$$\frac{\partial \Pi(\varphi)}{\partial e_{ex} \partial X_f(\varphi)} = -\frac{1}{1+\alpha\eta}\frac{1}{e_{ex}^2}p(\varphi) < 0 \qquad (5-21)$$

当企业出口实际有效汇率增加时（人民币升值），出口企业会面临更为激烈的国际市场，出口量会相应下降，企业利润减少，从而使得企业减少研发投入，导致其创新能力下降。但出口强度的增加会降低人民币升值带来的不利冲击，即出口强度会缓解国际市场竞争加剧时人民币升值对企业创新的影响。

5.4.2 人民币汇率影响企业出口国外增加值率、绩效的渠道

人民币汇率影响企业出口国增加值率、绩效的渠道有许多。首先，坎帕和戈德堡（Campa & Goldberg，2001）提出汇率变动将通过进口资本品、出口份额和进口竞争三个渠道影响企业的发展。汇率变动影响产品的相对价格，进而影响企业产品的出口份额和收益、进口资本品的进口成本，进口产品的变化也会影响国内企业的竞争环境。这三个渠道对企业的影响取决于汇率的传递效应。平（Ping，2014），提出实际汇率通过可贸易货物（技术渠道）、减少出口（出口量渠道）、提升效率（效率通道）三个渠道对就业产生影响。技术渠道通过对进口投入和工人的成本调整、通过资本/劳动强度来衡量实际汇率对就业的影响，出口量渠道通过出口活动强调实际汇率对就业的影响，效率渠道通过劳动力使用效率变化分析实际汇率对就业的影响。其次，从公司方面分析汇率会受到企业绩效的作用效果。刘沁清（2007）提出汇率会影响企业进口先进设备、引进先进技术的成本，进而促进或抑制企业进行研发创新。本国货币购买力增强会激励企业引进更多先进设备和技术，促进技术升级以及生产率的提高，吴国鼎（2017）提出汇率会影响进口中间投入品价

---

① 何砚（2017）使用2000～2010年的中国制造业企业数据，采用倍差法考察人民币升值对出口企业创新的作用，发现人民币升值会显著促进我国出口企业的创新能力提升，并且人民币升值对出口企业创新的积极影响随着企业出口强度的提高而增强。来源于：何砚，陆文香. 人民币升值如何影响中国出口企业的创新?[J]. 金融论坛，2017（5）：50-61.

格和出口产品价格，在名义工资黏性的前提下，企业的利润只能在汇率变化后得到，所以汇率变化将影响公司净利润，这进一步论证了汇率对进口和出口的影响。汇率的变动会影响进口中间品的价格、种类和质量，同时也会影响出口产品的相对价格（张明志和季克佳，2018）。最后，从行业层面分析汇率的影响机制。我国本币汇率上升，外国产品价格相对降低，进口产成品的需求增加会给国内企业绩效造成负面影响，但由于企业所在行业的特征不同，竞争环境不同，会表现出不同的影响结果。阿努巴·达斯马那（Anubha Dhasmana，2015）的研究结果显示，在集中度较高的行业中出口竞争力渠道占主导地位，在集中度较低的行业中出口竞争力和进口成本渠道共同发挥作用。在参考以往学者研究的基础上，我们尝试提出了汇率对企业绩效影响的三个渠道，即进口成本汇道、出口效益渠道和进口竞争渠道①。

1. 进口成本渠道

进口贸易是影响企业绩效的重要因素之一，汇率是影响企业进口的重要因素。本币升值意味着企业所需的进口中间品、技术设备等的产品相对价格下降，进口成本下降，产品的竞争力提高，销售收入增加，对企业绩效产生正向影响（沈筠彬等，2018）。本币升值会使企业进口中间品种类更多、质量更高（张明志和季克佳，2018），中间品进口通过中间产品质量效应、产品种类效应与技术溢出效应三个渠道显著促进了企业出口产品质量提升（许家云等，2017），进口中间品种类增加使企业生产率提高（钱学锋，2011；张翊，2015；张杰，2015）。汇率变化会影响企业进口高质量中间品、先进设备和技术的成本，进而影响企业的研发创新、生产率等方面（Goldberg，2010；Lu & Ng，2012；王雅琦和卢冰，2018）。

人民币汇率升值，企业的进口成本相对下降，企业的短期盈利能力必然会有所提升，中长期来说，企业可选的高质量产品和技术设备范围更广，进口中间品和资本品的提高在一定程度上可以提升企业的生产率，企业可以通过进口资本品等的技术溢出效应进一步促进企业生产技术提升，与此同时，可能需要更高的人力资本与之相适应，员工的培训学习等也会增加，这些都

---

① 徐建炜，戴觅. 人民币汇率如何影响员工收入？［J］. 经济学（季刊），2016，15（4）：1603 - 1628.

会在一定程度上提升企业的盈利能力和风险承担能力，促进企业绩效的提升。

2. 出口收益渠道

汇率受对企业出口举措的选择具有重要作用，而出口的规模又是企业绩效的重要影响因素之一。坎帕等（Campa et al.，1999）通过研究发现汇率变动会影响企业出口产品的定价和国际竞争力，对公司出口收益产生作用效果。贝尔曼等（Berman et al.，2012）也提出汇率升值，企业出口产品的竞争力减弱。国外学者研究得出汇率变化会对公司收益产生明显的作用效果①。余森杰和王雅琦（2015）提出人民币升值，企业出口产品种类减少（季克佳和张明志，2015），而核心产品在其出口产品中占比增加，许家云和佟家栋（2015）等也有类似结论。格罗斯曼和赫尔普曼（Grossman & Helpman，1991）研究发现企业通过出口可以拓宽企业市场和与国际市场的交流渠道，学习国外尤其是发达国家的先进生产技术和管理模式，促使公司风险承受水平提升。格里菲等（Gereffi et al.，2005）指出国外消费者十分重视产品价格以及质量要求，相较于国内消费者，为满足此类消费者需求出口企业可能需要提升企业的技术标准、完善产品的生产流程，配备相应的设备和人力资本，加大企业的人才培训投入，这也进一步提升了公司的风险承受水平。

人民币汇率升值，企业的出口数量和产品种类受到负向影响，盈利能力会相应下降。出口可以促使企业学习国外先进的技术和经验，对企业有激励效果。国际市场的竞争一般强于国内市场，出口减少，企业面对的风险减弱，激励效应也随之下降。进出口策略的改变使得面临的竞争环境发生变化，使得企业的风险承担能力下降。

3. 进口竞争渠道

汇率变动除了以进出口方式直接影响公司绩效外，还会通过行业的竞争效应间接影响企业。进口竞争这一机制也是国内外学者经过广泛验证过的渠道（Atkeson & Burstein，2008；于森杰和李晋，2015；徐建炜和戴觅，2016；Mi Dai，2017；Auer & Schoenle，2016；于森杰和张睿，2017）。本币升值，

① 阿努巴·达斯马那（2015）发现，汇率贬值有助于企业出口规模增加从而提高出口收益。来源于：沈筠彬，伏玉林，丁锐. 人民币实际有效汇率变动对中国制造业企业绩效的影响：来自制造业微观层面的证据［J］. 世界经济研究，2018（5）：25－36，135.

进口产品的价格相对下降，国外产品对本国的出口可能会增加，这使得国内市场竞争加剧，国内企业产品的销售和收益受到负向影响，一旦竞争压力过大，低生产率企业可能会选择退出市场，相应市场份额会由余下公司以及新兴公司瓜分，这可能会使这些企业的规模变大，生产要素和经济资源更加聚集（Melitz，2003），规模效应会使公司风险承受能力进一步提升。同时，由于国外高质量产品的大量进口，国内企业会通过模仿学习来削弱负面冲击。此外，企业绩效的影响程度也会因为行业特征和竞争环境的差异而有所不同（袁志刚和邵挺，2014）。

汇率升值，国内市场进口产品增加，竞争加剧。行业竞争程度越强，汇率升值对企业的短期盈利能力负向影响可能越大，但长期来说，企业可以通过进口中间品、资本品先进技术设备产生的溢出效应和模仿学习效应来提升企业的生产率和技术水平，对企业风险承担能力有正向的促进作用。如图 5 − 5 所示，人民币实际有效汇率升值对企业的影响。

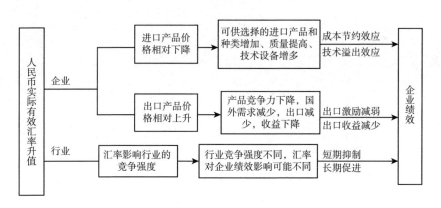

图 5 − 5　影响机制

资料来源：笔者绘制。

5.5　本章小结

本章主要对人民币汇率市场化形成机制中的中间价形成机制、在岸和离岸汇率联动以及人民币汇率微观价格的影响机制给予深度探讨。首先，梳理了中间价机制是每日银行间境内外汇市场交易开盘前，做市商参照上一日一篮子货币汇率的波动情况，计算人民币汇率相对于货币篮子保持稳定而需要作出调整的当日人民币兑美元汇率的幅度，并将其与上一日外汇市场收盘后的人民币汇率进行加总，从而得出当日人民币汇率中间价；其次，厘清了在岸人民币市场的汇率中间价和日间波动区间一直都受到限制，在人民币汇率制度改革中，依靠对外汇市场实际交易额的上限和下限进行限制，由此也为在岸人民币汇率变化提供更加坚实、可靠的保障；再次，提出了指令流衡量的是真实发生的交易，而需求的变化并不一定会导致实际交易的发生；最后，探讨了自汇率市场化改革以来，人民币汇率不断趋向升值，汇率的变动可以通过多种途径和方式综合影响企业行为。

第6章　人民币汇率稳定机制

"8·11"汇改以来稳定人民币汇率预期比汇率改革更重要，稳定汇率预期主要通过以下三种机制：第一，通过人民币国际化来提升人民币在国际市场上的计价结算和价值储存职能；第二，根据构成货币篮子的各种货币对美元变动率和权重，来调整本国货币对美元的汇率，稳定汇率波动；第三，通过加入逆周期因子来改变非对称贬值预期。

6.1　人民币国际化与人民币汇率稳定

海外投资者持有的中国金融资产增加可以使人民币在计价结算以及价值储存两方面显现其作用。一国货币履行国际职能的能力提高，就表明该货币的全球地位相应地提高，更能接近货币国际化目标。目前，大多数学者都用货币国际职能的能力强弱来衡量一国货币国际化程度。如果中国金融资产跨境持有量提高，则说明人民币在国际市场上的计价结算和价值储存职能得到更有效的显现，是人民币资产国外需求增加的表现。如果中国金融资产跨境持有量提高，那么人民币境外流通也将更加容易。所以，相关政策可以为发现适合的资金回流途径提供便利，进而促进人民币国际化目标的实现。

货币替代理论表明，货币国际化的过程实际上是一国货币代替另一国货币的过程。在信用体系下，良币将驱逐劣币。人民币国际化的发展使得人民币升值，而这将部分取代其他国家货币履行货币的国内职能，同时国际化程度越高的货币在国际活动中具有越高的话语权，更有可能成为官方结算计价货币，它将部分取代其他国家履行货币的国际职能。在国际公认的情况下，货币被选中的可能性更大。人民币币值将稳步提高，越来越多的海外投资者出于增值的投资目的将购买人民币金融资产，也就是说，中国金融资产被国外投资者持有，并且人民币国际化程度越高，持有量也越高。

国际资本流动理论的交易成本理论表明，国际投资成本是阻碍国际资本流动的一大重要因素。在不完善的市场环境下，汇率波动和交易成本将共同影响国际资本流动。交易成本包括了资本转移成本和财务（税收）成本等。中国在对外商品和金融资产交易时能够更多地采用人民币作为结算货币，能够降低交易成本，能够降低汇兑损益风险，减少企业利润损失。世界经济的状况表明其在复苏阶段，因此海外的契机和投资环境对于发现未来较好的利润空间非常重要。我国无疑是良好的、拥有适当的经济增速以及未来市场发展潜力的投资区域，此外，我国投资环境佳、政治稳定性好，是世界经济大国之一。这些优势将降低购进中国金融资产的交易成本，并且确保中国金融资产的高流动性。

刘铮（2017）通过两国代际交叠模型证明了人民币加入 SDR 使得未来国际资本流动以及汇率波动的消极影响显现。人民币国际化的推进有助于中国逐步开放资本市场，有助于国内资本与国外资本在中国的自由流进流出，增加其他国家持有的人民币金融资产和中国持有的世界其他国家的金融资产，加强全球跨境资本的互动，从而推动金融全球化进程。

汇率是指不同国家货币之间的兑换比例，反映了一国货币的国际价格。它影响两国之间的国际货物和服务贸易往来，影响金融产品的投资。所有的跨国经济行为都必须考虑汇率（Richard，2000）。由于发展中国家的汇率弹性较低，缺乏随市场供求变动的定价机制，故国家币值存在高估或低估的可能性。汇率波动缺乏弹性导致币值错估。当一国币值被低估，风险偏好的国际投资者将买入该国金融资产，进行"套汇"行为追逐利益。反之，将会带来资本流出东道国。国际市场的汇率投机行为将导致汇率的波动。随着中国进行汇率中间价形成机制改革，人民币汇率呈现双向波动，能够吸引大量以套汇为目的的短期资本流动进入中国。

资产组合理论认为，投资国的风险水平和投资者对风险的偏好也是决定国际资本流动的因素。当汇率波动幅度加大，汇兑损益风险也加大，投资者需要承担的投资风险水平提高。这将减少对该国的投资并出现撤出现有投资的情况。汇率的差异和波动都使得国际资本的"套汇"发生。如果是浮动汇率机制，汇率波动经常增加汇兑损益风险，国际资本流动增强。投资者的投资成本在汇率波动剧烈的情况下增加，投资者要求的风险溢价也将增加。不同国家有不同的投资成本，资本将流向投资成本低、收益高的国家，流出投资成本高、收益低的国家，促进国际资本的跨境流动。中国金融资产不仅具有强大的经济实力作为兑付保障，具有一定抗风险能力，而且中国金融资产的利率具有一定的吸引力。中国金融资产具有投资成本较低、回报率高的特点。因此，国际投资者在汇率波动幅度加大时要考虑增加中国金融资产的投资，在获得资本利得的同时，能够避险保值。

在中国金融资产持有量加大的情况下，需求方面会增加，中国金融资产供需发生变化。当供给小于需求时，中国金融资产价格提高，以实现供需平衡。为了购买中国金融资产，外国投资者会提高对人民币的兑换量，这促使人民币汇率的波动幅度增大。而如果海外投资者持有中国金融资产直到到期，就会出售中国金融资产，即提高了其在国际市场上的供应。当供需变化时，购买者将把外币换成人民币以增加对中国金融资产的需求，持有的人民币也可能用来增加对金融资产的需求。综上所述，增加对人民币的兑换的需求将导致人民币汇率波动加剧。可以说，中国金融资产的增持会导致国际资本的流动，最终导致汇率波动加剧。卡巴莱罗和克里希纳默西（Caballero & Krishnamurthy，2006）也将国际资本快速流入作为汇率波动的主要原因。

中国金融资产跨境持有量、人民币国际化进程以及汇率波动之间相互作用的理论机制如图 6 – 1 所示。

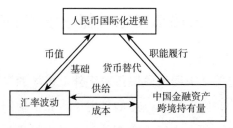

图 6 – 1　人民币国际化、汇率波动与中国金融资产跨境持有量的联动机制

资料来源：笔者绘制。

货币国际化意味着货币在国内外资本市场受到欢迎，并可自由流通。金融产品数量和种类增加以人民币作为计价币种的方式，官方储备份额提高，同时人民币结算额也增加。随着人民币国际化进一步加速，人民币的全球地位会不断提高。中国已经在全球建立 23 家清算银行，人民币的使用范围和规模不断扩大。随着我国国际地位的提高，人民币逐渐向全球化的趋势迈进。中国在亚洲金融危机中扮演了一个负责任大国的角色，给各国留下人民币不会大幅贬值的形象。凭借国家实力保障人民币正常兑换，人民币国际化发展迅速。其他国家越来越多地采用人民币这一计价币种。人民币越来越受到投资者青睐，使用范围扩大和稳定性提高使人民币币值上升。人民币国际地位的提高同时带来人民币升值的稳定预期，在可预期范围内投资者可以有效根据市场情况评估人民币价值，人民币资产的适当运作可以降低汇率的波动。陈翊和韦宁卫（2010）认为汇率风险通过人民币国际化得以分担，并且对国际贸易以及国际投资有积极影响，进而带来资本的跨境流动。人民币国际化可以在短期内减少汇率风险，但是货币币值是双向浮动的，人民币不会总是上涨，其间势必出现回调等周期性贬值，因此投资者出现贬值担忧可能带来汇率波动性增加。随着汇率市场化程度的加深，汇率受市场因素的影响更大，市场的少量信息便能够导致汇率的上下波动。

反过来，汇率波动性越高，表示汇率市场化程度越深。汇率市场化对人民币国际化来说至关重要。汇率市场化程度不高，人民币"走出去"就困难，以至于其成为人民币国际化的障碍。合乎发展规律的汇率制度以及发展程度较高的金融市场将对人民币国际化提供有力支撑。

6.2　人民币汇率一篮子货币制度

汇率制度主要是关于中国人民银行对于外汇市场的调控程度和是否调控的一系列行为准则。在固定汇率制度的情况下，如果预期在外汇市场上人民币有即将升值的压力，那么央行就会在外汇市场上抛售人民币，并大量买入美元，以此来消除人民币兑换美元的升值压力，使得人民币对美元的兑换比固定在稳定的均衡值上面。然而在盯住一篮子货币的制度下，由于货币篮子的价格指数和相应的占比是给定的。由于货币篮子里面的一系列货币的汇率指数经常发生相应的变化，所以本国货币对于这些货币篮子里面的货币的汇率也应该随之改变，这样才能够维持货币篮子计算出的本币价格的稳定。实际有效汇率是人民币对于产生交易国家的市场上的挂牌汇率除掉物价变动因素的加权平均数。为了实现目标的实际汇率，央行在一篮子货币的价格机制下也需要对外汇市场进行相应的调控。由于在事先已经给定了货币篮子中各种货币的权重，但是由于货币篮子内的货币的汇率是由于外部因素给定的，因此，为了确定本币中各种货币的汇率，必须将货币篮子中的价格目标给定。在给定一篮子货币的情况下，央行根据买进或卖出美元的方式来实现盯住一篮子货币的汇率目标。具体方式为：一开始根据货币篮子中各种货币的汇率的结算价来计算人民币对美元的对应汇率，然后在外汇市场上买卖美元使得实际汇率与目标汇率达成一致，因此，央行调控市场汇率的目标是使得人民币对美元的汇率与外汇市场上由货币篮子所计算出来的汇率目标基本一致。

央行调控以前市场上的美元和人民币的供求状况对这一结果不应该产生影响。例如，在盯住一篮子货币的制度下，当美元兑其他的货币升值时，人民币应该对美元贬值。由于中国对于美国长年的贸易顺差，所以导致外汇市场上人民币呈现升值的趋势，此时在盯住一篮子货币的制度下，央行应该使人民币对美元贬值（通过在外汇市场上抛售人民币、买进美元的方式）。这表明通过盯住一篮子货币的制度所决定的人民币兑换美元的汇率变动方向和通过市场供求关系所决定的汇率变动的方向是不一致的。因此在该情况下，央行对于外汇市场的调控程度将会比在盯住单一美元汇率制度下大。还有一种情况，即在货币篮子中的两种货币的汇率发生反方向的变化就会产生相互抵消的作用。例如，欧元对美元升值，日元对美元贬值。这两种货币的变动对货币篮子价格的影响就会相互抵消。在这种情况下，央行不必进行过多的调控也可以实现汇率目标。在决定了人民币对美元的汇率之后，相应的人民币对其他货币的汇率也会由于套汇活动的存在趋于一致。

6.2.1　盯住一篮子货币定价机制

假设在决定人民币对美元汇率时，在作为基准的货币篮子中，欧元和美元所占比重分别为30%和70%。在这种结构下，当欧元对美元上升10%时，中国人民银行把人民币对美元上调3%（10%×30%），结果人民币对欧元下降7%。这样，人民币对美元以30%的比例与欧元联动。与盯住美元制比较，虽然对美元变得不稳定（从不变变为上升3%），但是对欧元趋向稳定（从下降10%变为下降7%）。与此相反，当欧元对美元下降10%时，中央人民银行把人民币对美元下调3%，结果人民币对欧元上升7%。这样，即使欧元对美元汇率发生变化，人民币对货币篮子的价值也可以保持不变（欧元升值10%时，−7%×30%+3%×70%=0；欧元贬值10%时，7%×30%−3%×70%=0）。盯住一篮子货币示意图如图6−2所示。

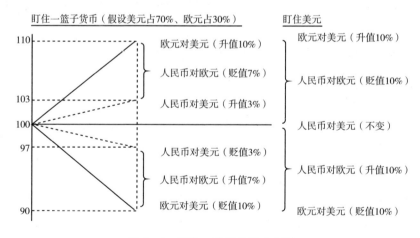

图6−2　盯住一篮子货币示意图

资料来源：笔者绘制。

从2016年2月中旬以来，由于我国实施"收盘汇率+一篮子货币汇率变化"的定价模式，人民币的汇率中间价以及市场汇率在一定程度上反映了外汇市场供求与国际主要货币之间的汇率波动变化，这有助于人民币汇率的波动保持稳定，防止大幅度偏离其均衡水平。

总的来讲，上述定价机制更为公开、透明，并且更加具有准确的市场规则性，比较充分地兼顾了市场供求导向、维持人民币汇率对一篮子货币的基本稳定和稳定外汇市场预期三者之间的关系。经过几年的磨合，政策效应已初步得到体现，汇率市场预期趋于稳定，人民币对一篮子货币的汇率基本保持稳定，人民币对美元的双边汇率波动弹性也进一步提高。

6.2.2　以国际收支平衡与贸易稳定为目标的一篮子货币模型

本节以国际收支平衡与贸易稳定为目标构建一篮子货币模型，结合我国一直以来追求的是人民币汇率稳定以及市场化的均衡，而汇率波动不仅影响贸易平衡，也影响净国际投资头寸（net IIPs），通过最小化汇率以及国际投资头寸冲击对净出口、净国际投资头寸的影响，构建出一个最优的货币篮。

1. 理论模型构建及模型推导

最具代表性的货币篮币种比例的选择全部通过相应政策目标来制定。最优货币篮权重的选择都是由特定的政策目标决定的。最初关于最具代表性货币篮币种比例相关的政策目标主要基于贸易平稳，包括贸易额稳定、贸易差额稳定、贸易条件稳定等。

基于贸易额稳定的政策目标，小川英治和姚枝仲（2004）假定政策目标是平稳贸易额，建立简单理论模型，其中用贸易伙伴国的贸易额所对应的汇率弹性及其贸易份额来决定最优货币篮权重。吉野等（Yoshino et al.，2004）引入商品市场以及金融市场来建立以稳定贸易额为政策目标的模型，并参考汇率决定中提到的资产组合理论，将汇率风险纳入其中，模拟出货币篮的最优权重。

基于贸易差额稳定的政策目标，法兰德斯和蒂舍尔（Flanders & Tisher，1981）仍以贸易平衡为目标，但采用贸易余额的变化来衡量贸易波动，通过对法兰德斯和哈帕曼（Flanders & Helpman）的模型进行扩展，总结出最优币权重为需求弹性、贸易份额以及 GNP 的函数，并分析了进出口弹性估计的准确性对最优货币权重的影响和非最优货币权重对贸易均衡的影响。宿玉海和于海燕（2007）以贸易差额的稳定为目标进行估算，得出美元（包括港币）的最优权重为34%。孙和风（2014）通过构建一般均衡模型得出相应结论①。

基于贸易条件稳定的目标，布兰森和卡采利（Branson & Katseli, 1980）主张汇率制度关键点是贸易条件的平稳，因此要通过盯住一篮子货币汇率制度②来稳定贸易收支均衡，还认为货币篮最优权重应取决于出口贸易份额、进口贸易份额和一些衡量本国及进口方面市场力量的参数③。

但随着金融市场的迅速发展，资本流动越来越频繁，尤其是2018年4月8~11日博鳌亚洲论坛的召开，又提出"金融业将迎来开放大格局"，这将会对资本流入、流出以及金融市场的其他方面进一步产生巨大影响，从而使得金融市场的一些因素对货币篮权重的选择的影响也越来越重要。此外，由于博鳌论坛是在中美贸易摩擦发生的背景下召开的，平衡经贸项目也是一项重要的任务。在人民币国际化、虚拟货币兴起、中美贸易摩擦等诸多不确定性经济因素的背景下，应该大力维持经贸项目的平衡和增强资本账户的抗冲击能力，因此在设定货币篮政策目标时，要把贸易和金融账户的稳定作为共同目标。要想维持贸易平衡和增强资本账户的抗冲击能力，首先要了解人民币汇率市场化形成机制以及人民币货币篮权重选择的影响机制，我国货币当局先要构建或调整好合理的货币篮，再通过货币篮参考国际货币的波动情况，同时要根据做市商报价和宏观经济情况确定中间价和浮动范围，形成有弹性的双向浮动的汇率波动。

关于人民币货币篮权重选择的影响机制，汇率的波动会通过影响进出口直接影响贸易平衡而使得净国际投资头寸发生变动，其有两个途径，即贸易

---

① 将进口中间品和财政政策纳入分析框架，在保持贸易余额不变的目标下，计算一篮子货币最优权重。研究发现，即使第三国实际汇率不变，本国实际汇率仍需对政府购买支出的变动和中间品价格变动作出反应，最优货币权重会受到进口中间品产出弹性的影响。孙和风. 垂直贸易、财政政策与一篮子货币最优权重 [J]. 经济经纬，2014, 31 (6)：64 - 70.

② 他们认为，货币篮最优权重应取决于出口贸易份额、进口贸易份额和一些衡量本国在进口方面市场力量的参数。陆前进，张英梅. 篮子货币汇率制度中最优货币权重研究文献综述 [J]. 云南财经大学学报，2012, 28 (3)：3 - 10.

③ 若该国出口市场是完全垄断的，则最优权重为进口权重；若该国是进口市场完全垄断的，则以出口权重为最优权重；若处于这两者之间，则应将出口权重和进口权重的加权平均值作为货币篮子权重。陆前进，张英梅. 篮子货币汇率制度中最优货币权重研究文献综述 [J]. 云南财经大学学报，2012, 28 (3)：3 - 10.

渠道和估值效应渠道[①]。

2. 政策目标

我国一直以来追求的是人民币汇率稳定以及市场化的均衡，而汇率波动不仅影响贸易平衡，也会影响净国际投资头寸（net IIPs），因此本书通过最小化汇率以及国际投资头寸冲击对净出口、净国际投资头寸的影响，构建出一个最优的货币篮。政策目标可表示为：

$$z = \frac{Z}{Y} = \alpha_1 nx + \alpha_2 na \qquad (6-1)$$

其中，大写字母的变化率用对应的小写字母来度量，nx 代表 dlgNX，na 代表 dlgNA。

据此，该最优化问题写成：

$$\min_{\varpi_1, \varpi_2 \to \varpi_N} \mathrm{Var}(z) \qquad (6-2)$$

$$\mathrm{s.\,t.} \sum_{j=1}^{N} \varpi_j = 1 \qquad (6-3)$$

接下来得出最合适的货币篮，将目标（即 z）的更改定义为汇率以及国际投资头寸冲击。

3. 贸易平衡

用总出口和总进口的差额来表示贸易平衡，计价方式采用国内货币，则有：

$$NX = X - I \qquad (6-4)$$

净出口变动为：

$$nx = \frac{\beta}{\beta-1}x - \frac{1}{\beta-1}i \qquad (6-5)$$

---

① 汇率的调整会通过估值效应影响对外资产和负债的价格，同时也会影响贸易渠道，进而影响净国际投资头寸；从估值效应来看，若国际投资净头寸为正，则本币升值会产生负的估值效应，从而恶化国际投资净头寸。王毅成. 欧债危机下部分欧元区国家估值效应对其国际投资头寸的影响 [D]. 上海：复旦大学，2014.

总出口变动为：

$$x = \sum_{j=1}^{N} \gamma_j e(j) \tag{6-6}$$

式中，γ_j 表示 j 国占该国总出口的份额。

用汇率波动来表示总进口的波动，写成方程形式为：

$$i = \sum_{j=1}^{N} \delta_j i(j) = \sum_{j=1}^{N} \left[(1-\eta)\delta_j e(j) \right] \tag{6-7}$$

由式（6-5）、式（6-6）和式（6-7）联合得到净出口的表达式，为：

$$nx = \sum_{j=1}^{N} \left[\frac{\beta}{\beta-1}\gamma_j - \frac{\delta_j(1-\eta)}{\beta-1} \right] e(j) \tag{6-8}$$

4. 净资产保值

我国的净资产采用净国际投资头寸表示，进而可以按我国对其他国家的净国际投资头寸的相应比例求和来表示，净国际投资头寸以 NA 表示，则有：

$$NA = \sum_{j=1}^{N} NA(j) \tag{6-9}$$

对国际投资头寸的影响不仅包括汇率波动产生的影响，也包括其他的投资冲击产生的影响。全部投资冲击的相关系数矩阵为：

$$\rho^{aa} = \{\rho_{ij}^{aa}\}_{N \times N}, \rho_{jj}^{aa} = 1; \rho_{ij}^{aa} = \rho_{ji}^{aa} \tag{6-10}$$

式中，ρ_{ij}^{aa} 代表 i 国和 j 国间投资冲击对净 IIP 造成冲击的相关系数，若 λ_j 代表初期 j 国占总净 IIP 比率，则净 IIP 受到的来自汇率和投资冲击产生的总影响为：$na = \sum_{j=1}^{N} \left[\lambda_j(\varepsilon^a(j)) + \varepsilon(j) \right]$。

5. 最优货币权重

根据推导，我们将 z 的方差写成以下形式：

$$Var(z) = \Phi' \cdot \rho \cdot \Phi \tag{6-11}$$

其中，

$$\boldsymbol{\Phi} = \begin{bmatrix} \boldsymbol{\Psi}_1 \sigma_1^{\mathrm{e}} \\ \cdots \\ \boldsymbol{\Psi}_N \sigma_N^{\mathrm{e}} \\ \boldsymbol{\Xi}_1 \sigma_1^{\mathrm{a}} \\ \cdots \\ \boldsymbol{\Xi}_N \sigma_N^{\mathrm{a}} \end{bmatrix} = \begin{pmatrix} \boldsymbol{\Phi}^{\mathrm{e}} \\ \boldsymbol{\Phi}^{\mathrm{a}} \end{pmatrix} \qquad (6-12)$$

在贸易平衡、IIPs 以及汇率的数据已知的情况下，我们在第 7 章可以利用上述模型求解出最优解。

6.3　解决非对称贬值的方法：逆周期因子

2017 年 5 月 26 日，央行发布货币政策，宣布将原来的"收盘价 + 一篮子货币汇率变化"的中间价报价模型改为"收盘价 + 一篮子货币汇率变化 + 逆周期因子"，加入了影响中间价格机制的新因素，即逆周期因子来调节中间价的报价模式。"逆周期因子"是央行为了调节人民币汇率，减少人民币兑换美元的波动风险（防止人民币兑美元突破 1∶7 的关键防线）而提出的干预外汇的手段。在当时中美贸易摩擦背景下，世界各国看空人民币的势头较多，纷纷做空人民币，央行为了打击市场预期的做空压力，推出"逆周期因子"，让货币汇率重新反映出货币真实购买力的比例。

6.3.1　逆周期因子的概念及其在调节汇率方面的作用

"8·11"汇改后人民币兑美元的汇率一路贬值，在即将贬值至 1∶7 的关键防线时，央行推出"逆周期因子"，让美元始终无法突破 1∶7 的重要关口，在加入"逆周期因子"的当日，人民币兑美元比例从 6.87∶1 涨至 6.81∶1，当日振幅达到 1.25%。2017 年 5 月，当人民币汇率逼近 7 时，逆周期因子第一期启动后，效果显著，如图 6-3 所示。

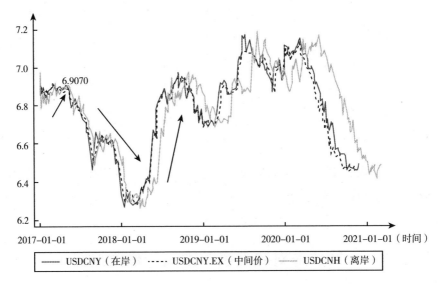

图 6 - 3　2017 年 1 月至 2021 年 1 月人民币兑美元汇率

资料来源：笔者据 Wind 数据绘制。

从图 6 - 3 中短箭头所指位置可以看出，2017 年 5 月，人民币兑美元汇率达到 6.9070，逼近 7 的最后防线，逆周期因子第一期启动，汇率计算加入逆周期因子后，效果显著，此后，人民币兑换美元一路高歌猛进（图 6 - 3 中长箭头朝下表明人民币兑美元不断升值），直到 2018 年 1 月，逆周期因子取消。

然而，在 2018 年 1 月，逆周期因子取消后，2018 年 2 ~ 8 月，人民币汇率逐渐失控，从图 6 - 3 箭头可以看出趋势，人民币汇率明显从升值势头，彻底反转到贬值势头。人民币汇率在 2018 年 8 月，即将逼近 1 : 7 的底线位置。

直到 2018 年 8 月 24 日，中国人民银行发布通知，决定重启逆周期因子，至此之后，人民币汇率稳步上升，重回稳定位置。

引入逆周期因子进一步完善了我国的汇率形成机制的改革，缓解了原来的汇率机制存在的先后看和惯性等问题；引入逆周期因子后，缓解了人民币兑美元的贬值预期所带来的压力，保持了汇率的双向波动，使我国的汇率水平稳定在合理均衡的位置上，这对宏观经济的稳定具有重大的作用，也为进一步深化汇率市场改革创造了条件，使得人民币汇率朝着更加务实、成熟的方向前进。

6.3.2　逆周期因子的作用机制

2017 年 8 月 11 日，央行发布的第二季度货币政策执行报告中，第一次比较详细地发布了逆周期因子的测算方法。根据央行发布的说明，计算逆周期因子的方法为：在计算逆周期因子时，先从前一日的收盘价比较中间价的波动幅度中剔除一篮子货币变动的影响，由此可得汇率变化，此汇率变化主要反映市场的供求，再通过逆周期系数调整得到逆周期因子。其用公式来表示，为：

$$逆周期因子 = \frac{市场供求因素}{逆周期系数}$$

$$= \frac{\left(\frac{前一日}{收盘价} - \frac{前一日}{中间价} - \frac{一篮子货币日}{间汇率变化}\right) \times 调整系数}{逆周期系数}$$

但是逆周期系数主要由各报价行决定，央行也没有给出明确的计算方法，因此其调整的过程较为模糊，无法直接测算出来。在此，参考何青（2018）和葛天明等（2019）的方法，采用间接法，先计算货币的汇率变化，再得到中间价和前一日的收盘价，根据"中间价 = 前一日收盘价 + 一篮子货币汇率变化 + 逆周期因子"的公式倒推来得出逆周期因子。逆周期因子的测算可以分为以下六个步骤。

（1）先计算人民币兑美元的夜盘变动比率，再将人民币兑换美元的夜盘变动比率公式推广至货币篮里的其他货币。（本章参考的一篮子货币的变动率为前一日下午 4 点 30 分至当日上午的 7 点 30 分）

$$\frac{USD}{CNY_{frt}} = \frac{\frac{USD}{CNY_{mt}}}{\frac{USD}{CNY_{nt-1}}} \tag{6-13}$$

式中，$\frac{USD}{CNY_{frt}}$ 为人民币兑换美元汇率变动比率；下标 m 为当日上午 7 点 30 分前的汇率报价；下标 n 为前一日下午 4 点 30 分的收盘汇率。

（2）利用几何加权法计算出人民币相对于一篮子货币的变动比率。此处用人民币汇率指数作为一篮子货币的主要参考。

$$CFETS_{frt} = \frac{USD}{CNY_{frt}{}^{W_1}} \times \frac{GBP}{CNY_{frt}{}^{W}} \qquad (6-14)$$

式中，$CFETS_{frt}$ 为基于一篮子货币计算的人民币汇率指数，即 CFETS 的变动比率；W_1 和 W 为一篮子货币里对应货币的相应权重指数。

（3）利用美元和除人民币外的其他币种进行转换，变为开盘之前的人民币兑换其他货币的变动比率。以 $\frac{GBP}{CNY}$ 为例，根据式（6-15）进行计算，可得式（6-16）。

$$\frac{GBP}{CNY} = \frac{GBP}{USD} \times \frac{USD}{CNY} \qquad (6-15)$$

$$\frac{GBP}{CNY_{frt}} = \frac{\dfrac{GBP}{CNY_{mt}}}{\dfrac{GBP}{USD_{nt-1}}} = \frac{\dfrac{GBP}{USD_{mt}} \times \dfrac{USD}{CNY_{mt}}}{\dfrac{GBP}{USD_{nt-1}}} \times \frac{USD}{CNY_{nt-1}} = \frac{GBP}{USD_{frt}} \times \frac{USD}{CNY_{frt}} \quad (6-16)$$

（4）由式（6-15）和式（6-16），可将 $CFETS$ 的变动比率表示为：

$$CFETS_{frt} = \frac{USD^{W_1}}{CNY_{frt}} \times \left(\frac{GBP}{USD_{frt}} \times \frac{USD}{CNY_{frt}} \right)^{W_2} \times \left(\frac{THB}{USD_{frt}} \times \frac{USD}{CNY_{frt}} \right)^{W_3}$$
$$\times \left(\frac{EUR}{USD_{frt}} \times \frac{USD}{CNY_{frt}} \right)^{W_4} \times \cdots \qquad (6-17)$$

式中，W_1，W_2，W_3，$\cdots$，W_n 为一篮子货币里各种货币的相应权重指数。
进一步结合，可得：

$$CFETS_{frt} = \frac{USD^{W_1}}{CNY_{frt}} \times \left(\frac{GBP}{USD_{frt}} \right)^{W_2} \times \left(\frac{THB}{USD_{frt}} \right)^{W_3} \times \left(\frac{EUR}{USD_{frt}} \right)^{W_4} \qquad (6-18)$$

（5）在计算人民币兑美元汇率变动比率时，需要保持隔夜的 $CFETS$ 指数基本稳定，即：$\dfrac{CFETS_t}{CFETS_{t-1}} = 1$。因此，令 $CFETS_{frt} = 1$，可以得出：

$$\frac{USD}{CNY_{\text{frt}}} = \frac{1}{\left(\dfrac{GBP}{USD_{\text{frt}}}\right)^{W_2} \times \left(\dfrac{THB}{USD_{\text{frt}}}\right)^{W_3} \times \left(\dfrac{EUR}{USD_{\text{frt}}}\right)^{W_4} \times \cdots}$$

$$= \left(\frac{USD}{GBP_{\text{frt}}}\right)^{W_2} \times \left(\frac{USD}{THB_{\text{frt}}}\right)^{W_3} \times \left(\frac{USD}{EUR_{\text{frt}}}\right)^{W_4} \times \cdots \tag{6-19}$$

进一步转化为人民币兑美元的价差变动比率，即用 $\dfrac{CNY}{USD_{\text{st}}}$ 表示，有：

$$\frac{CNY}{USD_{\text{st}}} = \frac{CNY}{USD_{t-1}} \times \frac{1}{\dfrac{USD}{CNY_{\text{frt}}}} - \frac{CNY}{USD_{t-1}} \tag{6-20}$$

（6）利用已知的中间价和前一日的收盘价，根据"中间价 = 前一日收盘价 + 一篮子货币汇率变化 + 逆周期因子"的公式倒推，得出逆周期因子。

$$t\ \text{期逆周期因子} = \frac{CNY}{USD_{\text{et}}} - \frac{CNY}{USD_{i,t-1}} - \frac{CNY}{USD_{\text{st}}} \tag{6-21}$$

式中，下标 e 表示中间价；下标 i 表示前一天下午 4 点 30 分的报价，即收盘价。

因此，可以根据上述公式较为简单地看到逆周期因子的作用机制。

6.3.3　逆周期因子对于深化汇率市场改革的作用

在中间价的计算中引入逆周期因子，是我国汇率形成机制改革中迈出的重要一步，对完善和进一步优化人民币汇率市场化改革具有重大的意义，其主要反映在以下几个方面。

（1）在中间价的计算中引入逆周期因子有利于对冲外汇市场的顺周期波动，使得汇率市场的交易更加趋于经济的基本面，培养理性的市场主体，对促进人民币汇率市场的稳定做出了重大的贡献。中间价的计算更加合理地反映了人民币市场的供求变化。逆周期因子的加入使得人民币单边贬值预期消散，双向浮动的特征更加明显，汇率波动的幅度明显减小，使得汇率波动在合理均衡的水平下更加稳定。事实上，引入逆周期因子并不会改变汇率市场上外汇供求的主要趋势和方向，只是适当过滤了汇率市场的一些非理性因素，修正了投资者对汇率顺周期性变动的非理性反应，在尊重汇率市场的背景下，使得市场的行为更加理性。通过矫正外汇市场的顺周期性，在一定程度上使得汇率变动更加真实地反映了市场供求的状态，将供求还原到与经济基本面相符合的更加合理的水平。

（2）引入逆周期因子后使得中间价对于宏观经济基本面的反映更加充分。在引入逆周期因子之前，经济的基本面和人民币兑换美元的趋势与国际汇率市场的变化十分不相符，在单边预期的背景下，"收盘价＋一篮子货币"这种简单的中间价计算机制使得市场更多地反映出与预期一致的变动趋势，对于与市场预期不一致的其他方面的变化则较少反映出来，呈现出非对称性。而加入逆周期因子之后，促进了市场的双边预期，对于矫正原来市场的非对称性具有重要的意义，使得汇率对于宏观经济的反映更加充分。

（3）引入逆周期因子之后，提升了中间价报价机制的透明度、规则性和市场化水平。完善之后的中间价报价机制维持了更高程度的透明性和规则性，在我国汇率市场的改革的进程中，由于市场的不健全使得其容易受到市场波动的影响，导致汇率的变化趋势背离了经济发展需要维持和稳定的基本面。逆周期因子是由外汇市场自律机制汇率工作组的成员提出的，作为央行调节外汇市场预期的一种手段，其在促进汇率市场稳定，修正市场非理性因素方面做出了巨大的贡献，提升了投资者对政府的信任度，对于促进政府的公信力的提升具有重大的作用，进一步促进了人民币汇率的市场化改革。

6.4　本章小结

本章主要从人民币国际化、一篮子货币制度以及逆周期因子三方面论述了人民币汇率的稳定机制。人民币国际化可以在短期内减少汇率风险，通过人民币跨境结算与投资职能的提升，增强投资者对人民币的信心，避免汇率波动性增加；一篮子货币定价机制更为公开、透明并且更加具有准确的市场规则性，比较充分地兼顾了市场供求导向、维持人民币汇率对一篮子货币的基本稳定和稳定外汇市场预期三者之间的关系。引入逆周期因子进一步完善了我国的汇率形成机制的改革，缓解了原来的汇率机制存在的非对称贬值预期；引入逆周期因子后，缓解了人民币兑美元的贬值预期所带来的压力，保持了汇率的双向波动，使我国的汇率水平稳定在合理均衡的位置上，这对于稳定宏观经济具有重大的作用，也为进一步深化汇率市场改革创造了条件，使得人民币汇率朝着更加务实、成熟的方向前进。

第 7 章　国际收支平衡与贸易稳定的
人民币货币篮权重测算

　　2020 年新冠肺炎疫情期间由于我国经济恢复快，而全球经济大幅受挫，人民币走势一波三折：经历了大幅贬值，持续升值的震荡攀升趋势。2020 年，中央经济工作组会议再次提出："保持人民币汇率在合理均衡水平上的基本稳定。"维持汇率合理均衡的水平需要继续推进人民币汇率市场化形成机制改革，增强人民币汇率的弹性，更好地发挥汇率人民币在贸易稳定和国际收支平衡中的"自动稳定器"作用。

　　汇率市场化对推进我国金融开放进程以及整个外向型经济的发展目标至关重要。自 2005 年汇改经历了汇率市场变动后，政府意识到汇率市场化改革是保障国家金融安全的重点工作，汇率作为对外经济活动中关键性参考指标，其变动直接涉及进出口、对外投资等外向型经济的发展。同时，"一带一路"的开展[①]以及"逆周期调节因子"的增加使得我国人民币中间价的代表构成范围扩大[②]。本章

---

　　①　近年来，我国在"一带一路"倡议提出后，增加了与"一带一路"沿线国家的经贸往来，贸易、投资等规模的加强使人民币在经济活动中的需求得到进一步提升。张晓莉．"一带一路"倡议推进中的人民币货币篮绩效检验 [J]．上海对外经贸大学学报，2019，26（6）：36－48.

　　②　自 2016 年人民币加入 SDR 以来，其已成为全球第六大支付货币。通过人民币汇率调整来稳定我国的国际收支与净资产保值具有重要的现实意义；进入 2017 年，央行在汇改之路上又出新策略——引入"逆周期调节因子"，使中间价不只由收盘价和一篮子货币汇率变化构成，还由收盘价、一篮子货币汇率变化、逆周期调节因子相加而成。目前，我国已经公布三个货币篮——CFETS 货币篮、BIS 货币篮和 SDR 货币篮。它们是人民币汇率形成机制要求中间价报价行需要参照的，三个货币篮在计算权重时考虑的政策目标是有差异的。张晓莉．"一带一路"倡议推进中的人民币货币篮绩效检验 [J]．上海对外经贸大学学报，2019，26（6）：36－48.

的目标是综合各个政策目标合理安排我国的货币篮①，探讨其关于战略的作用
效果，并提出一系列问题②。现有的相关文献研究、探索大多集中于人民币汇
率市场化机制和货币篮选择，较少探讨货币篮币种比例及其权重影响因素，
在中国当前欣欣向荣的新形势下，"一带一路"倡议、人民币国际化、深化汇
率市场化等都会使计算出的人民币货币篮币种比例变动，对比过去存在差异。
根据发展趋势，借鉴收支平衡模型，使得货币篮币种比例计算有效，对推动
人民币国际化进程、汇率稳定以及市场化均衡中体现着十分关键的影响效果。

　　本章借鉴了张晓莉和刘啟仁（2011）收支平衡模型。在此模型中，需要衡
量贸易平衡和资本账户，即分别采用净出口以及净国际投资头寸（Net IIPs）来
衡量，然后采用最小化函数来得到最具有代表性的货币篮权重——将中国外部
账户受到国际汇率的波动产生的冲击最小化。此外，货币篮的巨大作用在货
币篮币种构成以及权重设定过程中起着很重要的作用，因此需要对货币篮进
行绩效检验。一直以来，我国都追求人民币币值的稳定，这蕴含的深层含义
就是在进行最优货币篮权重选择设计时，将包含贸易和净 IIPs 同时在内的收
支平衡波动最小化作为目标。然后将汇率冲击、国际资本流动冲击连接，构
建一个体系③，借鉴模型来度量各个币种的最具有代表性的币种比例权重。

7.1　我国最优货币篮的币种权重

1. 数据准备

　　本部分选取了与中国双边贸易额以及投资头寸所占份额较大的国家，见
表 7 - 1，得出本章货币国或地区及其相应的贸易额情况，以 2004 年为基期，

---

　　①　从人民币汇率稳定与市场化均衡角度，综合贸易平衡和净资产保值的政策目标来设计人民币
汇率货币篮，计算权重。
　　②　为此计算我国货币篮权重在"一带一路"倡议实施前后的变动，分析根据"一带一路"倡议
出台的政策的实施对人民币货币篮中币种种类及权重的作用，对我国国际收支和净资产保值更平稳的
调整，是值得深入探讨研究的问题。张晓莉. "一带一路"倡议推进中的人民币货币篮绩效检验［J］.
上海对外经贸大学学报，2019，26（6）：36 - 48.
　　③　张晓莉，刘啟仁. 汇率弹性、货币篮设计与政策实效分析［J］. 经济研究，2011，46（11）：
89 - 102.

选取了美国、日本、欧元区、韩国、新加坡、马来西亚、俄罗斯、澳大利亚、英国、泰国、加拿大、印度、印度尼西亚、菲律宾、巴西、墨西哥、南非、智利、瑞典及瑞士20个国家和地区，以及这些国家和地区2004～2015年的进出口贸易额和净IIP数据。在模拟过程中，为剔除基准货币选择对计算货币间关系的影响，采用霍瓦诺夫等（2004）创建的名为交换标准价（*NVal*）的汇率价值指数，公式如下：

$$NVal(j) = \frac{E^i(j)}{\sqrt[N]{\prod_{k=1}^{N} E^i(k)}} \qquad (7-1)$$

表7-1　　　　　　　　　　货币国（地区）贸易总额　　　　　　　　单位：万美元

贸易国（地区）	2004 年	2006 年	2008 年	2009 年	2010 年	2015 年
美国	16959858	26265946	26265946	29826260	38538529	55702297
日本	16783577	20729525	20729525	22878256	29777959	27851902
欧元区	13996184	21400518	21400518	27540852	36481845	40422812
韩国	9004566	13424635	13424635	15621479	20711512	27579247
新加坡	2668207	4085791	4085791	4785587	5707598	7952320
马来西亚	2626080	3710951	3710951	5196769	7424884	9725772
俄罗斯	2122553	3338681	3338681	3875155	5553311	6801554
澳大利亚	2039074	3294818	3294818	6012997	8834232	11381661
英国	1972547	3066960	3066960	3915512	5007223	7850081
泰国	1734208	2772649	2772649	3819082	5293702	75459565
加拿大	1551417	2317883	2317883	2972784	3713988	5563639
印度	1361404	2485875	2485875	4338332	6176120	7159658
印度尼西亚	1347209	1905546	1905546	2838876	4275028	5422816
菲律宾	1332816	2341270	2341270	2053900	2776223	4563645
巴西	1234697	2028960	2028960	4239579	6258587	7150158
墨西哥	711260	1143066	1143066	1619488	2476012	4381927
南非	591211	985307	985307	1607750	2570310	4600933
智利	535516	884490	884490	1783880	2597771	3172929
瑞典	519816	672643	672643	961589	1161672	1351526
瑞士	511893	676372	676372	954390	2007039	4426349

资料来源：世界银行网站，https：//www.worldbank.org/en/home.

这一汇率价值指数不受基础货币选择影响的特性，故霍瓦诺夫等（2004）在构建可以使货币篮价值波动最小的货币篮过程中利用了这个指数的特点，剔除了基准货币选择的影响。虽然本章设计的最优货币篮权重的目标包含稳定贸易、外债、FDI 的多个外部账户，但是我们仍然可以采用这一方法来剔除基础货币选择的影响，计算如下汇率冲击：

$$\varepsilon^e(j) = \mathrm{dlg}NVal(j) \qquad\qquad (7-2)$$

利用 IMF 国际金融统计的 2004～2015 年的年度数据来计算 NVal、货币间关系和汇率波动方差。

2. 权重测算

见表 7-2，为利用数据模拟出的最优权重，在最优货币篮权重计算的过程中，各货币国的贸易以及 IIP 份额非常重要，同时由于我国近些年来经济一直在快速增长，贸易规模逐渐扩大，因此在选择货币国时，我们以 2004 年与我国双边贸易额超过 50 亿元的国家为基准，分别选取 2004 年、2006 年、2008 年、2009 年、2010 年和 2015 年的贸易和投资数据来测定货币篮参数，选取这几年的原因在于，这一阶段涵盖了 2005 年 7 月 21 日汇改到 2015 年的"8·11"汇改，政策制定者会参考每次汇改前一年的数据，而 2008 年爆发了金融危机，因此有必要考虑进去。这里依次列出 2004 年、2008 年、2009 年、2010 年、2015 年的模拟结果[1]。

测算出的每年各个币种所占权重见表 7-2，在人民币货币篮中一直处于最核心的位置的是美元，2004 年所占权重为 34.67%，2015 年则增加到46.57%，增加了 12% 左右，美元在人民币货币篮权重中发生的这一巨大的变动离不开这些年中美双方贸易规模的不断扩大，尤其是在 2015 年，中美贸易突破 5000 亿美元大关，达到了 5500 亿美元。而且，从美国方面来看，2015年，其 1～9 月对我国的贸易额为 4416 亿美元，使得中国超越其他各国成为

---

[1] 由表 7-2 可以看出，我国这么多年的汇改仍未改变货币篮中占比最大的币种，即在这 20 种货币篮币种中处于前列位置的仍为美元、欧元、日元以及韩元，并且在我国货币篮中所占权重最大的一直都是美元。但本章主要研究"一带一路"沿线国家的权重及其变化，即印度、印度尼西亚、马来西亚、菲律宾、新加坡、泰国及俄罗斯等国家的权重及其变化。张晓莉. "一带一路"倡议推进中的人民币货币篮绩效检验 [J]. 上海对外经贸大学学报，2019，26（6）：36-48.

美国最大的贸易伙伴国，因此创下了美国最大贸易伙伴的历史记录。

表 7 - 2　　　　　　　　　我国货币篮 20 种最优货币权重　　　　　　单位:%

货币国（地区）	2004 年	2006 年	2008 年	2009 年	2010 年	2015 年
美国	34.67	41.90	40.01	41.24	41.11	46.57
日本	17.99	17.28	13.98	13.23	12.58	7.90
欧元区	23.24	15.87	14.80	14.56	14.46	11.22
韩国	7.10	8.68	7.72	7.35	7.17	7.68
新加坡	2.01	2.51	2.08	2.18	1.95	2.07
马来西亚	2.07	2.38	2.22	2.43	2.57	2.66
俄罗斯	1.59	2.09	2.27	1.80	1.88	1.83
澳大利亚	1.59	2.09	2.52	2.87	3.10	3.18
英国	1.32	1.79	1.72	1.72	1.66	1.99
泰国	1.36	1.78	1.72	1.79	1.83	2.03
加拿大	1.14	1.39	1.35	1.36	1.26	1.49
印度	1.03	1.52	2.04	1.94	2.08	1.79
印度尼西亚	1.02	1.19	1.27	1.31	1.47	1.42
菲律宾	0.51	1.54	1.21	0.96	0.95	1.21
巴西	1.03	1.30	2.04	2.03	2.20	1.98
墨西哥	0.52	0.67	0.68	0.74	0.84	1.11
南非	0.44	0.60	0.73	0.75	0.89	1.29
智利	0.42	0.57	0.73	0.85	0.90	0.87
瑞典	0.42	0.42	0.41	0.45	0.40	0.36
瑞士	0.44	0.45	0.48	0.46	0.71	1.32

资料来源：笔者计算。

　　此外，在我国不断加大对外开放力度以及鼓励企业"走出去"的背景下，我国企业境外投资不断增多，其中对美投资增加迅速，如在非金融类直接投资方面，我国企业在 2011 ~ 2016 年对美国投资额年均增长率达到 61%，到 2016 年底累计投资额达到 499.9 亿美元，将近 500 亿美元。同时仅 2016 年一年，中美两国的双边直接投资额就创下了历史最高值，超过 600 亿美元。而对于"一带一路"相关国家的币种所占比例，相对美元，其变化比较平稳，近期没有太明显提高，基本上都维持在 1% ~ 2%。其中，马来西亚的比重一直在2%以上，且2015年提高为2.66%，接近3%。如图7-1所示，2011～2016年的两国贸易额所占比例显示，整体上呈现出增加的趋势。而我们货币篮中包含的"一带一路"相关国家又是与中国贸易规模比较大的国家，这些国家与中国在贸易合作方面，不仅规模大而且范围广，同时拥有着悠久的贸易合作历史。近年来在贸易伙伴方面取得很大进展①。

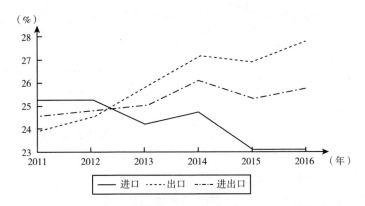

图7-1　2011～2016年中国与"一带一路"沿线国家贸易额占中国总贸易额比重

资料来源：笔者绘制。

进一步以地区分布、行业分布和国家分布为切入点讨论②。如图7-2所示，2011～2016年我国对这些国家的投资额以及承包合同额在我国的总投资和承包额中所占的比重，图中可以清晰地看出，相比2015年，2016年我国对"一带一路"国家直接投资和建造合同总额显著减少，较2015年下降6.3%，

---

① 我国顺利成为新加坡的第一出口国，成为马来西亚、泰国、俄罗斯的第二出口国，成为印度、印度尼西亚、菲律宾的第三出口国；此外，在"一带一路"沿线国家对中国出口额所占比重方面，新加坡、马来西亚、泰国、菲律宾、印度尼西亚等均高于10%。而中国在其他国家的出口比重除印度、菲律宾以外，也都有所上升。张晓莉."一带一路"倡议推进中的人民币货币篮绩效检验［J］. 上海对外经贸大学学报，2019，26（6）：36-48.

② 相对而言，我国对"一带一路"沿线国家的投资在这几个方面都比较集中，其中行业分布主要投资在能源、有色、科技、房地产、交通等领域，而在区域分布方面，东亚地区和西亚地区为我国最主要的投资范围。以2016年为例，我国对沿线国家的直接投资额呈现出显著的增加，达到了145亿美元，其中建造工程项在我国对"一带一路"沿线国家的投资中占据了大部分比重，海外并购类的投资则倾向于发达国家。张晓莉."一带一路"倡议推进中的人民币货币篮绩效检验［J］. 上海对外经贸大学学报，2019，26（6）：36-48.

但建造合同规模呈现较大上涨趋势①。

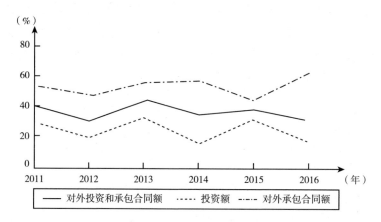

**图 7 – 2　2011 ~ 2016 年中国对"一带一路"沿线国家投资额
与承包合同额占中国比重**

资料来源：笔者绘制。

国家贸易额占中国总贸易额比重国家投资额以及承包合同额占中国的比重与美元币种比例和"一带一路"相关国家币种比例呈现反方向，欧元区在人民币货币篮中地位显示有大幅度减少的前景②。此外，与 2010 年相比，日元的地位也在 2015 年大幅度减少，最主要的原因可能是，我国的经济总量在 2010 年以后就已经超过日本，成为世界上第二大经济体。如图 7 – 3 和图 7 – 4 所示，2010 ~ 2015 年中国与日本的双边贸易额一直处于下滑的趋势，这直接对日元在人民币货币篮中的权重造成了巨大影响，使其地位也有所下降。

---

①　我国商务部数据资料显示，这几年来我国对沿线国家投资排名由高到低依次为：俄罗斯（13.72%）、哈萨克斯坦（8.82%）、马来西亚（8.42%）、新加坡（7.46%）和印度尼西亚（6.53%）。而在前十的排名中，几乎也均为东亚和西亚地区，除了伊拉克和以色列是中东地区以外。中国对"一带一路"沿线国家贸易额和投资额的增加会直接影响货币篮的系数值，进而影响到币种权重。张晓莉."一带一路"倡议推进中的人民币货币篮绩效检验 [J]. 上海对外经贸大学学报，2019，26（6）：36 – 48.

②　从 2004 年的 23% 左右一直下降至 2015 年的 11.22%，将近下降了 12%。欧元区国家的经济复苏缓慢是影响欧洲与中国经贸往来的核心原因，也是导致欧元在货币篮中的权重持续降低的原因。张晓莉."一带一路"倡议推进中的人民币货币篮绩效检验 [J]. 上海对外经贸大学学报，2019，26（6）：36 – 48.

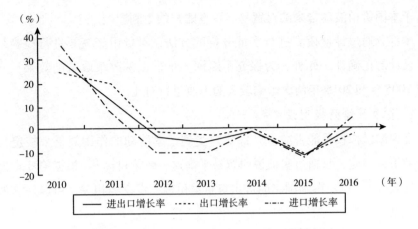

图 7 – 3　2010 ~ 2015 年中日本进出口贸易额增长

资料来源：笔者绘制。

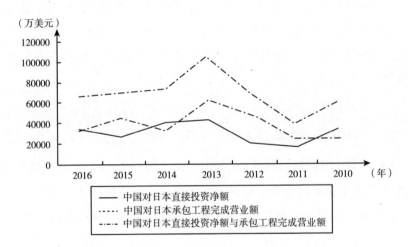

图 7 – 4　2010 ~ 2016 中国对日本直接投资净额与承包工程完成营业额

资料来源：笔者绘制。

7.2　我国货币篮政策的绩效检验

有效构建的货币篮主要有两大功能：其一是可以将汇率波动中来自非国内经济部分的影响剔除；其二是将中国迎来的来自对外贸易以及资本流动部分的货币风险有效地体现出来。在有效构建货币篮的基础上，可以进一步避

131

免由于本国货币波动带来的对贸易、资本账户的不利影响。

本部分通过计量模型进行实证分析的方法，对货币篮绩效进行检验，评估其设计的正确性。此外，为探究不断深入推进汇率改革政策的效果，分别选取 2005 年和 2015 年两次影响较大的汇改进行对比。

1. 货币篮绩效模型设定

在评测模拟权重能否减少外部账户受到汇率波动的作用效果来核定其政策绩效下，因此，只通过实证说明贸易平衡这一政策目标[①]。根据第 6 章模型推导的式（7-3）。得到国家的进出口贸易份额、汇率等相关，可以建立如下计量模型：

$$\ln(\cdot) = \alpha_i + \beta_i X_t + \delta_i \ln(E_t) \qquad (7-3)$$

式中，α_i 表示个体效应，代表不同国家或地区各自的特征；X 表示其他影响我国贸易的因素；用 δ 表示贸易进出口受到汇率的作用效果。

建立双向固定效应面板数据模型以检验货币篮绩效。出口模型和进口模型分别为：

$$\ln EX_{i,t} = \alpha_i \ln E_{i,t} + \beta_i X_{i,t} + \delta_i D_0 \times \ln E_{i,t} + c_i + \lambda_t + \varepsilon_{i,t} \qquad (7-4)$$

$$\ln IM_{i,t} = \alpha_i' \ln E_{i,t} + \beta_i' X_{i,t}' + \delta_i' D_0' \times \ln E_{i,t} + c_i + \lambda_t + \varepsilon_{i,t}' \qquad (7-5)$$

式中，$EX_{i,t}$ 表示 t 时期我国向第 i 国的出口额；$IM_{i,t}$ 表示 t 时期我国从第 i 国的进口额；$X_{i,t}$ 表示包括国外需求弹性、汇率波动、通货膨胀率、利率、中国外汇储备的向量，均采用对数形式；$E_{i,t}$ 表示人民币兑第 i 种货币的汇率（直接标价法）；D_0 表示虚拟变量表示是否实施货币篮政策，其中，1991 年 1 月 ~

---

① 为检验进一步加快汇率市场化改革是否达到了其相应的政策目标，引入"货币篮作用系数"来检验货币篮能否减缓汇率对进出口的冲击，它实际上为"虚拟变量 汇率对数"交叉项的系数，其中虚拟变量 D_0，见式（7-4），在实行货币篮政策之前取 0，之后取 1，则相应的交叉项为"$D_0 \ln(E)$"在检验货币篮政策绩效时主要对比"货币篮政策作用系数"与进出口对汇率水平敏感程度的符号，若两者符号相反则说明货币篮政策具有调整汇率对进出口冲击的作用。在进一步深化汇率市场化改革以及增强人民币汇率弹性的背景下，我们用汇率波幅，即 V 来衡量进出口受汇率弹性的影响程度。刘启仁. 我国货币篮的稳定贸易目标与绩效分析——基于动态误差修正面板模型的实证检验 [J]. 上海经济研究，2012，24（10）：48-58，82. 此外，本章考虑的其他影响人民币一篮子汇率形成的经济环境因素还包括通货膨胀率、利率、中国的外汇储备等。聂齐芬. 人民币一篮子货币汇率形成机制的实证研究 [D]. 成都：西南财经大学，2010.

2005 年 7 月、1999 年 1 月 ~ 2015 年 7 月取值为 0，2005 年 8 月 ~ 2016 年 12 月、2015 年 8 月 ~ 2016 年 12 月取值为 1；$D_0 \times \ln E_{i,t}$ 表示交叉项；$\varepsilon_{i,t}$ 和 $\varepsilon'_{i,t}$ 表示随机项；β_i 和 β'_i 分别表示出口和进口与控制变量之间的关系；α_i 和 α'_i 分别表示出口和进口对汇率水平的关系；δ_i 和 δ'_i 表示相应的虚拟变量系数；c_i 表示个体固定效应；λ_t 表示时间固定效应。被解释变量及解释变量说明参见表 7 - 3。

表 7 - 3　　　　　　　　　　　被解释变量及解释变量说明

变量名称	变量说明
$EX_{i,t}$	t 时期我国向第 i 国的出口额（百万美元）
$IM_{i,t}$	t 时期我国从第 i 国的进口额（百万美元）
$E_{i,t}$	t 时期人民币兑第 i 种货币的汇率（直接标价法）
$V_{i,t}$	t 时期人民币兑第 i 种货币的汇率波幅
R_t	我国 t 时期的银行间同业拆借利率
CPI_t	我国 t 时期消费者价格指数，衡量通货膨胀率
FER_t	我国 t 时期的外汇储备

资料来源：笔者整理。

2. 数据来源及说明

本部分从国际货币基金组织以及外汇管理局、中国人民银行网站中获取相关数据，并进行一定的处理，在进行实证过程分析时所用到的进出口数据来源于国际货币基金组织贸易方向统计数据库（IMF-DOT），单位采用百万美元。双边汇率也采用国际货币。基金组织的数据，具体为国际金融统计数据库（IMF-IFS）。此外为剔除基础货币选择对货币间关系的影响，在得到双边汇率时首先利用货币篮中各个货币国（地区）对特别提款权（SDR）的汇率数据，再分别计算与中国对 SDR 的比值，如（RMB/SDR）/（USD/SDR）= RMB/USD（直接标价法）。本章采用的是这20个货币国或地区 1999 年 1 月 ~ 2016 年 12 月的月度数据。相关宏观经济变量及其数据来源分别为：消费者价格指数（CPI），用来衡量通货膨胀率，其月度数据采用 IMF-IFS 的数据；利率使用金融机构之间的同业拆借利率，最接近市场利率，其月度数据来源于中国人民银行网站；中国外汇储备的月度数据通过我国国家外汇管理局网站得到。主要变量的原始数据描述性统计见表 7 - 4。

表7-4   主要变量的原始数据描述性统计

数据	类别	均值	标准误	最小值	最大值	样本
EX（出口）	总体	2258.1614	3190.0550	8.0085	16897.7980	$N=4320$
	组间		2500.8375	235.1056	7902.4956	$n=20$
	组内		1361.1251	295.5800	4587.3865	$T=216$
IM（进口）	总体	4116.1736	7004.5352	34.3000	45700.6210	$N=4320$
	组间		6206.3761	436.3096	25189.0457	$n=20$
	组内		2151.7095	764.2181	7643.8932	$T=216$
E（双边汇率）	总体	2.982919	3.5725	0.0004	15.9682	$N=4320$
	组间		3.5995	0.0008	12.0291	$n=20$
	组内		0.2920	2.4119	3.5162	$T=216$
R（我国利率）	总体	3.391317	1.5933	1.0000	12.2000	$N=205$
CPI（我国消费者价格指数）	总体	94.5139	12.1801	79.3100	116.1500	$N=205$
FER（我国的外汇储备）	总体	1.69e+08	1.38e+08	1.45e+07	3.99e+08	$N=205$

资料来源：笔者计算。

1）Hausman 检验

运用计量理论中提出的方法，即 Hausman 检验，来检验本章采用面板数据固定效应模型的合理性。以2015年为例，检验结果见表7-5，出口模型的 P 值为0.0001，小于0.05，表明随机效应模型估计出的结果是不一致的，故应拒绝随机效应假设，选用固定效应模型。进口模型得到的 P 值为0.7661，表明不拒绝随机效应假设，但是当随机效应模型一致时，固定效应模型也是一致的，且为了排除个体和时间效应，因此本节对进口模型也采取固定效应模型。

表7-5   Hausman 检验结果

检验结果	卡方检验统计量	卡方检验自由度	Prob.
lnEX 截面随机效应假设	27.42	6	0.0001
lnIM 截面随机效应假设	3.33	6	0.7661

资料来源：笔者计算。

2）实证检验过程及分析

式（7-4）和式（7-5）选取面板数据双向固定效应模型得到的货币篮

绩效检验结果见表7-6。世界上对于汇率的标价方式有两种：直接标价法和间接标价法，而我国采取的是直接标价法，因此本章汇率 E 的增加表示人民币贬值。理论上，本国货币贬值会刺激出口、抑制进口，因此汇率水平受到出口的作用效果通常是正汇率受到进口的作用效果为负，采用这个方法说明货币篮关于进出口稳定方面的成果。为了检验进一步进行汇率改革的效果，表中同时列出了2005年和2015年两次重要汇改的回归结果。

　　见表7-6，第（1）、第（3）列表示固定效应方法估计的货币篮在稳定出口目标体系中的效果，第（2）、第（4）列则表示货币篮在进口目标体系中的效果；出口模型估计系数和预期的符号一致且系数为正值。在2005年汇改之前，汇率水平受到出口作用效果的相关系数为0.464，而由于货币篮作用系数（D_0）为-0.0421，出口受汇率的影响经两者相互综合后下降到0.4219，即人民币汇率贬值1%，出口增加0.4219%，证实出口稳定受到货币篮的影响显著。而对于2015年，我国进一步实行引入中间价的汇率改革之前，汇率水平受到出口的影响系数是0.560，然而由于货币篮作用系数（D_1）为-0.0343，出口对汇率的敏感程度在两者综合后降至0.5257，相当于人民币每贬值1%，出口增加0.5257%，这显示出口贸易会受到货币篮中间价机制平稳影响。这里的交乘项 D_1 数值较小，我们考虑引入中间价机制的汇率改革自2015年8月11日开始，而样本截至2016年12月，时间较短，汇率依然处于调整期，对于进出口的调节作用未表现完全。但根据目前的数据实证的结果来看，长期内引入中间价的汇率形成机制会对我国的出口起到一定程度的平稳作用。对比2005年和2015年两次汇改的结果，可以清晰地看到，人民币每贬值1%，2005年出口增加0.4219%，2015年出口增加0.5257%，2015年相比2005年增加了0.1%左右，这一结果有力地表明了我国不断加快汇率改革的意义重大，有助于稳定我国的出口。

　　从表7-6第（2）、第（4）列进口模型的估计显示，两次汇改在稳定进口贸易方面也较为显著，这与预期相符。2005年汇改之前，进口对汇率的敏感度为-0.239，货币篮作用系数为0.0172，将两者进行加总得到最终汇率对进口的影响是-0.2281，即人民币每升值1%，进口增加0.2281%。相对而言，在2015年汇改之前进口对汇率敏感度为-0.228，引入中间价机制的货币篮作用系数为 0.0500，综合之后汇率对进口的影响变为 - 0.178，也就是人民币每升值 1%，进口增加 0.178%，这显示出进口贸易受到货币篮中间价机制平稳促进。从这两个结果的对比可以看出，当人民币每升值 1 个百分点时，2005 年进口增加 0.2281%，2015 年仅增加 0.178%，后者与前者相比降低了 0.05% 左右，这同样表明我国进一步实施汇率改革可以不断地起到稳定进口贸易的作用。

表 7 - 6　　　　　　　　　　　　固定效应回归结果

变量	（1） fe_2005_EX lnEX	（2） fe_2005_IM lnIM	（3） fe_2015_EX lnEX	（4） fe_2015_IM lnIM
ln$E$	0.464 *** (0.0368)	- 0.239 *** (0.0394)	0.560 *** (0.0358)	- 0.228 *** (0.0378)
lnCPI	8.847 (53.60)	22.96 (57.40)	8.711 (54.20)	23.34 (57.16)
ln$R$	- 0.0788 (1.195)	0.326 (1.280)	- 0.0783 (1.209)	0.320 (1.275)
lnFER	- 0.266 (6.493)	- 1.735 (6.952)	- 0.261 (6.565)	- 1.771 (6.924)
V	0.0986 (0.233)	0.342 (0.250)	0.122 (0.236)	0.377 (0.249)
D_0	- 0.0421 *** (0.00386)	0.0172 *** (0.00413)		
D_1			- 0.0343 *** (0.00664)	0.0500 *** (0.00700)
常数项	- 29.03 (127.3)	- 68.35 (136.3)	- 28.55 (128.7)	- 69.42 (135.8)
观测值	4318	4318	4318	4318
R^2	0.902	0.892	0.899	0.893
样本数量	20	20	20	20

注：*** 表示在 1% 水平下显著。括号内的数值表示稳健性标准误。
资料来源：笔者计算。

7.3 "一带一路"倡议对货币篮权重的影响

1. 计量模型设定

"一带一路"倡议属于外生政策冲击。2013年9月，习近平主席出访了中亚和东南亚的一些国家，正是在此期间"一带一路"的伟大倡议被提出并向世界发出召唤。到2017年，"一带一路"建设工作不断深化和推进，取得了一项又一项令世界各国人民瞩目的成果。而期间我国的汇率改革也在一轮又一轮地进行着，在"一带一路"倡议提出的背景下，中国与"一带一路"沿线国家之间在各个领域的合作也变得更加频繁，如贸易、金融、投资等。我们研究的人民币货币篮中也涉及部分"一带一路"沿线国家，且这些国家均为沿线国家中与我国贸易往来排名前十的国家，此外我们选取的这20个国家是基于与中国的双边贸易额选取的，因此货币篮中"一带一路"沿线国家的贸易、投资等必然会受到"一带一路"倡议产生的影响，进而影响这些国家的货币篮权重，将使用DID方法说明货币篮币种比例受到我国的"一带一路"政策的作用效果，则进出口模型分别为：

$$\ln EX_{i,t} = \alpha_0 Belt_t + \varphi_i Countr_c + \varphi_i Belt_t \times Countr_c + \varepsilon_{i,t} \qquad (7-6)$$

$$\ln IM_{i,t} = \alpha_0' + \delta_i' Belt_t + \varphi_i' Countr_c + \varphi_i' Belt_t \times Countr_c + \varepsilon_{i,t}' \qquad (7-7)$$

式中，$Belt_t$ 为虚拟变量，"一带一路"倡议提出之后的年份，即2013年9月之后取值为1，之前取值为0；$Countr_c$ 也为虚拟变量，若该国家是"一带一路"沿线国家则取值为1，否则取值为0。为检验"一带一路"倡议对于货币篮权重的影响效果，引入"一带一路"倡议作用系数，即 "$Belt_t \times Countr_c$" 的交互项系数，它是双重差分的估计值[①]。进一步引入其他控制变量以及固定效应模型，则进出口DID模型[②]为：

---

① 张晓莉."一带一路"倡议推进中的人民币货币篮绩效检验［J］. 上海对外经贸大学学报，2019，26（6）：36-48.

② 在政策外生性得到保证的情况下，DID的使用需要面临一个最关键的问题，即平行趋势假设。这一假设的检验方法通常有两种，即图形分析和回归分析。张晓莉."一带一路"倡议推进中的人民币货币篮绩效检验［J］. 上海对外经贸大学学报，2019，26（6）：36-48.

$$\ln EX_{i,t} = \alpha_i \ln E_{i,t} + \beta_i X_{i,t} + \delta_i Belt_t + \varphi_i Countr_c + \varphi_i Belt_t \times Countr_c + c_i + \lambda_t + \varepsilon_{i,t}$$

$$(7-8)$$

$$\ln IM_{i,t} = \alpha_i' \ln E_{i,t} + \beta_i' X_{i,t}' + \delta_i' Belt_t + \varphi_i' Countr_c + \varphi_i' Belt_t \times Countr_c + c_i + \lambda_t + \varepsilon_{i,t}'$$

$$(7-9)$$

本节借鉴回归分析法说明，由于样本期间较长，只使用 2007 ~ 2016 年数据，则模型为：

$$\ln EX_{i,t} = \alpha_i \ln E_{i,t} + \beta_i X_{i,t} + \delta_j Belt_j + \varphi_j Countr_c +$$
$$\varphi_j Countr_c \times \sum_{j=2010}^{2013} Belt_j + c_i + \lambda_t + \varepsilon_{i,t} \qquad (7-10)$$

式中，$Countr$ 为 DID 中的分组虚拟变量；$Belt$ 为时间虚拟变量，在第 j 个时期 $Belt$ 取值为 1，反之为 0。也就是说，式（7-6）、式（7-7）中总共有多个不同 $Belt$ 以及多个 $Belt$ 与 $Countr$ 的交互项，对模型进行回归，会得到多个交互项的回归系数，它们被用来检验处理组和对照组在政策实施之前结果变量的变动趋势是否一致①。

$$\ln IM_{i,t} = \alpha_i' \ln E_{i,t} + \beta_i' X_{i,t}' + \delta_j' Belt_j \varphi_i' Countr_c +$$
$$\phi_j' Countr_c \times \sum_{j=2010}^{2013} Belt_j + c_i + \lambda_t + \varepsilon_{i,t}' \qquad (7-11)$$

检验结果见表 7-7，结果显示平行趋势假定得到满足，其中 $Before6$、$Before5$、$Before4$、$Before3$、$Before2$、$Before1$ 均为虚拟变量，如果观测值为"一带一路"倡议提出这一政策冲击前的第 3 年、第 2 年以及第 1 年的数据，则该指标分别取 1，否则取 0；如果观测值为"一带一路"倡议提出这一政策冲击当年的数据，则 $Current$ 取值为 1，否则取 0；当观测值为"一带一路"倡议提出政策冲击后的第 1 年、第 2 年、第 3 年的数据时，$After1$、$After2$、$After3$ 分别取 1，否则取 0。由于只需关注这些虚拟变量前的系数，因此回归结果中删掉了其他变量。从表 7-7 可以看到，$Before6$、$Before5$、$Before4$、$Before3$、$Before2$、$Before1$ 的系数均不显著，而 $Current$、$After1$、$After2$、$After3$ 的系数均

---

① 张晓莉."一带一路"倡议推进中的人民币货币篮绩效检验［J］. 上海对外经贸大学学报，2019，26（6）：36-48.

正向显著，说明双重差分模型满足平行趋势假定。

表 7 - 7 平行趋势假设检验结果

变量	（1） lnEX	（2） lnIM
$Before6$	0.195 (0.201)	0.00882 (0.140)
$Before5$	0.278 (0.241)	-0.0214 (0.108)
$Before4$	0.211 (0.210)	-0.232 (0.176)
$Before3$	0.290 (0.251)	-0.226 (0.191)
$Before2$	0.335 (0.261)	-0.246 (0.199)
$Before1$	0.384 (0.251)	-0.245 (0.177)
$Current$	0.412 * (0.237)	-0.339 * (0.189)
$After1$	0.414 * (0.220)	-0.329 * (0.162)
$After2$	0.403 * (0.199)	-0.390 ** (0.169)
$After3$	0.522 ** (0.198)	-0.418 ** (0.170)
观测值	4316	4316
R^2	0.907	0.898

注：*、** 分别表示在 10%、5% 水平下显著；括号中的数值表示稳健性标准误。
资料来源：笔者计算。

2. 实证结果分析

1）基本估计结果

见表 7 - 8，说明货币篮中"一带一路"[①] 相关国家币种比例受到政策作用效果的相关结果，表中数据代表利用 DID 方法计算的"一带一路"倡议的实施对中国对"一带一路"国家出口的影响，由于货币篮中各货币所占权重与其与中国的贸易额直接相关，且根据前面的模型可知，是正相关关系。表 7 - 8 第（1）列的 *belt_countr* 是 *belt* 和 *countr* 两虚拟变量的交乘项，该变量系数为 0. 332 且显著为正。

表 7 - 8 基本回归结果

变量	（1） did_EX ln*EX*	（2） did_IM ln*IM*
belt	1. 021 *** （0. 0622）	1. 208 *** （0. 0630）
countr	- 0. 748 *** （0. 0478）	- 0. 173 *** （0. 0463）
belt_countr	0. 332 *** （0. 0765）	- 0. 270 *** （0. 0799）
常数项	7. 342 *** （0. 0341）	6. 646 *** （0. 0350）
观测值	4320	4320
R^2	0. 133	0. 091

注：*** 表示在1%水平下显著；括号内的数值表示稳健性标准误。
资料来源：笔者计算。

---

① "一带一路"倡议是一项重大的举措，它将我国的对外开放程度推向了一个更高的水平，为我国的贸易发展开创了一个全新的局面。我国对"一带一路"沿线国家的出口贸易主要集中在东南亚、东北亚的俄罗斯和南亚的印度等地区，而进口贸易主要集中于中东、东北亚的俄罗斯和东南亚等地区。近年来，我国主要的出口产品的年出口额基本保持着稳步增长的趋势，而进口产品的年进口额却出现下滑，其中马来西亚这一最主要的进口国家其进口额相较 2013 年下降了 7.49 个百分点。张晓莉. "一带一路"倡议推进中的人民币货币篮绩效检验 [J]. 上海对外经贸大学学报，2019，26（6）：36 - 48.

2）引入控制变量的估计结果

见表 7 - 9，第（1）~ 第（3）列表示出口的回归结果，其中 $\ln E$ 的系数均显著为正，可知人民币贬值对我国的出口具有明显的促进作用。表 7 - 9 第（3）列的 *belt_countr* 是 *belt* 和 *countr* 两虚拟变量的交乘项，该变量系数为 0.335 且显著为正，相比基本估计结果，这一系数提高了 0.003 个百分点，这表明引入控制变量后，"一带一路"倡议对于中国对"一带一路"国家出口有显著的促进作用，进而能够显著影响"一带一路"国家在人民币货币篮中的权重，即"一带一路"倡议的实施，确实显著地提高了"一带一路"国家货币在人民币货币篮中的权重[①]。

加入控制变量后的"一带一路"政策对相关国家币种比例的实证结果见表 7 - 9。其中第（4）~ 第（6）列表示进口的回归结果，$\ln E$ 的系数为负，可知人民币升值对于我国的进口具有促进作用。从第（6）列表示进口的 DID 回归结果，可以看出 *belt_countr* 系数为 - 0.273，相比基本估计结果，绝对值增加了 0.003 个百分点，可以看出"一带一路"倡议对于中国对"一带一路"国家的进口确实没有推动效果。可能的原因是："一带一路"沿线国家的经济发展水平整体来说较低，中国能够从沿线国家进口的金额有限，而"一带一路"倡议其中一个重要原因就是转移我国的过剩产能，因此该倡议对于我国的出口比进口的影响大。并且，近年来中国对"一带一路"沿线国家的贸易额呈逐年扩大的顺差趋势，中国从"一带一路"沿线国家进口额占中国总进口额的比重逐年降低，本节的回归结果也证实了这一现象[②]。

---

① 这主要是由于这几年我国与"一带一路"沿线国家出口贸易不断增加，尤其是 2017 年以来，对沿线国家中的印度、俄罗斯、马来西亚的出口实现了快速的增长，增幅分别达到 19.8%、17.7% 以及 13.6%。此外，在非金融类直接投资方面，2018 年 1 月，我国对沿线 46 个国家合计投资达到 12.3 亿美元，且主要投向新加坡、马来西亚、印度尼西亚等国家。张晓莉 . "一带一路"倡议推进中的人民币货币篮绩效检验［J］. 上海对外经贸大学学报，2019，26（6）：36 - 48.

② 但总体来说，对我国的净出口是有显著促进作用的（进口额远小于出口额，且影响出口的交乘项系数比影响进口的交乘系数更大），因此对于货币篮中的"一带一路"国家货币的权重地位也是有提高作用的。张晓莉 . "一带一路"倡议推进中的人民币货币篮绩效检验［J］. 上海对外经贸大学学报，2019，26（6）：36 - 48.

表7-9 引入控制变量的回归结果

变量	(1) did_EX_01	(2) did_EX_02	(3) did_EX_03	(4) did_IM_01	(5) did_IM_02	(6) did_IM_03
	ln*EX*	ln*EX*	ln*EX*	ln*IM*	ln*IM*	ln*IM*
ln*E*	0.108 *** (0.00647)	0.0765 *** (0.00653)	0.0766 *** (0.00651)	−0.00268 (0.00630)	−0.0108 (0.00692)	−0.0109 (0.00692)
ln*CPI*	−1.141 * (0.615)	−1.194 ** (0.602)	−1.196 ** (0.601)	−1.220 ** (0.610)	−1.243 ** (0.608)	−1.242 ** (0.607)
ln*R*	0.0381 (0.0502)	0.0401 (0.0488)	0.0399 (0.0487)	0.0860 * (0.0494)	0.0869 * (0.0492)	0.0870 * (0.0491)
ln*FER*	0.871 *** (0.0601)	0.875 *** (0.0586)	0.875 *** (0.0585)	0.901 *** (0.0598)	0.903 *** (0.0596)	0.903 *** (0.0595)
V	0.0983 (0.688)	0.0412 (0.705)	0.0262 (0.707)	1.396 * (0.712)	1.371 * (0.718)	1.383 * (0.718)
belt	0.123 * (0.0717)	0.120 * (0.0706)	0.00290 (0.0816)	0.0320 (0.0723)	0.0309 (0.0717)	0.126 (0.0829)
countr		−0.554 *** (0.0316)	−0.616 *** (0.0357)		−0.240 *** (0.0355)	−0.190 *** (0.0391)
belt_countr			0.335 *** (0.0692)			−0.273 *** (0.0739)
常数项	−3.608 ** (1.746)	−3.266 * (1.711)	−3.241 * (1.710)	−4.405 ** (1.727)	−4.257 ** (1.720)	−4.277 ** (1.719)
观测值	4318	4318	4318	4318	4318	4318
R^2	0.383	0.411	0.413	0.379	0.384	0.385

注：*、**、*** 分别表示在10%、5%、1%水平下显著；第（1）~第（6）列包含的解释变量逐渐增加。

资料来源：笔者计算。

3）稳健性检验

在模型中针对内生性问题展开稳健性回归分析。本节仅涉及几个主要控制变量，因此或许产生内生性问题，通过稳健性检验附表4来证明本章回归结果稳健，通过分别加入滞后项来考察是否存在因遗漏变量或哑变量自身问题而导致的内生性问题。其结果见附表4第（3）、第（4）列，出口模型交互项系数显著为正，大小为0.267，进口模型交互项系数显著为负 −0.202。

7.4 本章小结

本章构建了收支平衡模型。在此模型中，需要衡量对贸易平衡和资本账户，即分别采用净出口以及净国际投资头寸（Net IIPs）来衡量，然后采用最小化函数来得到最具有代表性的货币篮权重——将中国外部账户受到国际汇率的波动产生的冲击最小化，并且根据货币篮币种构成估算币种的权重。

本章得出的货币比例与真实水平更相似[①]。为进一步探索中国货币篮政策真实的作用效果以及进一步汇改效果，本章借鉴面板数据的固定效应模型对其进行测算，并分别选取 2005 年和 2015 年两次重要汇改进行对比，分别估计了实施货币篮政策和引入中间价机制的货币篮政策的计量模型，进而得到了汇率波动对我国进出口影响程度的变化。估计结果表明，我国实行的货币篮政策对缓冲汇率波动对进出口的影响起到了显著的作用，包括对出口冲击，降低了大约 0.0421 个百分点，对进口冲击，降低了 0.0172 个百分点；引入中间价后，其政策作用也非常显著，包括对出口冲击，降低了 0.0343 个百分点，对进口冲击，降低了 0.0500 个百分点。从人民币升贬值角度来看：人民币每升值 1 个百分点使得出口增加由 2005 年的 0.4219 个百分点增加为 2015 年的 0.5257 个百分点；人民币每升值 1 个百分点，进口由 2005 年增加 0.2281 个百分点降低为 2015 年仅增加 0.178 个百分点。

---

① 本章在测算我国货币篮权重过程中将最小化外部账户波动作为政府目标函数，同时在推导最优货币篮构建公式时采用收支平衡模型拓展模型，利用 2004 年、2008 年、2009 年、2010 年和 2015 年贸易和国际净投资头寸（net IIP）数据。模拟结果表明，美元、欧元、日元在我国货币篮权重中占比最高，即人民币货币篮权重主要由这三种货币组成，美元权重一直占第一位且呈增加的趋势，但一直保持在 40%～50%。张晓莉. "一带一路"倡议推进中的人民币货币篮绩效检验 [J]. 上海对外经贸大学学报，2019，26（6）：36–48.

第8章 人民币国际化地位、人民币汇率稳定与金融资产境外持有量

本章在厘清贸易与国际金融部门发展不均衡的前提下，测算人民币全球地位并使用面板向量自回归模型研究货币全球地位、我国金融资产境外持有量、汇率波动率以及相对利率的关系。

8.1 人民币国际化现状

本节将从贸易与金融跨境结算、人民币投资与货币互换等方面阐述人民币国际化的发展现状。

1. 人民币国际化的现状：贸易与国际金融部门发展不均衡

一国货币外汇交易规模反映该货币在国际中贸易、投资、外汇储备、衍生品市场等业务的使用情况，很大程度上体现了该国货币的国际认可度。人民币国际化的推进伴随着人民币外汇交易的拓展。为了加速人民币国际化的进程，我国陆续实行了一系列的政策，与各国货币互换协议的签订，对外商投资政策限制减少，贸易结算试点运行等。

根据跨境贸易结算的发展历程，大致可以分成缓慢起步、稳定前进、飞速发展三个阶段。第一阶段，2009 年中国政府正式对外公布《跨境贸易人民币结算试点管理办法》，标志着人民币跨境贸易结算业务发展正式拉开序幕。第二阶段，2010 年将人民币试点增加至 20 个并颁布《跨境贸易人民币阶段试点管理办法》，进一步完善了人民币跨境贸易结算体系，健全了人民币跨境贸

易结算制度。2011 年 8 月 22 日，中国人民银行会同五部委发布《关于扩大跨境贸易人民币结算地区的通知》，将跨境贸易人民币结算境内地域范围扩大至全国。10 月 13 日，商务部发布《关于跨境人民币直接投资有关问题的通知》，中国人民银行发布《外商直接投资人民币结算业务管理办法》，允许境外投资者以人民币来华投资。并且，于 2014 年 11 月发布《关于人民币合格境内机构投资者境外证券投资有关事项的通知》进一步推进人民币走向世界，融入世界。第三阶段，在 2015 年 11 月底，国际货币基金组织（IMF）执行董事会决定将人民币纳入特别提款权（SDR）货币篮子中，新的特别提款权货币篮子已于 2016 年 10 月 1 日正式生效。这不仅是对我国经济发展的认可，更是我国货币化进程的里程碑事件，标志着中国经济进一步融入世界经济体系。

（1）货物贸易、服务贸易与跨境结算。

中国目前贸易结算主要涉及跨境货物贸易和服务贸易及其他经常项目，在企业主体上的限制也逐步放松，自 2009 年试点管理办法运行以来，大致呈现以下特点。

第一，跨境贸易人民币结算总额规模扩大。从 2010 年的 0.51 万亿元到 2015 年的 7.23 万亿元，结算规模扩大了 14 倍，年平均增长率高达 264%，其中起步阶段甚至突破 300%。尽管在 2015 年后有所下降，但整体上的增长趋势不会改变。除中国香港外，新加坡成为境外接受人民币结算的主要地区，其中在 2010 年发生的人民币实际收付的业务中，两地合计占比 88%，具体的规模变化如图 8-1 所示。

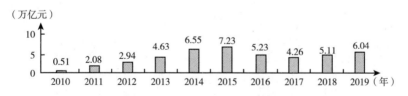

图 8-1　跨境贸易人民币结算额

资料来源：中国人民银行。

第二，跨境贸易中货物贸易占据绝大比例。从 2011～2019 年的结算数据来看，货物贸易所占比例分别为 75.00%、70.07%、65.23%、90.08%、88.38%、78.78%、75.00%、71.60%、70.40%，其中在 2014 年更是高达

90%，可见我国的贸易结算结构存在失衡的问题。尽管我国货物贸易与服务贸易差距较大，但在结算方面的差距相对较小。服务贸易结算平均占比约为19.6%，全国服务贸易占比约为14.5%。2019年服务贸易人民币结算累计发生1.79万亿元，同比增加23.4%，占当年跨境贸易人民币结算总额的29.6%。2015~2019年，服务贸易人民币结算的年均增长速度为21.7%，显著高于跨境贸易人民币结算年均增速。相比而言，结算方面的服务贸易占比更重，具体变化趋势如图8-2和图8-3所示。

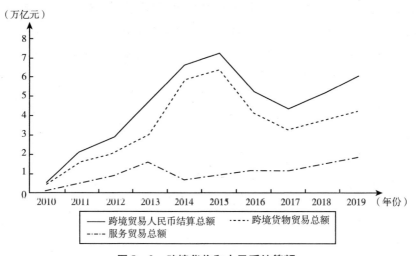

图8-2　跨境货物和人民币结算额

资料来源：中国人民银行。

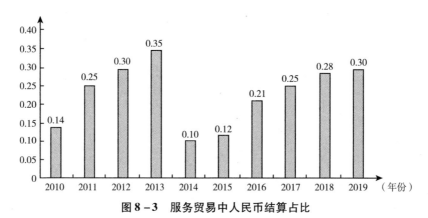

图8-3　服务贸易中人民币结算占比

资料来源：中国人民银行。

第三，人民币贸易结算总额在进出口贸易总额中所占比重也呈现上涨趋势，如图 8 - 4 所示。结算比重的趋势与人民币结算规模具有类似的趋势，从 2010 年的 2% 到达峰值为 2015 年的 30%，人民币的国际结算功能不断增强，但在 2015 年后有显著下降，可能与美元走势增强有一定关系，但人民币在国际贸易中的结算功能不容置疑。

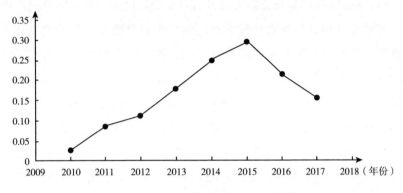

图 8 - 4　人民币结算占进出口贸易总额比重

资料来源：笔者据中国人民银行数据整理。

第四，自贸易结算试点实行以来，人民币跨境结算规模快速增长。2010 年初境内代理银行为境外参加银行共开立 205 个人民币同业往来账户。截至 2012 年底，境内代理银行为境外参加银行共开立人民币同业往来账户 1592 个，账户余额 2852.0 亿元；境外企业在境内共开立人民币结算账户 6197 个，账户余额 500.2 亿元。从银行同业账户数量以及账户金额增长数据来看，以人民币进行结算的贸易规模在扩大，境外企业在境内开立的人民币账户数量也在增加，也从侧面反映了人民币交易数量的增长。2015 年 10 月 8 日，人民币跨境支付系统（CIPS）（一期）成功上线运行，为境内外金融机构人民币跨境和离岸业务提供资金清算和结算服务，标志着人民币国内支付和国际支付统筹兼顾的现代化支付体系建设取得重要进展。《2020 年人民币国际化报告》数据显示，2020 年人民币为全球第五的支付货币。

（2）人民币投资结算。

自贸易结算试点实行以来，运用人民币进行投资结算的项目有了显著的增加，我国的人民币投资结算主要分为两个方面。

第一，人民币资产投资结算。除经常项目下通过国际贸易途径推动人民币国际化以外，中国政府也在金融项目下实施人民币直接投资、证券投资、境外信贷等措施，旨在发展、完善人民币离岸金融市场，进而通过国际金融途径推动人民币国际化。2011 年人民币境外信贷业务实现重大发展，当年出台的《中国人民银行关于境内银行业金融机构境外项目人民币贷款的指导意见》，允许具备国际结算业务能力、具有对外贷款经验的银行向境内机构"走出去"过程中开展的各类境外投资和其他合作项目提供人民币贷款业务。国务院通过深圳前海金融改革创新先行先试政策，允许前海进行人民币跨境双向贷款业务，中国香港的银行机构也可以对设立在前海的企业或项目发放人民币贷款。2012 年 10 月，上海开始试点跨国公司地区总部跨境使用人民币的政策，在允许额度内，跨国企业中国总部可以与境外母公司直接签订贷款协议，并完成企业自有人民币跨境贷款。[①] 2011 年以来，人民币国际信贷规模迅速增长，截至 2019 年底，境内金融机构人民币境外贷款余额达 5237.8 亿元，较 2018 年增长 3.2%。新增贷款 162.5 亿元，比 2018 年多 105.23 亿元。2019 年人民币境外贷款占金融机构贷款总额的比重为 0.351%。

第二，直接投资和外商直接投资结算。跨境贸易结算试点办法颁布后，我国又相继推出了一系列促进对外直接投资和外商直接投资的优惠政策，允许境外投资者在境内以人民币进行直接投资。中国人民银行和商务部的数据如图 8 - 5、图 8 - 6 所示，我国对外直接投资不断发展，投资额由 2011 年的 201.5 亿元飞速增长至 2016 年的 11066 亿元，增长了约 54 倍。2018 年，对外直接投资流量为 8048.1 亿元，较 2017 年增长 3479 亿元，同比增长约 76.2%，扭转了 2017 年出现的负增长局面，并且超过对外投资出现峰值的 2016 年的增幅。2019 年，我国外商直接投资流量为 10738 亿元，较 2018 年下降约 30.5%。以人民币结算的外商直接投资为 2.02 万亿元，较 2018 年增长约 8.6%。据统计，2011 ~ 2015 年，人民币直接投资年均增量分别为 4425 亿元，增幅约为 113.96%，人民币国际化指数增长了 2.6 倍。尽管我们的对外直接投资飞速增长，但其投资额仅占外商直接投资的一半，发展空间巨大，

---

① 资料来源于上海市人民政府办公厅《关于〈上海市鼓励跨国公司设立地区总部的规定〉的通知》。

具体的投资数据以及变化趋势如图 8－5 和图 8－6 所示。

图 8－5　FDI 与 OFDI

资料来源：中国人民银行。

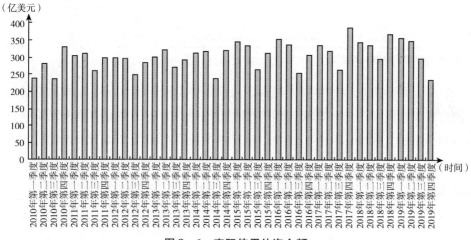

图 8－6　实际使用外资金额

资料来源：中国人民银行。

2. 资本项目下跨境人民币流动

（1）境外机构和个人持有境内人民币金融资产，详见表 8－1。境外机构和个人为贸易结算、股票证券投资等目的持有人民币的数额，以投资性为目的的股票和债券数额在逐年增长，贷款数额变动不大，而以存款为目的的金融资产持有量在逐年减少。就总的数额来讲，2014～2015 年呈现上涨趋势，但在 2016 年出现下降，随后 2017 年有所增长，但整体并没有回到之前的水平。通过 2014～2017 年境外机构个人持有的境内人民币金融资产的数据变化来看稳中有所增长，虽然个别年份有所下降，但整体趋势还是较好。就单个项目分析而言，股票市场的人民币持有量不断增长，发展势头强劲；债券市场也在稳步前进，这可能与近年来国际经济的波动与中国经济发展相对稳定有关，只有人民币计价的股票债券更有利于资本增值。相反，贷款和存款的数目有所下降，尤其是存款的数量逐年下降，四年时间下降至原有存款的一半。

表 8-1　　　　　境外机构和个人持有境内人民币金融资产　　　　单位：亿元

年份	股票	债券	贷款	存款	总额
2014	48324.11	67879.61	97264.74	262356.19	475824.65
2015	77742.93	89945.8	108678.1	228440.05	504806.88
2016	72824.14	90461.4	87491.88	140074.09	390851.51
2017	109500.46	116164.3759	90783.05	128241.26	444689.1459
2018	147229.59	194588.9839	104193.38	133268.37	579280.3239
2019	203502.57	243075.37	100195.62	134362.29	681135.85

资料来源：中国人民银行。

（2）跨境人民币收付资本项目。人民币作为投资货币在国际国内市场的地位在不断提高。选取 2010～2019 年度数据进行分析，随着跨境人民币收付数额的增长，资本项目也在增加，而且资本项目在增长率高于跨境收付的增长比例，资本项目在总的收付额中所占的比重也在逐年上涨，从 2010 年的 14.71% 上涨至 2018 年的 67.79%。截至 2019 年，资本项目占比为 69.31%，由此可见投资项目的重要性，也反映了人民币作为投资货币在国际国内市场的地位在不断提高。国内市场环境相对较好，投资增加政策优惠，2010～2019 年人民币跨境支付中资本项目以及所占比重的变化详见表 8-2。

表 8-2　　　　　　　　跨境人民币收付资本项目

年份	跨境人民币收付（亿元）	资本项目（亿元）	所占比重（%）
2010	4105	604	0.1471
2011	20936	5047	0.2411
2012	40159	11362	0.2829
2013	62340	15972	0.2562

续表

年份	跨境人民币收付（亿元）	资本项目（亿元）	所占比重（%）
2014	99588	34078	0.3422
2015	121042	48698	0.4023
2016	98468	46193	0.4691
2017	108365	65122	0.6010
2018	158535	107466	0.6779
2019	196702	136328	0.6931

资料来源：中国人民银行。

（3）人民币国际债券和票据。债券市场是最重要的国际金融市场，国际债券市场的币种份额是衡量一国货币国际认可程度的重要指标之一。2013 年，人民币国际债券和票据发行规模达 232.42 亿美元，同比下降 20.63 亿美元，降幅为 8.12%。截至 2013 年底，人民币国际债券和票据存量达 719.45 亿美元，同比增长 143.42 亿美元，增幅为 24.9%，具有发行规模波动幅度较大的特点。与此同时，人民币国际债券和票据余额呈上升趋势，由 2012 年第一季度的 408.65 亿美元增长至 2013 年第四季度的 713.74 亿美元，全球占比达 0.33%。离岸市场发展为人民币国际债券发行奠定了坚实的市场基础。中国香港地区是人民币债券的主要发行与交易市场，截至 2013 年底，中国香港地区人民币债券发行总额达 3700 亿元，85% 的发行证券达到投资等级。2016 年人民币国际债券和票据存量下降，季度之间波动较大。年末存量为 1106.55 亿美元，同比下降 11.4%。人民币贬值一定程度上降低了国际社会投资人民币债券的动机。2016 年末，人民币在国际债券市场的份额只有 0.52%，与人民币在 SDR 中的份额相比，还有相当大的差距。

3. 全球外汇储备中的人民币

（1）外汇储备中的人民币。将官方外汇储备分为"可划分币种"和"不可划分币种"两部分，截至 2017 年第三季度，全球外汇储备总额为 11.3 万亿美元。其中，"不可划分币种"部分为 1.65 万亿美元，约占 14.6%；"可划分币种"部分为 9.65 万亿美元，约占 65.4%。在可划分币种的外汇储备中，美元仍然是最主要的储备货币，全球美元储备为 6.13 万亿美元，占 63.5%；欧元储备为 1.93 万亿美元，占 20%，仅次于美元位居第二；日元储备为 0.44 万亿美元，英镑储备为 0.43 万亿美元，加拿大元储备为 0.19 万亿美元，澳大利亚元储备为 0.17 万亿美元，人民币储备为 0.11 万亿美元。与往年相比，美元份额有所下降，欧元份额略有上升，日元与英镑份额基本保持不变。随着中国经济总量占世界经济总量份额显著增加，人民币资产愈加受到各国央行青睐。人民币在全球外储中的占比不断走高，全球外汇储备管理机构对持有人民币资产的意愿增加。截至 2019 年底，人民币全球外汇储备规模增至 2176.7 亿美元，比 2018 年底增加 145.9 亿美元，在外汇储备中的占比为 1.98%。这表明，人民币的储备货币功能逐步提升，如图 8-7 所示。

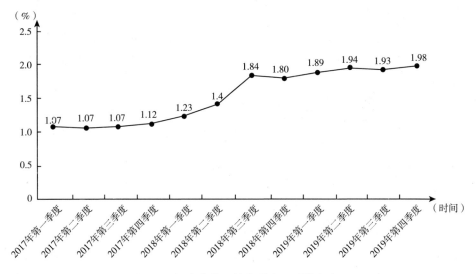

图 8-7　官方外汇储备中人民币的占比

资料来源：国际货币基金组织（IMF）全球官方外汇储备构成数据库（COFER）。

2019 年，人民币的国际吸引力持续提高。1 月 15 日，伊朗央行外汇储备中人民币的份额达到了 15%；1 月 30 日，缅甸央行宣布，增加人民币作为国际支付的官方结算货币；5 月 30 日，捷克央行宣称将人民币列为储备货币。2019 年 1 月，俄罗斯央行宣布，2018 年上半年持有人民币价值从 230 亿美元增至 670 亿美元，人民币在俄外汇储备中占比增至 14.7%；2019 年 11 月，中国外汇交易中心与莫斯科交易所集团在上海签署谅解备忘录，进一步深化中俄两国金融市场合作，提高人民币对卢布直接交易价格形成机制，促进双边本币的结算①。

（2）货币互换协议。近年来，随着中国人民银行与外国货币当局签订货币互换协议的规模迅速扩大，人民币的国际影响力逐步上升，为人民币成为储备货币创造了物质基础。然而，也必须看到，与美元、欧元等主要储备货币相比，人民币的外汇储备地位仍然微不足道，仅有少数国家的外汇储备中包括数量有限的人民币资产。截至 2016 年底，共有 60 多个国家和地区将人民币纳入外汇储备。在 23 个国家和地区建立了人民币清算安排，覆盖东南亚、欧洲、中东、美洲、大洋洲和非洲等地，便利境外主体持有和使用人民币，人民币国际合作成效显著。截至 2021 年，货币互换协议签订，一共有 67个国家和地区，货币互换协议总额为 61087 亿元，全球独立的国家有 169 个，200 多个行政区单位，与我国签订协议的国家比例较低，其中欧洲有 22 个国家，欧盟有 28 个成员国。大洋洲、南美洲和北美洲国家比例极低，可见我国货币影响力仅在区域影响较大，在国际间影响相对较小。数据显示，在与我国签订互换协议的国家当中，有 22 个是"一带一路"沿线国家；在 23 个与中国实现货币直接交易的国家当中，有 8 个是"一带一路"沿线国家。在中国大力发展的人民币跨境支付系统（CIPS）中，众多"一带一路"沿线国家金融机构也参与其中，"一带一路"建设将有助于推动人民币国际化，人民币国际化将促进中国崛起，已成为大家的共识。尽管通过签订货币互换协议人民币被赋予一定程度的储备货币职能，但这种职能仅限于与中国存在紧密贸易联系的少数国家和地区之间。因此，人民币作为外汇储备货币的职能非常有限②。

自 2015 年人民币加入 SDR 以来，人民币国际化进程又向前迈进一步，由世界银行的人民币国际储备数据可以看出，尽管在加入 SDR 后，人民币成为众多国家的官方储备货币，但其比例依然较低，仅占 1% 的全球官方储备量。美元当年走势虽然有所下降，但其全球货币的地位依然不可动摇，币种确定的外汇储备中，美元约占 65%，从 2016 年第三季度以来，截至 2017 年第三季度，比例下降了 2%，相对存储量来说下降数量相当大，同时人民币有轻微上涨，但涨幅并不大。同时与日元相比，人民币在国际货币储备中占比还是

---

①②　资料来源：中国人民银行网站，http：//www.pbc.gov.cn/。

相对较小仅为日元的 25%，日元从国际地位上来看并未成为国际通用货币，储备量较小的人民币成为国际货币的必要条件是在使用量级上要超过日元乃至欧元，这将是一个漫长持久的过程，需要我们不断地努力。

4. 目前人民币国际化进程总结

目前，我国政府在推进人民币国际化的进程中作出了巨大的努力，我国正在步步推进，完善人民币国际化进程。以下总结了我国截至 2020 年人民币国际化的进程。

（1）人民币资产规模可观，增长迅速，但结构差异大。通过综合分析人民币在国际贸易、国际金融市场以及全球外汇储备中的使用情况可以发现，从总量规模来看，在跨境贸易中人民币计价结算的规模已经较为可观，而且保持迅速增长的趋势；在跨境金融投资中，人民币直接投资与境外信贷业务也达到一定规模，但人民币金融资产投资规模相对有限；在全球外汇储备中，人民币的规模与影响力更加微不足道。由此可见，人民币在国际贸易领域中的国际化程度远远高于国际金融与外汇储备领域。

（2）人民币的交易媒介职能不够彰显，收付不平衡问题突出。人民币在国际贸易中能够发挥一定的计价单位与交易媒介职能，然而，与中国庞大的贸易规模相比，人民币结算规模仍然有限，因此，尽管人民币已经具有贸易货币的特征，但是其贸易货币职能仍然非常微弱。另外，从结构分布来看，无论是跨境贸易结算还是直接投资，抑或是境外存贷款业务，人民币的使用情况都存在收付失衡的问题，反映出人民币国际化进程中不均衡、不完善与不可持续的发展趋势。目前人民币具有一定的贸易货币职能，但是，其贸易货币职能不仅非常有限且存在非均衡的结构性问题。

5. 人民币国际化、汇率波动与中国金融资产跨境持有量

货币国际化意味着货币在国内外资本市场受到欢迎，并可自由流通。金融产品数量和种类增加以人民币作为计价币种的方式，官方储备份额提高，同时人民币结算额也增加。随着人民币国际化进一步加速，人民币的全球地位不断提高。截至 2020 年，中国已经在全球建立 23 家清算银行，人民币的使用范围和规模不断扩大。随着中国国际地位的提高，人民币得到了更多国家的欢迎。中国在亚洲金融危机中扮演了一个负责任大国的角色，给各国留

下人民币不会大幅贬值的形象。凭借国家实力保障人民币正常兑换，人民币国际化发展迅速。其他国家也更多地采用人民币这一计价币种。人民币越来越受到投资者青睐，使用范围扩大和稳定性提高带来人民币币值上升。人民币国际地位的提高同时带来人民币升值的稳定预期，在可预期范围内投资者可以有效根据市场情况来评估人民币价值，人民币资产的适当运作可以降低汇率的波动。陈翊和韦宁卫（2010）认为汇率风险通过人民币国际化得以分担，并且对国际贸易以及国际投资有积极影响，进而将带来资本的跨境流动。人民币国际化可以在短期内减少汇率风险，但是货币币值是双向浮动的，人民币不会总是上涨，其间势必出现回调等周期性贬值，因此投资者出现贬值担忧，可能带来汇率波动性增加。随着汇率市场化程度的加深，汇率受市场因素的影响更大，市场的少量信息便能够导致汇率的上下波动。

反过来，汇率波动性越高，也表示汇率市场化程度越深。汇率市场化对人民币国际化来说至关重要；汇率市场化程度越低，人民币"走出去"就越困难，以至于成为人民币国际化的障碍。合乎发展规律的汇率制度以及发展程度较高的金融市场将对人民币国际化提供有力支撑。

海外投资者持有的中国金融资产增加可以使得人民币在计价结算以及价值储存两方面显现其作用。一国货币履行国际职能的能力提高，就表明该货币的全球地位相应地越高，更能接近货币国际化目标。目前，大多数学者都用货币国际职能的能力强弱来衡量一国货币国际化程度。如果中国金融资产跨境持有量提高，则说明人民币在国际市场上的计价结算和价值储存职能得到更有效的显现，是人民币资产国外需求增加的表现。如果中国金融资产跨境持有量提高，人民币境外流通也将更加容易。所以，相关政策可以为发现适合的资金回流途径提供便利，进而将促进人民币国际化目标的实现。

汇率是指不同国家货币之间的兑换比例，反映了一国货币的国际价格。它影响两国之间的国际货物和服务贸易往来，影响金融产品的投资。所有的跨国经济行为都必须考虑汇率（Richard，2000）。发展中国家的汇率弹性较低，缺乏随市场供求变动的定价机制，导致国家币值存在高估或低估的可能性。汇率波动缺乏弹性导致币值错估。当一国币值被低估，风险偏好的国际投资者将买入该国金融资产，进行"套汇"行为来追逐利益。反之，将会带来资本流出东道国。国际市场的汇率投机行为将导致汇率的波动。随着中国进行汇率中间价形成机制改革，人民币汇率呈现双向波动，能够吸引大量以"套汇"为目的的短期资本流动进入中国。

资产组合理论认为，投资国的风险水平和投资者对风险的偏好也是决定国际资本流动的因素。当汇率波动幅度加大，汇兑损益风险也加大，投资者需要承担的投资风险水平提高，这会减少对该国的投资并出现撤出现有投资的情况。汇率的差异和波动都使得国际资本的"套汇"发生。如果是浮动汇率机制，汇率波动经常增加汇兑损益风险，国际资本流动增强。投资者的投资成本在汇率波动剧烈的情况下增加，投资者要求的风险溢价也将增加。不同国家有不同的投资成本，资本将流向投资成本低、收益高的国家，流出投资成本高、收益低的国家，促进国际资本的跨境流动。中国金融资产不仅具有强大的经济实力作为兑付保障、具有一定抗风险能力，而且中国金融资产的利率具有一定的吸引力。中国金融资产具有投资成本较低、回报率高的特点。因此，国际投资者在汇率波动幅度加大时要考虑增加中国金融资产的投资，在获得资本利得的同时，能够避险保值。

在中国金融资产持有量加人的情况下，需求方面会增加，中国金融资产供需发生变化。当供给小于需求时，中国金融资产价格提高，以实现供需平衡。为了购买中国金融资产，外国投资者因为对人民币的兑换量的提高，促使了人民币汇率的波动幅度增大。而如果海外投资者持有中国金融资产直到到期，就会出售中国金融资产，即提高了其在国际市场上的供应。当供需变化时，购买者将把外币换成人民币以增加对中国金融资产的需求，持有的人民币也可能用来增加对金融资产的需求。

8.2　人民币国际化指数测算

货币的全球地位是货币国际化进程的量化。一方面，货币国际化意味着货币在国内外资本市场得到广泛应用，并且可以自由流通。发行国家为了维护和提高自身在国际市场上的地位，也将促进与其他国家的货币合作，建立多元货币体系。货币国际化将加强全球跨境金融互动，促进全球金融资产的互相持有。另一方面，货币国际化将使得货币获得更多的国际功能，降低投融资成本，增加融资途径，加强了国内金融资产的国际竞争力。

本节首先衡量货币全球地位的综合指标。运用面板向量自回归模型，证明货币我国金融资产跨境持有量是否会受到币种地位的积极影响，降低投融资成本，增加融资途径，加强了国内金融资产的国际竞争力。本章选取人民币全球地位，人民币与其他国家的双边汇率波动和境外持有中国金融资产金额来作为变量建立计量模型。利用中国与发达国家和新兴经济体相关的年度数据，研究中国金融资产跨境持有量是否受到人民币国际地位的作用影响。具体来说，首先，对面板数据进行单位根检验和 Granger 因果关系检验，建立面板向量自回归模型；其次，通过脉冲响应和方差分解，分析中国金融资产跨境持有量受到人民币国际化的作用影响；最后，得出结论。

1. 货币全球地位的测度与分析

2009 年以后，每年公布一次中国人民大学国际货币研究所计算的人民币国际化指数（RMB internationalization index，RII）。2009 年底，人民币国际化指数为 0.02，2017 年底预计达到 3.08[①]。人民币国际化指数是一个综合性指标，可以反映中国人民币的国际地位发展趋势。但是 RII 指数发布时间短，只能够反映人民币和几个国际主流货币的发展趋势。

现有的单一指标，如国际官方储备额度、国际债券份额和境外人民币存款额度等指标，只能表明人民币国际化过程中履行的其中一项特定职能，不能够综合反映人民币国际化进程情况。学者自行建立的综合指标通常只涉及世界五种最主流的国际货币。蒂曼（Thimann，2009）通过构造综合指标来反映一国币种的全球地位，并且测算出各代表国的全球地位在所有代表国中占的比重[②]。

综上所述，会增加对人民币的兑换的需求，将导致人民币汇率波动加剧。

---

① 中国人民大学国际货币研究所课题组，涂永红．人民币国际化动态与展望［J］．中国经济报告，2017（5）：80 - 82.

② 根据已有文献，本章依据该综合指数的测算方法，利用 13 个规模指标以及 13 个结构指标来衡量世界主要币种的地位。它主要包括 8 个发达地区和 14 个新兴经济体，分别是美国、英国、欧元区国家、日本、加拿大、新西兰、澳大利亚、中国以及中国香港、瑞士、印度、马来西亚、新加坡、韩国、泰国、巴西、阿根廷、印度尼西亚、俄罗斯、南非、墨西哥以及土耳其。这 22 个地区包含欧洲、北美洲、亚洲新兴国家、拉丁美洲和非洲，这些地区经济发展迅猛，代表性很强。摘自：张晓莉，李倩云．人民币国际地位对境外中国金融资产持有量的影响［J］．上海理工大学学报，2018，40（4）：371 - 381.

可以说，中国金融资产的增持将会导致国际资本的流动，最终导致汇率波动加剧。卡巴列罗和克里希那穆尔提（Caballero & Krishnamurthy，2006）也将国际资本快速流入作为汇率波动的主要原因。

22 个币种能够清晰地刻画出这 22 国货币全球地位的相对变动情况。币种全球地位的指标考虑了国内外两个市场，共计 26 个相关指标，不仅关注规模发展也关注国家治理等潜在结构指标。货币全球地位指标较为综合，可以更好地体现各个国家货币的国际化程度。

2. 货币全球地位的测度及说明

1）货币全球地位规模指标测度

规模指标一般根据国家经济规模以及金融市场规模两个方向掌握，权重分别为 0.33 和 0.67，具体指标和权重见表 8-3。括号内为权重。国家的经济规模是利用当前的 GDP 在世界的占比以及进出口在全球贸易中的比例来计算。一国 GDP 比较有效地反映了一个国家的经济实力。进出口在全球贸易中的份额反映了这个国家在全球贸易中的话语权。

表 8-3　　　　　　　　　　规模指标及其权重

一级指标	二级指标	单位	来源
经济规模 （0.33）	当前价格的 GDP 占世界比重（0.5）	%	IMF
	进出口贸易和占世界比重（0.5）	%	IMF
金融市场规模 （0.67）	广义全球债务市场（0.33）		
	未偿付国内债务金额（0.5）	十亿美元	BIS
	未偿付国际债务金额（0.5）	十亿美元	BIS
	股票市场（0.33）		
	市值（0.5）	十亿美元	WIND
	上市公司数（0.1）	家	WIND
	外资上市公司份额（0.1）	%	WFE
	日均成交量（0.1）	百万美元	WFE
	IPO 上新增资本（0.1）	十亿美元	WFE
	交易性开放指数基金上市数（0.1）	支	WFE
	利率衍生品市场及外汇市场（0.33）		
	场外利率衍生品周转量（0.5）	十亿美元	BIS
	全球外汇市场交易量份额（0.25）	%	BIS
	全球外汇储备份额（0.25）	%	IMF

资料来源：笔者整理。

　　金融市场规模主要从广义全球债务市场、股票市场、利率衍生品市场和外汇市场四个市场着手，每个市场对应一些具体指标，以综合衡量各国金融市场的发展。广义全球债务市场包括未偿付国内债务金额和未偿付国际债务金额。国际资本市场中的债务市场活动的关键程度有所减少。因此，国内债券市场和国际债券市场的未偿付金额同时被视为广义全球债务市场的考虑因素（张晓莉，2018）。

　　股票市场包括市值、上市公司数、外资上市公司份额、股票市场日均成交量、IPO 新增资本和交易性开放指数基金上市数量。近年来，越来越多的国际公司在非本国的股票市场交叉上市，使得股票市场也成为国际性金融活动的平台，对货币国际地位带来重大影响。

　　研究受到数据的可得性影响，利用场外利率衍生品周转量衡量利率衍生品市场（张晓莉，2018）。外汇市场以全球外汇市场交易量份额和全球外汇储备份额衡量。衍生品的发展可以反映一个国家的金融发展程度。外汇交易量的份额可以在很大程度上反映一国货币的国外需求状况。全球外汇储备份额的变化体现了一国货币被他国接受的程度以及他国对该国货币的持有信心。

　　2015 年，22 个国家的 GDP 占世界的 GDP 比重达到 85.2%。发达经济体在经济规模指标上仍然占主导地位，GDP 占全球 54.5%。与此同时，新兴经济体增长速度更快，GDP 占比迅速增长为 30.6%。2006 年才占比 19.3%。2015 年中国 GDP 比重占全球份额排名世界第三，中国作为发展中的新兴经济体，达到 14.8%。进出口占世界比重也是同样趋势，中国排名世界第三，超过英国、日本这些发达经济体，遥遥领先其他新兴经济体。

　　全球国际债务市场未偿付国际债务金额 8 个代表发达经济体占比为91.4%，14 个新兴经济体占比为 8.6%。除新西兰外，其他发达经济体持有数量都远高于新兴经济体。但相对 2006 年体量来说，新兴经济体广义全球债务市场发展迅速，中国国内债券市场发展迅速。

　　在股票市场方面，新兴经济体国家发展晚于发达国家，但具有较大潜力。上市公司数量占全球新上市公司数量的 34.8%，而 8 个发达经济体占 44.2%。随着上市公司的增加，新兴经济体股市市值和日均交易量与发达经济体之间差距缩小明显，股票市场繁荣发展。但是仍然可以观测到新兴经济体 IPO 新增资本较少。同时由于各国制度不同，政府对市场的管制不一，2015 年部分国家无外国公司在本国国内上市，如中国、泰国和印度尼西亚。南非和新加坡两国对外国公司在国内上市管制较松，在这方面具有很强的开放度。新兴国家不断尝试交易性开放指数基金，数量较 2006 年明显增加，但仍然和发达经济体存在差距。

在外汇储备方面，随着人民币国际化加速，人民币加入特别提款权（SDR），国际货币基金组织从 2016 年第四季度开始发布人民币全球外汇储备量达至 844.5 亿美元。

2）货币全球地位结构指标测度

货币全球地位结构指标主要从金融市场的监管、国家规模、货币发行与货物贸易和金融贸易壁垒这四个方面衡量（张晓莉，2018）。一国对金融市场的监管越有效率，国家规模越大，货币发行方面越自由，货物和贸易壁垒越低，该国的金融增长以及经济发展阶段越高。这四个方面作用无轻重之分，对它们平均赋予 0.25 的权重，具体见表 8 - 4。

表 8 - 4　　　　　　　　　　　结构指标及其权重

一级指标	二级指标	来源
金融市场监管 （0.25）	披露（0.2）	拉波塔等（2006）
	责任（0.2）	拉波塔等（2006）
	监管（0.2）	世界经济论坛
	获得股权容易度（0.2）	世界经济论坛
	金融市场成熟度（0.2）	世界经济论坛
国家治理 （0.25）	转移和补贴、政府消费、边际税率以及政府投资四个指标综合得出	弗雷泽研究所
货币发行 （0.25）	央行独立性（0.5）	拉波塔等（2006）
	最近五年通货膨胀波动（0.25）	WB
	当年绝对通货膨胀（0.25）	WB
货物和金融贸易障碍 （0.25）	监管贸易壁垒自由（0.25）	世界经济论坛
	国际资本市场管制（0.25）	弗雷泽研究所
	资本市场开放度（0.25）	The Chinn-Ito index, http://web.pdx.edu/~ito/Chinn-Ito_website.htm
	拥有外币银行账户的自由（0.25）	弗雷泽研究所

资料来源：笔者整理。

货币全球地位结构指标包括很多评判指标，由机构或学者评分。披露、监管以及央行的独立性数据借鉴自拉波塔等（La Porta et al.，2006）学者。考虑近期没有学者对披露、监管以及央行的独立性指标测算记分，借鉴孙海霞（2010）的操作方法，主要国家的计算结果在十年甚至二十年内都不会变化，所以仍利用此计算结果进行评估。国家规模数据由弗雷泽研究所根据政府消费、政府投资、转移和补贴以及边际税率四个指标综合考虑得出。弗雷泽研究所打分为十分制，金融开放度（Chinn-Ito）指数只更新到 2015 年，因此本章使用 2005～2015 年的数据（张晓莉，2018）。

获得股权容易度和金融市场成熟度等指标各国势均力敌，新兴经济体和发达经济体之间差距逐渐缩小。新兴经济体继续改善国内金融市场，促进资本的流通，提高金融市场的信息透明度，从而降低投资者和筹资者的交易成本。新兴经济体的通货膨胀率均高于发达经济体，2011～2015 年出现大幅波动。适度通货膨胀有利于经济发展和转型。在 2015 年的资本市场开放度指标中，除中国香港和新加坡外，新兴经济体均低于发达经济体。值得注意的是，2015 年阿根廷的资本市场开放度得分为零。阿根廷国内具有恶性通胀，2001 年金融危机期间的债务违约对阿根廷参与国际资本市场造成重大影响。发达经济体均拥有外币银行账户的自由，但新兴经济体中，印度、马来西亚和泰国不具有这样的自由，中国对能否拥有外币银行账户有诸多限制。金融市场的国际准入可能受到结构性因素的制约。结构性指标是重要的政策变量，不仅对国内金融市场发展产生影响，也会影响国际投资者的投资行为。投资者更倾向于投资拥有完善金融市场和管理制度的货币。

3）货币全球地位综合指标测度

本部分借鉴规模指标计算描述结构指标，以得到描述全球各个国家币种的所处地位的综合评定指标，该指标既能够反映各国经济金融的市场规模，也可以反映一国的经济和金融的发展阶段。该指标以美元作为基期 100，对其他国家数据进行调整，对调整的数据进行加权处理，得出各国的加权数据。最后以 22 国为整体，计算各国数据在整体中占据的份额以衡量该国货币的相对全球地位。另外，根据资本市场开放度（KAOPEN）对货币全球地位指标进行调整，得到一个调整的货币全球地位指标，并将 2006 年的测算结果也一同展示，方便与 2015 年的数据进行比较（张晓莉等，2018），具体计算结果见表 8-5。

表 8-5 货币全球地位 单位：%

国家或地区	2006 年			2015 年		
	全球地位	调整全球地位	Chinn-Ito index	全球地位	调整全球地位	Chinn-Ito index
发达经济体	78.98	78.71	96.22	73.36	74.35	98.44
美国	26.04	26.14	100.00	25.04	25.93	100.00
欧元区	25.57	25.67	100.00	21.81	21.12	93.54
日本	5.53	5.55	100.00	6.02	6.24	100.00
英国	13.17	13.22	100.00	12.17	12.60	100.00
加拿大	3.21	3.22	100.00	3.42	3.54	100.00
澳大利亚	1.88	1.32	69.80	2.34	2.27	93.96
瑞士	2.73	2.74	100.00	2.02	2.09	100.00
新西兰	0.84	0.84	100.00	0.55	0.56	100.00
新兴经济体	21.02	11.49	46.43	26.64	13.36	44.56
中国香港	2.38	2.39	100.00	3.08	3.19	100.00
新加坡	2.89	2.90	100.00	3.21	3.33	100.00
中国	2.69	0.45	16.57	6.58	1.13	16.57
印度	1.00	0.17	16.57	2.92	0.50	16.57
韩国	1.54	0.64	41.45	1.98	1.47	71.65
马来西亚	0.55	0.23	41.45	0.62	0.26	41.45
泰国	0.51	0.21	41.45	0.58	0.10	16.57
印度尼西亚	0.66	0.46	69.80	0.84	0.36	41.45
巴西	1.28	0.69	53.40	1.28	0.22	16.57
墨西哥	3.29	2.30	69.80	1.50	1.08	69.80
阿根廷	0.74	0.18	24.88	0.63	0.00	0.00
俄罗斯	1.16	0.48	41.45	1.48	1.10	71.65
土耳其	1.47	0.24	16.57	0.98	0.46	44.92
南非	0.87	0.14	16.57	0.96	0.17	16.57

资料来源：笔者计算。

　　根据数据显示的结果来看，发达经济体的货币全球地位所占的比例是 73.36%，但相比 2006 年有所下降。世界前三大货币仍然是美元、欧元和英镑，并且日元、加拿大元、瑞士法郎和新西兰元的全球地位变化不大（张晓莉等，2018）。和 2006 年进行比较，新兴经济体货币的全球地位比例有所上升。其中，中国人民币上升幅度最大，由 2.69% 上涨为 6.58%，2015 年比日元稍高。印度、新加坡以及中国香港紧随其后。这些国家或地区的全球地位比发达经济体新西兰元以及瑞士法郎高。印度尼西亚、土耳其、马来西亚、泰国和阿根廷仍然排名靠后。各国货币的全球地位中欧元下降得最大，由 25.57% 下降至 21.81%。

　　新的度量币种地位的综合数据是通过对上述币种地位数据加入资本市场开放度方面的考量。发达经济体的资本市场相对完整，开放程度也相对较高。因此调整后，全球地位均有所提高。发达经济体的货币全球地位从 73.36% 提高到 74.35%。相比之下，虽然新兴经济体的经济增长迅速，资本市场依旧有许多制度性限制。除中国香港作为全球最自由经济体和新加坡这个亚洲发达国家外的其他新兴经济体的资本市场的开放指数都小于发达经济体水平，所以调整后的资本市场开放指数所表明的各国货币的全球地位降低的程度较大。中国人民币的下降幅度最大，由 6.58% 下降至 1.13%。中国位列新兴经济体国家的名次从第一降低到第四。中国仍需要加强经济建设，逐步放开资本市场限制。

8.3　美元及人民币全球地位变动的原因分析

　　美元全球地位由 26.04% 下降至 25.04%，在全球地位中稳居世界第一。人民币全球化国际地位从 2006 年的 2.69% 增长到 2015 年的 6.58%，人民币的发展速度相比其他新兴经济体提升更快。但是，美国经济逐渐变缓以及新兴经济体的增速明显，这个现象也是理所当然。正如赞多尼尼（Zandonini，2013）所言，国际货币制度要不断契合世界经济的进程。推动货币国际化的进程需要国家较高的经济发展水平以及金融水平的快速增长，也需要国家良好的制度环境以及外部发展环境。

1) 中美经济实力差距缩小

一个国家的经济发展水平直接关系到该国的货币在国际上所占的地位。而货币的流通受该国各个方面的实力影响。当一国遭遇国际上的经济政治等冲击时，良好的经济实力是保证该国货币正常流通的重要方面。黄权国（2017）指出，经济规模相对大的国家货币币值稳定性较好，更有可能获得投资者投资。国际投资者愿意对强有力的主权货币进行投资。松山（Matsuyama，1993）指出媒介货币经常出现在经济发展水平较高的国家。一国的国际结算功能依靠该国货币频繁且大量地用于国际贸易活动。新兴经济体已开始逐步缩小与发达国家的经济发展的差距，并在全球市场上的发挥重要作用。新兴经济体不断完善的金融市场和逐渐增大的经济体量，导致国际投资者关注新兴市场，投资新兴经济体货币，增加新兴经济体货币的使用量，提高货币的流通性。新兴国家开始瓜分美元的全球地位份额。

根据经济规模数据指标，主要的发达经济体在世界 GDP 的比例从 2006 年的 67.9% 减少到 2015 年的 48.9%，进出口贸易在世界的比例从 56.9% 减少到 52.3%。对比而言，新兴经济体中主要国家的 GDP 在世界中的比例以及进出口贸易所占比例都有所增加，其中欧元的比例减少最多。美国这一国家的经济增长已近其发展水平的峰值并且增速缓慢。2008 年的金融危机事件对美国经济造成了很大的冲击，使得美国的贸易以及投资的对外发展低迷。而新兴经济体经济上升势头依然强劲，不断增强对外贸易以及对外投资的力度，促进经济的发展。美元 GDP 比重由 27.6% 降低到 24.2%，而中国由 4.8% 上升至 14.8%，增加了约 3.08 倍。我国的进出口贸易额在世界贸易额中的比重从 6.1% 增长到 2015 年的 10.6%，十年增加了约 73.8%。新兴经济体已经和发达国家之间的差距慢慢拉近，在全球贸易发展中占据着越来越不可或缺的位置。但是，美国在世界的进出口贸易额中一直保持着 11% 左右。因此，根据经济规模数据指标显示，美国经济实力相对下降，中国经济实力相对上升。经济实力的增强将提高一国货币的全球地位①。

① 资料来源：中国人民银行网站，http://www.pbc.gov.cn/.

2）中美金融市场规模增速差异

金融市场的高阶段发展会促进货币走向国际化。赵然（2012）指出，金融市场的阶段进步将逐步提高货币国际化的推动力度。具有高规模以及较强的流动性特征的金融市场的交易成本较低，更容易获得投融资。根据金融市场规模数据指标显示，新兴经济体进入金融市场新阶段以及经济体量不断增大的状态，使得国际投资者增加对新兴市场的关注程度，增加对新兴经济体货币的投入，提高对新兴经济体货币的频繁使用，加大各国币种的流通性。新兴国家开始瓜分美元和欧元的全球地位份额。

虽然未偿付国内债券余额以及国际债券余额的存量方面美国比中国高，前者的未偿付国际债券余额整体来说减少，如 2006～2015 年的平均年增长率，美国的增长潜力低于中国（张晓莉等，2018）。中国这十年的未偿付国内债券的平均年增长率为 22%，未偿付国际债券的平均年增长的数值是 25%，美国分别为 4.6% 和负数，在广义的全球债务市场上，人民币的发展速度较快，人民币在全球债务市场上发展迅速（张晓莉等，2018）。

中国的股票市场在诸如 IPO 新增资本、上市公司数量、日均交易量、市值、外资上市公司份额、ETF 数量等方面比不上美国。中国市值从 2006 年 11450 亿美元增长到 2015 年 81880 亿美元，所占世界总市值比例从 2.4% 增加到 9.3%，其中平均年增长率是 49.5%。在上市公司数量方面由 1421 家增加到 2827 家。美国 2015 年市值是 250675 亿美元，上市公司数是 5283 家，两方面都比中国高[①]。然而，过去十年的变化很小，该国的股票市场市值在全球比例是 40.7%。因为在中国，外国公司不能上市我国股市，因此外国公司一直为零。2015 年美国股票市场日均交易量达到 1192.16 亿美元，略低于 2006 年的 1362.52 亿美元。2015 年中国股票的日均交易量是 1611.72 亿美元，十年提高了约 32 倍。2015 年，美国在开放型指数基金上，所占世界总开放型指数基金比例为 24.3%，名列前茅。而 2015 年的中国在 ETF 数量上是 119 支，远小于美国，虽然美国的平均年增长率为 42.2%（中国为 57%），但 2006 年的美国 ETF 数量比 2015 年的中国多 221 支，在世界总开放型指数基金中所占的数量比例为 33.4%[②]。

①② 资料来源：中国人民银行网站，http：//www.pbc.gov.cn/.

中国在场外利率衍生品市场和外汇市场两方面的发展存在很大的空间。前者的周转量增速较大，并且是 2010 年开始存在相关统计。2010～2015 年，其数值由 15.2 亿美元发展为 70 亿美元。2015 年美国的场外利率衍生品交易量为 10360 亿美元。外汇市场交易量方面数据显示，美国的该方面在全球交易量份额中的占比增长为 19.1%，而中国的占比从 0.17% 增加到 0.81%，并且有继续上升的趋势。

因此，从数量规模上来看，美国的金融市场各方面仍然领先全球其他国家，但增长速度有所减缓，不如一些新兴经济体的增长速度。这可能是由于成熟经济体的发展速度低于快速增长的新兴经济体。

3）中美资本市场管制政策不同

国际上资本市场的管制对各个国家的货币流通以及金融开放造成影响。金融危机事件的发生为发展中国家敲响了警钟，避免资本管制不足的消极影响，尤其是在面对金融危机发生期间要对短期资本加强关注以及管制力度。虽然对管制力度的关注能保持币种、减少金融危机的冲击，然而货币的国际化的顺利进行不需要太高的资本管制力度。国际资本市场的监管对本国国内的行业发展有消极影响，譬如将阻碍金融行业的资本配置高效率配置进程。放松对资本市场的管制短期内可以减少对于资本流动的限制，提高国内资本市场中境外资金的参与度，即需求得到提高。从长远方面论述，国际资本的加入有助于国内资本市场完善资本市场投资者的结构、推动我国资本市场的效率的提高以及国际化进程的发展。

2006 年，美国按照弗雷泽研究所标准（标准为 6.72 分），国际资本市场管制的评分减少到 5.28 分，而中国的分数从 3.21 分提高到 3.27 分。根据十年期间的数据结果显示，美国稍提高了资本管制力度，中国降低了对国际资本的管制力度。人民币国际化进程的推动需要资本项目开放的加持。目前，我国还没有放开管制的资本项目的占比只有 25%。美国获得股权阻碍越来越多，世界经济论坛对其打分减小（容易度从 6.17 减小到 5.19），金融业的监管也越来越严格。

4）其他影响中美货币全球地位的因素

全球金融危机事件的发生突出原来的以美元为主导的国际货币体系的很多不足，因此更多的国家准备寻求创建新的货币体系。美国也在这次金融危机后增发美元，使得美元贬值等，这种宽松的货币政策致使美元贬值并推动美国经济出现新的生机。但这一措施使得全球爆发通货膨胀隐患，国际上其他国家受到外汇资产严重缩水的影响，对美元信誉造成了严重的影响，同样也会影响美元的国际责任的实现。但是，人民币价值趋于稳定，多年来国内经济发展保持较高增长率。在这次金融危机之后，我国对外宣布人民币不会贬值，这为人民币赢得了全球的信任。范小云（2014）通过新开放经济分析框架证明了国际货币体系的健全发展需要人民币国家化的积极推动与加持。2008 年金融危机以后，美联储的量化宽松政策使得美国物价保持平稳，对劳动力市场有积极影响且会促进经济发展的增长。珍妮（Jeanne，2012）也指出，美国储备货币会受到国债收益率的长期低水平的影响。基准利率的水平较低，即认为对美国国债进行投资所获得收益率较低，使得投资美元的内在报酬率与其他国家相比来说更低。美元的全球地位将受到其他币种的竞争影响，国外投资者可能在标价资产方面会更多地关注其他币值稳定的币种。世界经济环境显示，美国在复苏阶段要通过优化投资环境和利润空间助力。我国有较高的经济发展水平以及金融水平的快速增长，需要国家良好的制度环境以及外部发展环境。因此，人民币具有强大的竞争力。

美元的国际货币地位有目共睹，促进美元国际化的措施已经不需要实施。然而，人民币的国际化才刚刚开始，我国政府要积极实施相关促进措施。因此，我国政府进行相关改革来加快人民币国际化的步伐（张晓莉等，2018）。

8.4　人民币国际化地位、汇率与金融资产境外持有量的实证设计

1. 指标选取以及数据来源

此节利用来自 21 个国家（其中包括发达经济体以及新兴经济体①）在时间区间，即 2005 ~ 2015 年共 11 年数据的面板形式，调查人民币国际化对中国

_____

①　由于部分数据缺失，故本章中的数据未将新西兰作为样本。

金融资产跨境持有量的影响。本章内含的面板数据是人民币全球地位、双边汇率波动以及我国的金融资产的跨境持有量。其中，人民币全球地位指标为前文计算所得的综合指标；双边汇率波动借用的是世界银行数据库中的数据，即我国与 i 国双边的汇率波动率；我国金融资产的跨境持有利用其他国家与我国金融资产投资的数据则来自货币基金的 CPIS 数据库。各指标参见表 8 - 6，具体说明如下：汇改后，2005～2015 年中国金融资产跨境持有量数据来自国际货币基金组织的 CPIS 数据库。CPIS 按国家/地区计算各个国家对外证券投资组合的投资额[①]（张晓莉等，2018）。

表 8 - 6   变量说明

样本情况	变量	中间值	标准差	最小值	最大值
总样本	GR	4. 682672	1. 206295	2. 686059	6. 577241
	RIR	1. 296914	2. 098469	0. 7385524	28. 51701
	EX	0. 0673779	0. 0604071	0. 0017381	0. 3615885
	ASSET	24072. 15	56135. 18	0. 000064	381388. 7
发达经济体	EX	0. 053107	0. 0453888	0. 0017381	0. 197537
	RIR	1. 02443	0. 0806973	0. 8810967	1. 219715
	ASSET	30410. 73	35934. 26	332. 1137	133274
新兴经济体	EX	0. 0750623	0. 065994	0. 0032681	0. 3615885
	RIR	1. 457076	2. 634048	0. 7385524	28. 51701
	ASSET	20659. 08	64306. 02	0. 000064	381388. 7

资料来源：笔者整理。

本章中的关键解释变量指的是代理变量货币全球地位，用来描述货币国际化进程。这些数据来自上述 26 项指标的综合计算，可以全面地对该国的货币国际化进程进行描述。指标越高，表示货币的全球地位越高，国际化程度更高。因此，该货币可以更有效地完成计价、结算和价值储存的国际功能，

[①] 以跨境金融资产为指标的原因有：第一，目前 CPIS 数据库提供了 2001 年至 2016 年 7 月这一时期 243 个国家和地区的双边金融资产持有数据，为实证模型的研究提供了详细的数据。第二，跨境金融资产持有量反映了双边资产的交易和流通，可以更好地反映境外持有中国金融资产的数量。通过该数据库，本章展示了 20 个国家对中国金融资产持有量的数据。该数据显示了中国金融资产在国外的受欢迎程度，这表明中国金融资产的国际需求。张晓莉，李倩云. 人民币国际地位、汇率波动与境外中国金融资产持有量 [J]. 国际金融研究，2018 (7)：42 - 52.

被各国更广泛地接受和使用。预计对于人民币国际地位上升的积极影响包括可以更有效率地实现价值储存和计价等国际职能。同时，投资中国金融资产不仅能够获得人民币升值的好处，还可以获得一定的利息收入。

汇率波动率即汇率与上期汇率相比的变动幅度数据，来自世界银行。在理论分析的基础上，人民币国际化对促进人民币升值有推动影响，直接影响人民币汇率与其他国家之间的汇兑比例。对汇率差异来说，它会对国际资本间"套汇"行为产生影响。国际市场上发生的汇率投机行为会使汇率波动出现。此外，人民币国际地位的上升使得人民币升值。根据浮动汇率机制的方式，国际资本流动会随着汇率波动的变动而频繁变动。外国投资者希望寻求到对冲的方法，对我国金融资产的投入是有效率的选择。因此，本章将汇率波动率作为变量之一，研究它们之间的关系。

相对利率作为本章的控制变量，数据取自世界银行，是我国的名义利率除以 i 国的名义利率。各变量的描述性统计见表 8 - 7。截至 2015 年，人民币全球地位最大为 2015 年的 6.58，最小为 2006 年的 2.69。我国在金融资产持有量方面的极值之间的差值很大。在 2015 年，我国金融资产较大部分被中国香港拥有。在汇率波动率方面，发达经济体比新兴经济体稍低。发达经济体的汇率波动与我国金融资产持有量的差值相对新兴经济体更小。

表 8 - 7　　　　　　　　　　　　变量描述性统计

变量名称	变量解释	数据来源
$lngr$	人民币全球地位	笔者计算所得
$lnexi$	汇率波动率，本章为一单位 i 国货币兑人民币的汇率波动	WB
$lnrir_i$	相对利率	WB
$lnasset_i$	i 国对中国金融资产的持有量	IMF

资料来源：笔者整理。

2. 模型设定

本章利用面板向量自回归模型①，其形式参见式（8 - 1）。

---

① 面板向量自回归模型结合了传统面板数据模型以及传统向量自回归模型，模型中所有变量都被视为内生的。摘自：张晓莉，李倩云. 人民币国际地位、汇率波动与境外中国金融资产持有量［J］. 国际金融研究，2018（7）：42 - 52.

$$Z_{i,t} = \beta_0 + \beta_1 Z_{i,t-1} + \beta_1 Z_{i,t-2} + \cdots + \beta_1 Z_{i,t-p} + f_i + d_{c,t} + \varepsilon_t \qquad (8-1)$$

式中，Z_t 表示包括四个变量的向量组 $\{\text{ln}gr, \ \text{ln}ex, \ \text{ln}rir, \ \text{ln}asset\}$；$gr$ 表示人民币全球地位，体现了人民币国际化的程度；ex 表示汇率的波动情况，使用的汇率采用的是 1 单位 i 国家货币能够兑换的人民币数量；$asset_i$ 表示 i 国持有的中国金融资产金额；f_i 表示国家层面的固定效应；ε_t 表示时间固定效应；$d_{c,t}$ 表示随机干扰项；p 表示模型的滞后阶数。

为了消除序列的异方差性，本书采用原序列的对数，并且利用 "Helmert Procedure"（Arellano & Bover, 1995）[①] 变换使用滞后变量作为工具变量并通过 GMM 广义矩估计方法来估计系数（张晓莉等，2018）。

本章主要目的是探究人民币国际化对我国金融资产跨境持有量的相关影响。20 个国家和地区样本包括 7 个发达国家和地区与 13 个新兴经济体国家。受到数据可得性的影响，时间跨度选为 2005～2015 年共 11 年的数据。

本书还采用方差分解分析，它显示了一个变量的变量率是由另一个变量随时间累积的冲击所解释的百分比。本章总结了十年的累积总效应，时间跨度相对大的区间会有相似的结论。

3. 实证检验

1）变量单位根检验

与 VAR 模型类似，PVAR 模型要求所包括的变量有平稳性的特征。如果包括数据不平稳的情况，则可能会造成虚假回归。在本章中，通过常见的面板单位根检验方法，即 LLC 检验和 IPS 检验，对所包含的面板数据进行平稳性检验。

见表 8-8，可知人民币国际地位、汇率波动率以及境外持有我国金融资产跨境持有量的原序列平稳，LLC 和 IPS 都在 5% 的显著性水平下通过检验（张晓莉等，2018）。根据上述检验，本章可以据原数列作 PVAR 的相关模型。

---

① 即向前一步均值差分方法，消除前向均值，以消除方程中的固定效应。摘自：张晓莉，李倩云. 人民币国际地位、汇率波动与境外中国金融资产持有［J］. 国际金融研究，2018（7）：42-52.

表 8－8   单位根检验

变量	LLC 检验		IPS 检验		检验结果
	调整后的 t 统计量	P 值	Z 统计量	P 值	
ln*gr*	－15.1366	0.0000 ***	－1.8997	0.0287 **	平稳
ln*ex*	－9.0821	0.0000 ***	－2.4455	0.0072 ***	平稳
ln*ir*	－28.4665	0.0000 ***	－4.9835	0.0000 ***	平稳
ln*asset*	－8.0835	0.0000 ***	－4.1768	0.0000 ***	平稳

注：** 和 *** 分别表示在 5% 和 1% 水平下显著。
资料来源：笔者计算。

2）模型滞后阶数的选取

见表 8－9，可知 PVAR 模型最优滞后阶数是 3 阶。

表 8－9   PVAR 模型滞后阶数的选取

滞后阶数	AIC	BIC	HQIC
1	10.0637	12.0631	10.8762
2	9.66374	12.2559	10.7158
3	8.65855 *	11.992 *	10.0055 *
4	9.24056	13.534	10.9564

注：AIC 表示赤池信息准则；BIC 表示贝叶斯信息准则；* 表示在 1% 水平下显著。
资料来源：笔者计算。

3）格兰杰因果检验

对本章前述 PVAR 模型展开格兰杰因果关系检验，结果参见表 8－10[①]（张晓莉等，2018）。

表 8－10   格兰杰因果检验结果

Equation	Excluded	chi2	滞后阶数	Prob > chi2
ln*ex*	ln*gr*	21.095	3	0.000
ln*ir*	ln*gr*	12.038	3	0.007
ln*asset*	ln*gr*	7.146	3	0.067

---

① P 值都在 10% 的显著性水平之下小于卡方统计量（chi2），因此拒绝原假设"人民币全球地位不是汇率波动率和中国金融资产持有量的格兰杰原因"。因此，人民币国际化是汇率波动率和跨境持有中国金融资产量的格兰杰原因。张晓莉，李倩云. 人民币国际地位、汇率波动与境外中国金融资产持有［J］. 国际金融研究，2018（7）：42－52.

Equation	Excluded	chi2	滞后阶数	Prob > chi2
ln*gr*	ALL	236.08	9	0.000
ln*ex*	ALL	38.429	9	0.000
ln*ir*	ALL	27.918	9	0.001
ln*asset*	ALL	15.851	9	0.070

注：假设变量 Exclude 不是变量 Equation 的格兰杰原因。
资料来源：笔者计算。

4）脉冲响应分析

根据上述分析各个国家相应的数据样本，对应得出 PVAR 模型。按照前文对正交脉冲响应的阐释，未来有效率地掌握脉冲响应趋势，将响应周期设置为 10 期。

如图 8-8 所示，可以看出我国金融资产跨境持有量、人民币全球地位、汇率波动率以及相对利率之间的影响①。

根据跨境持有我国金融资产方面论述，增加人民币国际化程度会使 0.1% 正向作用得到显现，也就是说，人民币国际化程度增加对当期的海外投资者持有我国金融资产的意愿有正向促进作用，但人民币仍处于起步阶段，在影响我国金融资产跨境持有量的方面的作用较小，即当期的正向影响显著性不明显（张晓莉等，2018）。人民币全球地位的上升将使人民币升值，据此境外投资者会更多地取得它所带来的福利，还有资本利得，使得我国金融资产境外持有量得到上升。在第 1、第 3 以及第 6 期出现负向作用。人民币升值后会导致一些境外投资者出现贬值预期、到期出售短期金融资产，进而导致我国的金融资产境外持有量下降。反过来，我国的金融资产跨境持有量将在第 1、第 4 期抑或是长期对人民币全球地位有正向推进作用。提高我国金融资产海

① 人民币全球地位提高导致第 2 期汇率波动增强，之后对于汇率波动的作用变小并最终趋于 0。汇率波动在第 2 期及第 5 期反而提高了人民币的全球地位。人民币国际化进程加快，人民币全球地位提高，货币价值的变化导致热钱流动加速，人民币与其他国家货币兑换的频率增强。随着我国汇率制度越来越趋于市场化，汇率弹性增强，汇率波动也将更加明显。人民币国际化将导致稳定的人民币的升值预期，汇率变动方向有一定程度的可预见性。汇率波动在第 2 期对人民币全球地位产生 0.3% 正面影响。当汇率大幅波动时，人民币的避险保值功能凸显。同时，汇率波动是汇率更加容易受到市场影响的表现，汇率弹性增强，为人民币国际化的发展提供基础和保障。张晓莉，李倩云. 人民币国际地位、汇率波动与境外中国金融资产持有 [J]. 国际金融研究，2018（7）：42-52.

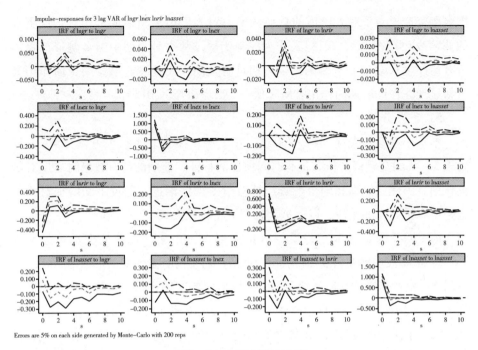

图 8 - 8　全样本脉冲响应

资料来源：笔者绘制。

外持有量将会使得人民币的计价结算以及价值储存的功能得以显现。如果前两种货币职能的显现程度提高，说明该货币的全球地位提高。如果我国金融资产跨境持有量提高的情况发生，说明人民币在国际市场上相关货币职能得到更有效的显现，是人民币资产国外需求增加的表现。中国金融资产跨境持有量增加可以帮助人民币跨境境外流通，开拓资金回流渠道，并且更深层次地推动人民币国际化的发展阶段。

在第 2 期期间汇率波动使我国金融资产跨境持有量存在较小的正向作用[①]（张晓莉等，2018）。反过来，我国金融资产跨境持有量提高也会造成热钱流动的下降，在第 1 期期间进行减少汇率波动的行为，境外投资者因为购买中

---

① 汇率波动加剧导致境外寻求避险保值投资工具。与此同时人民币具有升值预期，中国经济发展向好，综合国力强。投资中国金融资产可以满足境外投资者的需求。因此，当汇率波动更加剧烈时，国外投资者将增加中国金融资产的持有量。张晓莉，李倩云. 人民币国际地位、汇率波动与境外中国金融资产持有 [J]. 国际金融研究，2018（7）：42 - 52.

国金融资产提高了对人民币的兑换频率，对人民币汇率造成了相对来说更大的波动①（张晓莉等，2018）。作为控制变量，利率对当期中国金融资产跨境持有量产生 0.15% 积极影响，第 1 期具有负向作用显现，第 2 期正向作用又重新显现，在以后期间作用有所降低②（张晓莉等，2018）。

5）方差分解

本章中借鉴勒夫（Love，2006），在 PVAR 模型上实行了方差分解③，见附表 5。我国金融资产持有量有时间惯性的特征，前期的持有数量对后期有延续作用。因此，提高我国金融资产持有量要循序渐进，通过不断增加对相关金融持有量方面的关注，以促进其长期平稳较快发展。

第 1 期我国金融资产跨境持有量受到人民币全球地位的变动贡献率为 0.6%，汇率波动率在当期使得我国金融资产跨境持有量的变动贡献率为 0.3%。我国金融资产跨境持有量受到人民币全球地位的变动贡献率在第 2 期贡献率达到 2.8%，增长最快。人民币全球地位大约是汇率波动贡献率的 3 倍。人民币全球化和汇率波动率对我国金融资产跨境持有量的贡献率逐渐增加。第 10 期，我国金融资产跨境持有量受到人民币国际地位的变动贡献率稳定为 5.9%，我国金融资产持有量受到汇率波动率的变动贡献率稳定为 2%。相对利率对其影响相对明显，我国金融资产跨境持有量受到的贡献率比例是 4.1%。

6）稳健性检验

如图 8 – 9 所示，对模型稳健性进行检验，即说明是否合理解释我国金融资产持有量受到人民币国际化的影响。如图 8 – 9 所示，本章利用相对综合汇

---

① 当中国金融资产持有至到期时，海外投资者出售中国金融资产将增加中国金融资产在国际市场上的供应。当供需改变时，购买者将兑换人民币购买中国金融资产，或将持有的人民币购买金融资产。卖出方将收回人民币，自己持有人民币或者将人民币兑换为本国货币持有。在任何一种情况下，人民币的兑换都更为频繁。市场对人民币的频繁操作使得人民币汇率波动加剧。张晓莉，李倩云. 人民币国际地位、汇率波动与境外中国金融资产持有 [J]. 国际金融研究，2018（7）：42–52.

② 当相对利率增加时，中国利率高于其他国家的利率，持有中国金融资产可以获得更高的投资回报率，因此市场将增加中国金融资产的持有量。中国的金融资产需求增加，供给低于需求，金融资产的投资回报率将降低，投资者将减少中国金融资产的投入。张晓莉，李倩云. 人民币国际地位、汇率波动与境外中国金融资产持有 [J]. 国际金融研究，2018（7）：42–52.

③ 方差分解反映了中国金融资产跨境持有量受其他变量的影响程度，以此来评价每一个变量对内生变量受到波动的贡献率。张晓莉，李倩云. 人民币国际地位、汇率波动与境外中国金融资产持有 [J]. 国际金融研究，2018（7）：42–52.

率波动变量①表示汇率波动变量进行检验。再次利用三年汇率标准差②即汇率波动变量、我国金融资产跨境持有量进行检验，得出人民币全球地位、相对利率、我国金融资产跨境持有量以及汇率波动变量的影响③。

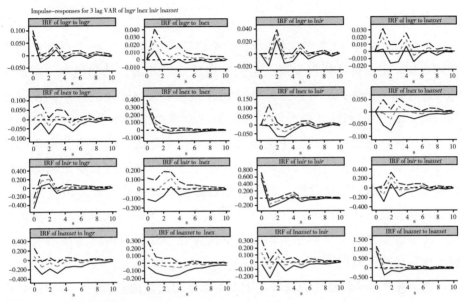

图 8 - 9　稳健性检验

资料来源：笔者绘制。

---

① 将汇率波动变量改为以一单位 i 国货币兑换 SDR 单位数量与一单位人民币兑换 SDR 单位数量的比值的波动率作为相对综合汇率波动变量，使用具有平稳性的原数据，并且确定最佳滞后期为 3 阶，在此不再赘述。张晓莉，李倩云. 人民币国际地位、汇率波动与境外中国金融资产持有［J］. 国际金融研究，2018（7）：42 - 52.

② 本章将汇率波动变量再次改为三年汇率标准差，以衡量近年来的汇率波动。张晓莉，李倩云. 人民币国际地位、汇率波动与境外中国金融资产持有量——基于 PVAR 的实证研究［J］. 国际金融研究，2018（7）：42 - 52.

③ 人民币全球地位和中国金融资产跨境持有量对近三年汇率波动率的影响更滞后，但影响的趋势相似。人民币全球地位和相对利率对中国金融资产跨境持有量的脉冲响应未受到影响。人民币全球地位对三年汇率变动率在第 5 期呈现负向影响，具有维持汇率稳定的作用。汇率波动率对人民币全球地位和中国金融资产境外持有量的影响更为迅速。三年汇率波动在第 1 期和第 4 期对人民币全球地位产生正向影响。近三年汇率波动率对人民币全球地位的影响小于年波动率的影响。中国金融资产跨境持有量的避险保值能力有限。中国金融资产跨境持有量对人民币全球地位的影响更为显著，分别在第 1 期和第 4 期产生 0.02% 和 0.15% 的正向影响。张晓莉，李倩云. 人民币国际地位、汇率波动与境外中国金融资产持有［J］. 国际金融研究，2018（7）：42 - 52.

8.5　本章小结

　　本章首先采用 13 个结构指标与 13 个规模指标获得了 22 个国家货币的全球地位，不仅关注规模发展，也关注国家治理等潜在结构指标。货币全球地位指标考虑全面，可以更好地描述各国货币在国际化进程中的发展阶段。由 2015 年的测算结果可知，人民币的全球地位逐年上升，在 2015 年与日元的国际化程度相当。中美货币全球地位变化的原因主要为中美经济实力差距缩小，中美金融市场规模增速存在差异，各国对资本市场的管制程度不一和政府的推动政策。但是根据各细项发展趋势来看，2015 年人民币国际化程度已达到顶峰。2016 年，美国大选、美联储加息预期、英国脱欧、主要经济体实施负利率货币政策等国际性事件导致国际市场波动，人民币国际化程度有所下降。

　　在测算货币全球地位的基础之上，本章使用面板向量自回归模型研究货币全球地位，我国金融资产境外持有量、汇率波动率以及相对利率的关系。由格兰杰因果检验、脉冲响应图以及方差分解可以得出相关结论①。

　　货币国际化程度越高，越能够更好地发挥货币的计价、结算和价值储存国际职能，增强该国在国际金融市场的地位。货币国际化程度高，则该国货币的流通性强，投资者对该国货币的投资信心增强，更愿意持有该国的货币资产。同时，随着时代的变化，新兴经济体开始崛起，占据一定货币国际地

---

　　①　第一，2015 年，人民币全球地位达到 6.58%，与日元相当。第二，人民币全球地位、汇率波动以及中国金融资产跨境持有量三者相互影响。第三，人民币全球地位增加在第 2 期增加了 0.1% 汇率波动；汇率波动分别在第 2 期和第 5 期使人民币全球地位提高 0.03% 和 0.01%。第四，人民币全球地位在当期增加 0.1% 的中国金融资产跨境持有量；中国金融资产跨境持有量分别在第 1 期和第 4 期对提高人民币全球地位产生 0.015% 和 0.01% 正向影响。第五，汇率波动导致中国金融资产跨境持有量增加，但中国金融资产跨境持有量的避险保值功能发挥有限；中国金融资产跨境持有量在第 1 期有维持汇率稳定的作用。第六，人民币全球地位对中国金融资产跨境持有量的贡献率是汇率波动程度的 3 倍。摘自：张晓莉，李倩云. 人民币国际地位、汇率波动与境外中国金融资产持有 [J]. 国际金融研究，2018（7）：42–52.

位，投资者在国际金融市场的投资项目选择性更广，分散投资也将促进全球跨境金融资产的互动。人民币国际化发展战略可以扩大海外投资者持有的国内金融资产，增强对国内金融资产的需求，降低国内企业的融资成本，扩大融资规模和来源范围，显著提高中国金融资产的竞争力。

第 9 章 指令流与在离岸
人民币汇率实证

外汇市场的指令流反映市场私人信息,交易商根据指令流来推进外汇交易,市场可以根据对客户指令流的相关变化去剖析头寸变化,进而影响汇率的变化。而指令流的不同组成部分携带不同的信息,对交易决策的选择也不同,对汇率的影响程度不一。本章建立向量自回归(VAR)以及最小二乘回归模型,观察指令流的不同组成部分是否对在岸、离岸汇率价差有影响。

9.1 模型设计

1. 模型构建

1)数据来源与变量设计

本章解释变量以及被解释变量的数据来源是 Wind 数据库以及中国香港金融管理局网站,被解释变量为:在岸和离岸人民币汇率价差(*dif*);解释变量为:人民币汇率升贬值预期(*exp*)、指令流数据(*order*)、中国香港人民币资金存量(*dep*)。各变量的数据范围为 2004 年 2 月至 2017 年 6 月,且均为月度数据,共计 161 个数据。CNY 即期汇率和 CNH 即期汇率之间的汇差选取美元/人民币汇率数据。其中,在中国香港离岸即期汇率定盘价出现之前,CNH 即期汇率还未形成,所以 2004 年 2 月至 2012 年 5 月的 CNH 即期汇率采用美元/人民币汇率 ndf 数据代替,而 2012 年 5 月至 2017 年 6 月离岸汇率数据用 CNH 即期汇率。人民币汇率升贬值预期采用美元/人民币汇率 *ndf* 数据。在岸和离岸人民币汇率价差(*dif*),在中国香港离岸即期汇率定盘价出现以前采用美元/人民币汇率（*ndf*）数据来代替 CNH 即期汇率是考虑 *ndf* 受管制程度低，发展较成熟；在中国香港离岸即期汇率定盘价出现以后，离岸人民币即期汇率成就为研究境内外人民币汇率价格关系的重要变量。指令流数据采用银行代客结售汇顺差当月值数据，即结汇和售汇的差数，单位是亿美元。指令流（*order*）包括客户指令流和做市商指令流。在实际生活中，做市商银行将客户指令流视为私人信息，不会轻易提供给研究人员，故难以获取客户指令流数据，而做市商指令流数据是客户指令流的反应，可以采用"银行代客结售汇"来代替。银行结售汇数据由商业银行根据每天结售汇业务的实际发生额进行统计，故而能够比较直接地反映境内企业和居民个人总体的市场走势。如果升值预期强，则自然结汇需求旺盛；反之，则购汇需求旺盛，且受央行宏观调控的影响较小。人民币汇升贬值预期[①]的相关数据来源于 Wind 数据库，中国香港人民币资金存量[②]的相关数据来自中国香港金融管理局。此外，上述提到的变量数据采用月度平均处理以及特殊的变量计算公式。对于在岸和离岸人民币汇率价差，在 2012 年 5 月之前为：$dif = CHY - ndf12$，2012 年 5 月后为：$dif = CHY - CNH$；预期汇率为：$exp = （人民币在岸汇率 - 人民币 ndf 汇率）/人民币在岸汇率 \times 100$；中国香港人民币资金存量为：$dep = \lg(dep)$。采用统计软件 Stata 14 进行实证分析。

2）模型的建立

向量自回归模型（VAR 模型）是由学者（Sims，1980）发起的一种将多个变量放在一起作为一个系统来预测的多变量时间序列，可以相对轻松地解

---

① 关于人民币汇率升贬值预期（*exp*），因为 12 月期的 *ndf* 流动性最高、交易最为活跃，所有人民币汇率升贬值预期采用 12 月期的 *ndf*。若市场投资者对人民币持贬值预期，则可能导致投资者在离岸市场上大量抛售人民币，贬值预期越大，离岸人民币贬值幅度越大，汇差越大。张晓莉，孙琪琪，吴琼. 汇率预期、指令流与人民币汇率价差［J］. 金融与经济，2019（12）：4 – 11.

② 中国香港人民币资金存量的数据采用活期和定期存款总合，单位是百万元。中国香港人民币资金存量代表了离岸人民币供给状况。一方面，中国香港人民币存量增加会导致离岸人民币贬值，中国香港人民币存量减小导致离岸人民币升值。另一方面，当中国香港人民币现汇高于内地时，中国香港人民币存量上升，且套利行为使得内地企业和居民支付的人民币显著高于收到的人民币；当中国香港人民币现汇低于内地时，中国香港人民币存量下降，套利行为使得内地企业和居民支付的人民币下降，收到的人民币增加。张晓莉，吴琼. 基于"指令流"微观市场的人民币在岸离岸汇率价差研究［J］. 国际商务研究，2019，40（4）：66 – 75.

决多个经济指标在分析以及预测方面的问题①。

如式（9-1）所示，被解释变量是 dif，建立关于四个自变量的 VAR 模型②，有：

$$dif = \beta_0 + \beta_{11}dif_{t-1} + \cdots + \beta_{1p}dif_{t-p} + \beta_{21}exp_{t-1} + \cdots + \beta_{2p}exp_{t-p}$$
$$\beta_{31}order_{t-1} + \cdots + \beta_{3p}order_{t-p} + \beta_{41}dep_{t-1} + \cdots + \beta_{4p}dep_{t-p} + \varepsilon_t \quad (9-1)$$

2. 宏微观变量结合的实证研究

1）简单描述性统计

见表 9-1，可以看出，汇率的价格差异一直存在，其标准差为 0.18，波动较大。并且，从偏度、峰度以及标准差三个方面进行数据描述③。

表 9-1　　　　　　　　　　描述性统计

变量	dif	exp	$order$	dep
平均值	0.13	1.04	154	5.15
偏度	0.54	0.37	-1.37	-0.40
峰度	3.57	2.71	7.30	1.89
标准差	0.18	3.34	311	0.74

资料来源：笔者计算。

2）序列的平稳性检验

根据所采用的 ADF 检验方法实行单位根检验，见表 9-2。从检验结果得出，5% 的显著水平的条件下，变量都为平稳，可以直接建立 VAR 模型。

---

① VAR 模型把系统中每个内生变量作为系统中所有内生变量滞后值的函数来构造模型，从而将单变量自回归模型推广到由多元时间序列变量组成的"向量"自回归模型。张晓莉，吴琼. 基于"指令流"微观市场的人民币在岸离岸汇率价差研究［J］. 国际商务研究，2019，40（4）：66-75.

② 针对人民币汇率价差、资金存量、指令流和升贬值预期四个因素之间相互影响的情况，建立 VAR 模型来刻画汇率价差、利率之差、升贬值预期与资金存量的动态互动关系。将 dif 作为被解释变量，将 exp、$order$、dep 作为解释变量来构建三元 K 阶自回归模型 VAR(K)。张晓莉，吴琼. 基于"指令流"微观市场的人民币在岸离岸汇率价差研究［J］. 国际商务研究，2019，40（4）：66-75.

③ 从偏度上来看，所有变量的偏度均不为零，汇率价差和人民币预期升贬值右偏，指令流和人民币资金存量左偏；从峰度上来看，所有变量的峰度都不是正态分布，人民币资金存量峰度均匀分布，汇率价差和指令流的峰度存在尖峰的特征；从标准差来看，人民币预期升贬值的标准差偏大，表明外汇市场投资者对人民币的预期波动较大。张晓莉，吴琼. 基于"指令流"微观市场的人民币在岸离岸汇率价差研究［J］. 国际商务研究，2019，40（4）：66-75.

表 9 – 2　　　　　　　　　ADF 平稳性检验结果

变量	ADF 值	1% 临界值	5% 临界值	10% 临界值	P 值	结论
dif	– 5.650	– 3.494	– 2.887	– 2.577	0.0000	平稳
exp	– 4.454	– 3.494	– 2.887	– 2.577	0.0002	平稳
order	– 4.232	– 3.494	– 2.887	– 2.577	0.0006	平稳
dep	– 4.654	– 3.494	– 2.887	– 2.577	0.0001	平稳

资料来源：笔者计算。

3）滞后阶数

在拟合一个 VAR 模型之前，要先知道滞后期 K 的最优选择[①]。见表 9 – 3，滞后二阶情况下，评价方法 FPE、AIC、HQIC 以及 SBIC 值都是最小，信息准则最小，因此建立滞后二阶模型。

表 9 – 3　　　　　　　　　滞后阶数及选择

lg	LL	LR	df	P	FPE	AIC	HQIC	SBIC
0	– 854.026	—	—	—	147.209	16.343	16.384	16.445
1	– 338.274	1031.5	16	0.000	0.011	6.824	7.029	7.329
2	– 298.29	79.967	16	0.000	0.007 *	6.367 *	6.736 *	7.277 *
3	– 282.982	30.616 *	16	0.015	0.007	6.381	6.913	7.694
4	– 275.206	15.553	16	0.485	0.008	6.537	7.234	8.256

注：* 表示获得该方法支持。
资料来源：笔者计算。

首先，用 dif、exp、order 以及 dep 四个变量构成 VAR（2）模型。第一步是关于模型的稳定性检验，因为特征根都在单位圆内，因此，此模型是一个具有稳定性的模型。第二步，对改模型的残差进行自相关检验，残差滞后二阶时可以接受残差"无自相关"的原假设。

———————

① 一般来说，最适合的滞后是通过序列似然比检验、最终预测误差、赤池准则、施瓦茨准则和汉纳—奎因准则这五个评价方法来确定。吴立雪. 离岸人民币汇率价差、升贬值预期与资金存量 [J]. 金融论坛，2015，20（2）：61 – 69.

其次，对 VAR（2）模型进行回归，见表 9-4，整体上四个变量的系数都显著。

表 9-4 　　　　　　　　　　　VAR 模型回归结果

变量	R^2	卡方值	P 值 > 卡方值
dif	0.624	221.083	0.0000
exp	0.733	371.214	0.0000
order	0.534	152.645	0.0000
dep	0.988	10571.660	0.0000

资料来源：笔者计算。

再观察模型各参数及滞后项的回归结果，见表 9-5，汇率价差受到自身以及资金存量两者的滞后二阶作用最为显著，相对而言，滞后二阶的指令流对汇率价差的影响不是很强，说明指令流解释长期的汇率价差波动有限；升贬值预期受到资金存量滞后二阶、指令流滞后二阶的影响较为显著；指令流同时受到四个变量滞后二阶影响，其中受到预期升贬值滞后二阶的作用最为显著，可能长期来看，指令流较明显地受到宏观经济变量预期升贬值的作用。

表 9-5 　　　　　　　　　VAR 模型参数及滞后变量回归结果

变量	*dif*				*exp*			
滞后二阶	*dif* L2	*exp* L2	*order* L2	*dep* L2	*dif* L2	*exp* L2	*order* L2	*dep* L2
系数	-0.537	-0.013	0.0001	-0.110	-2.367	0.497	0.002	-1.839
标准误	0.198	0.014	0.000	0.019	3.032	0.207	0.000	0.284
统计值	2.71	-1.00	2.16	-5.93	-0.78	2.41	2.55	-6.46
P 值	0.007	0.319	0.031	0.000	0.435	0.016	0.011	0.000
变量	*order*				*dep*			
滞后二阶	*dif* L2	*exp* L2	*order* L2	*dep* L2	*dif* L2	*exp* L2	*order* L2	*dep* L2
系数	-1032.85	76.333	0.381	-58.93	-0.016	-0.001	0.000	0.951
标准误	377.81	25.758	0.938	35.448	0.146	0.010	0.000	0.014

续表

变量	order				dep			
滞后二阶	*dif* L2	*exp* L2	*order* L2	*dep* L2	*dif* L2	*exp* L2	*order* L2	*dep* L2
统计值	−2.73	2.96	4.06	−1.66	−0.11	−0.14	1.06	69.55
P 值	0.006	0.003	0.000	0.096	0.910	0.888	0.287	0.000

资料来源：笔者计算。

4）格兰杰因果检验

对变量的平稳序列进行格兰杰因果关系检验结果见表 9 − 6，可以看出关于汇率价差、指令流、资金存量之间变化的相互作用①。

表 9 − 6　　　　　　　　　　格兰杰因果关系检验

原假设	Prob	结论
dif 不是 order 的格兰杰原因	0.031	拒绝
dif 不是 dep 的格兰杰原因	0.000	拒绝
dif 不是 exp 的格兰杰原因	0.319	不拒绝
exp 不是 dif 的格兰杰原因	0.435	不拒绝
exp 不是 order 的格兰杰原因	0.011	拒绝
exp 不是 dep 的格兰杰原因	0.000	拒绝
order 不是 dif 的格兰杰原因	0.006	拒绝
order 不是 exp 的格兰杰原因	0.003	拒绝
order 不是 dep 的格兰杰原因	0.096	不拒绝
dep 不是 dif 的格兰杰原因	0.910	不拒绝
dep 不是 exp 的格兰杰原因	0.888	不拒绝
dep 不是 order 的格兰杰原因	0.287	不拒绝

资料来源：笔者计算。

① 汇率价差变化对资金存量变化和指令流变化有影响，升贬值预期变化对指令流变化、资金存量变化有影响，指令流变化对升贬值预期变化和汇率价差变化有影响，宏观因素变量会通过指令流传导对汇率价差有影响。张晓莉，吴琼. 基于"指令流"微观市场的人民币在岸离岸汇率价差研究 [J]. 国际商务研究，2019，40（4）：66 − 75.

5）脉冲响应

如图 9 - 1 所示的脉冲响应函数说明了其他变量对响应变量（即指令流）的作用以及其他变量各自作为响应变量的结果，描述的是在随机误差项上施加一个冲击后对内生变量的当期及未来值造成的影响。在图 9 - 1 中，实线表示正交脉冲响应函数，横轴表示冲击持续的时间，纵轴表示被解释变量受到解释变量冲击后的反应。由图 9 - 1 可知，当整体观察脉冲响应时，指令流作为响应变量，受到其他四个冲击变量的扰动冲击反映最明显，逐渐减小，具有一定的周期性，这反应宏观经济变量会明显地作用于指令流变量。再根据图 9 - 2 观察四个变量各自的脉冲响应图可知，当汇率价差作为响应变量时，除了自身影响之外，受到其他三个变量冲击的反映趋势相似，受到指令流的冲击反应略明显，这说明短期内指令流对汇率价差的影响较其他宏观变量稍微显著。当汇率价差受到指令流一个标准差大小的随机扰动冲击时，响应变量先上升后下降，在第 3 期左右下降为 0，可以看出，指令流对汇率价差的影响效应是短期的，作用逐渐增强后减弱。

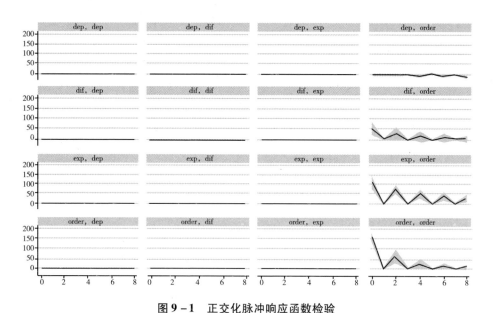

图 9 - 1　正交化脉冲响应函数检验

资料来源：笔者绘制。

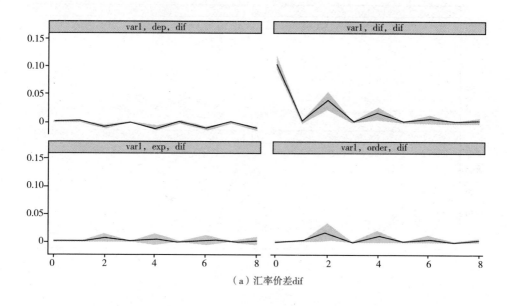

（a）汇率价差dif

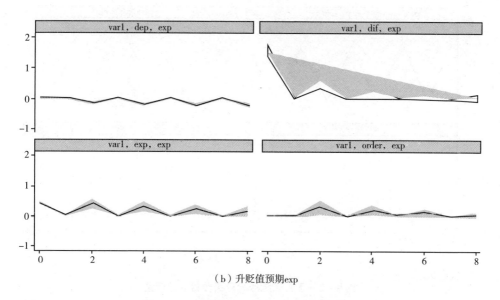

（b）升贬值预期exp

图 9 - 2　正交化脉冲响应函数检验分变量

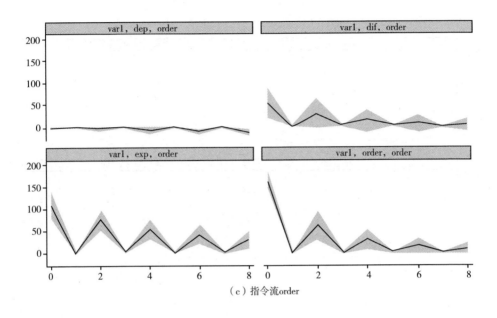

（c）指令流order

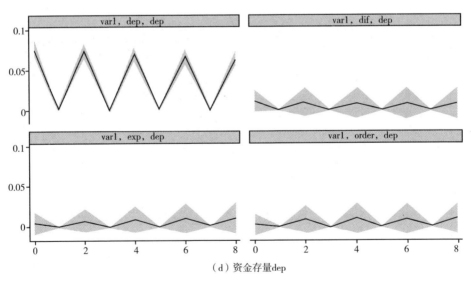

（d）资金存量dep

图 9 - 2　正交化脉冲响应函数检验分变量

资料来源：笔者绘制。

6）方差分解

用附表 6 表示方差分解的实证结果，用来证明各变量相对于预测方差的贡献度，可以发现其和脉冲响应的结论大致相同①（张晓莉等，2019）。

9.2　指令流分类型研究

通过 VAR 模型探讨了在岸、离岸汇率价差的影响因素，实证表明微观市场变量指令流对汇率价格差异有影响，且影响程度较大。指令流是传递市场信息的中介，包含的信息多种多样，其不同的组成部分的传导效果也逐渐成为研究的对象。安德鲁·卡彭特（Andrew Carpenter，2003）研究指令流的不同部分，得到结论是中央银行的指令流的影响从大到小排序是价格，非银行金融机构，交易商定价受到非金融公司的作用效果最小。马什和奥罗克（Marsh & O'Rourke，2005）证明了汇率波动受到指令流的不同组成部分的作用效果存在差异，汇率波动和金融公司的指令流存在正向相关关系，而和非金融公司客户之间存在负向相关关系。本章的指令流数据来自银行代客结售汇，而银行代客结售汇的来源包括经常项目、资本和金融项目，其对汇率价差的影响程度值得继续讨论。

1. 变量与数据的选取

本章考察指令流的来源相对于汇率价差的作用效果，包括经常项目产生的指令流、资本和金融项目产生的指令流，因变量为在岸、离岸汇率价差（dif），以及自变量为经常项目下的服务贸易（ser）、货物贸易（goods）产生的指令流，资本和金融项目下的直接投资（dir）和证券投资（sec）产生的指

---

① 图 9 - 2 所示为四个变量方差的分解，分别表示响应变量受四个冲击变量的影响程度。由表 8 - 8 可知，横向观察，除了 exp 的最大影响因素是指令流外，其他三个变量的最大影响因素都是自身，表明汇率预期升贬值受到包含市场私人信息的指令流影响较大，投资者对市场的预估会影响汇率预期的走向，这与理论相一致。纵向观察汇率价差的方差分解，其自身的影响始终为主导因素，其次是升贬值预期，指令流因素的影响相对而言不是很大，显示指令流对汇率价差的解释作用相对较小，可能是指令流传递的信息经过市场的刷选后未能有效地反映汇率价差中。指令流的变动受到汇率价差和汇率预期的影响较大，这与脉冲响应分析结论相吻合。张晓莉，吴琼. 基于"指令流"微观市场的人民币在岸离岸汇率价差研究 [J]. 国际商务研究，2019，40（4）：66 - 75.

令流的数据来自 Wind 数据库，选用 2003 年 1 月至 2017 年 10 月的月度数据，总共 178 个数据。

2. 模型建立

外汇市场的指令流反映市场私人信息，交易商根据指令流来推进外汇交易，市场可以根据对客户的指令流的相关变化去剖析头寸变化，进而影响汇率的变化。而指令流的不同组成部分携带不同的信息，对交易决策的选择也不同，对汇率的影响程度不一。本章建立最简单的最小二乘回归模型，观察指令流的不同组成部分是否对在岸、离岸汇率价差有影响，根据汇改政策出台的时间表将样本将划分为不同的小样本，比较不同时间段内指令流组成部分对人民币汇率波动的影响差异，构造的模型为：

$$y_{dif} = \partial + \beta_1 x_{ser} + \beta_2 x_{goods} + \beta_3 x_{dir} + \beta_4 x_{sec} + u \qquad (9-2)$$

1）描述性统计

首先，对模型进行简单描述性统计，见表 9-7，可以看出，汇率价差的平均值为 0.13，标准差是 0.18，汇率价格差异继续存在，波动相对较大。在偏度方面，变量的偏度都不是零，汇率价差右偏，其他指令流的组成部分左偏；在峰度方面，汇率价差和服务贸易的峰度约为正态分布，直接投资的峰度稍微偏离，其他变量的峰度与正态分布的 3 相比更大，有尖峰厚尾的相关特点，正态性不明显；从标准差来看，货物贸易指令流的标准差最大，可能是因为货物贸易额大，且受国内外经济局势的影响较大。

表 9-7　　　　　　　　　　　　样本基本统计特征

变量	dif	ser	goods	dir	sec
平均值	0.13	-56.24	196.76	43.05	0.88
偏度	0.55	-0.92	-0.29	-0.29	-2.64
峰度	3.58	2.96	7.90	3.74	18.21
标准差	0.18	103.36	163.56	43.13	18.48

资料来源：笔者计算。

2）回归结果

使用稳健性标准差，对不同时间段的分样本进行 OLS 回归，考虑多重共线性去除相关变量，最后得到结果见表 9 - 8：在 2005 年汇改后，服务贸易的指令流和直接投资的指令流对汇率价差有影响，并呈正相关；在 2010 年汇改后，服务贸易的指令流对汇率价差正向影响，直接投资指令流不再影响汇率价差，可能是服务贸易中短期跨境资本的流入较大，银行代客结汇增大，加大了市场汇率的波动，汇率价差增大；在 2015 年汇改后，只有来自证券投资的指令流与汇率价差成正相关，其他指令流携带的私人信息不能影响到汇率的波动，市场透明度增大。来自证券投资指令流的增加意味着银行代客结汇的增加，投资者卖出更多的外汇，这可能向市场投资者传达了不利好信息，在岸人民币汇率增大，汇率价差拉大。值得注意的是，四个阶段函数的拟合优度均为 0.40 左右，虽然不高，但是由于指令流不是唯一对汇率价差具有作用效果的因素，其组成部分与汇率价差的拟合优度不高也合理。

表 9 - 8　　　　　　　　　　　OLS 稳健性回归结果

时期	拟合函数	解释
2005 年 6 月汇改前	$dif = 0.014 + 0.0058ser + 0.007sec + u$	服务贸易的指令流和证券投资的指令流对于汇率价差有影响
2005 年 6 月汇改后	$dif = -0.023 + 0.0032ser + 0.0031dir + u$	服务贸易的指令流和直接投资的指令流对汇率价差有影响
2010 年 7 月汇改后	$dif = 0.09 + 0.0006ser + u$	服务贸易的指令流对汇率价差有影响
2015 年汇改后	$dif = 0.003 + 0.0007sec + u$	证券投资的指令流对汇率价差有影响

资料来源：笔者整理。

本模型由于样本数量的限制，结论的精确性程度不高，但结论可以反映市场的一个大致规律。从四个函数中可以看出，所有的指令流对人民币汇率价差的影响都是正向的，这意味着私人信息的增大会增大市场的波动性，加大市场投资者的恐慌，拉大汇率价差；从 2005 年和 2010 年汇改前后的结果可以发现，来自服务贸易指令流能够影响到汇率价差，这也是服务贸易逐渐发展的一个体现；2010 年和 2015 年汇改后影响汇率价差的指令流因素只有一个，表明其他市场的信息透明化加大，包含未公开信息的指令流对汇率的影响减弱，代表着汇率市场化改革的有效实施。

9.3　指令流、汇率预期与人民币汇率价差

1）TVP-VAR 模型构建

本章借鉴中岛（Nakajima，2011）的利用混合抽样确定后验分布的方式对普里米切里（Primiceri，2005）所提出的 TVP-VAR 模型的待估参数极大似然估计进行改进[①]，则公式简化为：

$$y_t = X_t\beta_t + A_t^{-1}\sum_t \varepsilon_t,\ t = s+1,\cdots,n \qquad (9-3)$$

借鉴中岛（2011）所提到的相关假设，公式（9-2）中参数都服从随机游走过程，即：

$$\beta_{t+1} = \beta_t + \mu_{\beta t},\alpha_{t+1} = \alpha_t + \mu_{\alpha t},h_{t+1} = h_t + \mu_{ht}$$

$$\begin{pmatrix}\varepsilon_t\\ \mu_{\beta t}\\ \mu_{\alpha t}\\ \mu_{ht}\end{pmatrix} \sim N\left(0,\begin{pmatrix}I000\\ 0\sum_\beta 00\\ 00\sum_\alpha 0\\ 000\sum_h\end{pmatrix}\right),t = s+1,\cdots,n \qquad (9-4)$$

式中，$\beta_{s+1} \sim N(\mu_{\beta 0},\sum_{\beta 0})$，$\alpha_{s+1} \sim N(\mu_{\alpha 0},\sum_{\alpha 0})$，$h_{s+1} \sim N(\mu_{h0},\sum_{h0})$。TVP-VAR 模型的规定需要注意几点：①At 的下三角矩阵假设是 VAR 系统的递归识别；②参数不被假定为遵循诸如 AR（1）的固定过程，而是随机游走过程；③时变参数的方差和协方差结构由参数 $\sum_\beta$、$\sum_\alpha$ 和 $\sum_h$ 决定，并假设 $\sum_\alpha$、$\sum_h$ 是一个对角矩阵；④由于时变参数是随机行走的，需要指定时变参数的初始状态的先验值。

---

①　采用马尔可夫链蒙特卡罗（MCMC）方法估计具有随机波动性的 TVP-VAR 模型。TVP-VAR 模型是一种多变量时间序列模型，其特征在于系数和协方差矩阵都是时变的，时变的系数能够很好地刻画模型滞后结构的时变特征和可能的非线性特征，写出具有时变参数向量自回归形式的公式。张晓莉，孙琪琪，吴琼. 汇率预期、指令流与人民币汇率价差［J］. 金融与经济，2019（12）：4-11.

2）数据来源与变量设计

本章解释变量以及被解释变量的数据来源是 Wind 数据库以及中国香港金融管理局网站，被解释变量为：在岸和离岸人民币汇率价差（*dif*）；解释变量为：人民币汇率升贬值预期（*exp*）、指令流数据（*order*）。每个变量的数据范围为 2004 年 2 月至 2017 年 6 月，并且是月度数据①。其中，人民币即期汇率与离岸人民币即期汇率之差②、指令流③、人民币汇率升贬值预期④来自 Wind 数据库。中国香港人民币资金存量的数据来自中国香港金融管理局。

此外，上述提到的变量数据采用月度平均处理以及特殊变量计算公式⑤。采用统计软件 Matlab R2016a 进行实证分析。

9.4　指令流与汇率预期实证结果

本章对模型估计检验，确定模型的滞后阶数。见表 9 - 9，可知滞后阶数是 2，采用 MCMC 抽样方法对模型进行估计。根据中岛的算法预先赋值参数，设定对于时变参数的初始状态，设定先验值：$\mu_{\beta0} = \mu_{\alpha0} = \mu_{h0} = 0$，并且 $\sum_{\beta0} = \sum_{\alpha0} = \sum_{h0} = 10I$。为了计算后验估计值，我们在绘制 $M = 10000$ 个样本

---

① 张晓莉，孙琪琪，吴琼. 汇率预期、指令流与人民币汇率价差［J］. 金融与经济，2019（12）：4 - 11.

② 2004 年 2 月至 2012 年 5 月的 CNH 即期汇率采用 12 个月的 *ndf* 数据，2012 年 5 月至 2017 年 6 月汇率价差的数据采用 CNH 即期汇率。人民币汇率升贬值预期采用 12 月期的 *ndf* 数据。对于在岸和离岸人民币汇率价差（*dif*），在香港出现离岸即期汇率定价之前，研究汇率价差选用的数据是 *ndf*12 个月和在岸汇率的价差，考虑 *ndf*12 个月受管制程度低，发展较成熟的因素；2010 年 7 月香港离岸即期汇率发布后，离岸人民币即期汇率成了更适合的研究对象。

③ 指令流包括客户指令流和做市商指令流，本章采用"银行代客结售汇"来代替指令流数据。"银行代客结售汇"是为客户指定外汇银行办理的结汇和售汇业务，售汇是指定银行将外汇定向卖给外汇使用者，结汇是外汇所有者定向把外汇卖给指定银行。结汇与售汇的轧差数是结售汇差额。这个数据能够反映市场情绪，如果升值预期增强，结汇需求旺盛；反之，则购汇需求旺盛。

④ 对于人民币汇率预期（*exp*），因为 12 月期的 *ndf* 流动性最高、交易最为活跃，所有人民币汇率升贬值预期采用 12 月期的 *ndf*。若市场投资者认为人民币会贬值，则可能导致投资者在离岸市场上大量出售人民币，这时贬值预期也随之增大，汇率价差加大。

⑤ 在岸和离岸人民币汇率价差 $dif = (CHY - ndf12)/CNH$，预期汇率 $exp = （人民币在岸汇率 - 人民币 ndf 汇率）/人民币在岸汇率 \times 100$。

后舍去最初的 1000 个样本。TVP-VAR 模型的滞后阶数是通过序列似然比检验、最终预测误差、Akaike 准则确定的,Schwarz 准则和 Hanna-Quin 准则用于确定五种评估方法。在指令流、汇率价差和汇率预期的模型中,通过表 9 - 9 观察发现,在滞后二阶中,评价方法 FPE、AIC、HQIC 和 SBIC 均为最小值,信息准则最小,于是选择最优滞后阶数为 2①。

表 9 - 9   滞后阶数及选择

lg	LL	LR	df	P	FPE	AIC	HQIC	SBIC
0	- 854. 026				147. 209	16. 343	16. 384	16. 445
1	- 338. 274	1031. 5	16	0. 000	0. 011	6. 824	7. 029	7. 329
2	- 298. 29	79. 967	16	0. 000	0. 007 *	6. 367 *	6. 736 *	7. 277 *
3	- 282. 982	30. 616 *	16	0. 015	0. 007	6. 381	6. 913	7. 694
4	- 275. 206	15. 553	16	0. 485	0. 008	6. 537	7. 234	8. 256

注: * 说明此方法支持。
资料来源:笔者计算。

1. 模型中参数的估计结果

借鉴 MCMC 方法模拟 10000 次获得的估计结果见表 9 - 10 和图 9 - 3。表 9 - 10 给出了 TVP-VAR 模型的参数估计结果,从中可以看出,参数的后验均值都处于 95% 的置信区间内,Geweke. CD 收敛值都小于 1.96,不拒绝收敛于后验分布的原假设。同时从无效因子可以看出,除了 Sb2 和 Sh1 外,其余参数的无效因子均较小,在 10000 次的总抽样次数中 MCMC 抽样的效果较理想。

表 9 - 10   参数估计结果

参数	后验均值	后验标准差	95% 置信区间下限	95% 置信区间上限	Geweke. CD 收敛诊断值	无效影响因子
Sb1	0. 0023	0. 0003	0. 0018	0. 0028	0. 711	6. 06
Sb2	0. 0041	0. 0029	0. 0020	0. 0111	0. 002	344. 59
Sa1	8. 2116	33. 9231	2. 8961	23. 2793	0. 437	17. 51

---

① 张晓莉,孙琪琪,吴琼. 汇率预期、指令流与人民币汇率价差 [J]. 金融与经济,2019 (12): 4 - 11.

续表

参数	后验均值	后验标准差	95%置信区间下限	95%置信区间上限	Geweke. CD 收敛诊断值	无效影响因子
Sa2	0.0054	0.0016	0.0034	0.0094	0.596	40.36
Sh1	0.3532	0.1714	0.1886	0.8244	0.002	298.91
Sh2	0.0131	0.0424	0.0034	0.0978	0.188	134.44

资料来源：笔者计算。

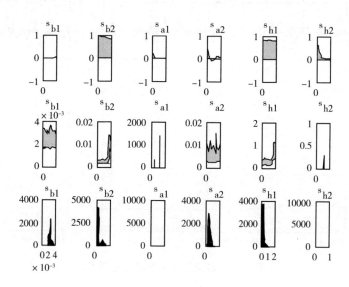

图 9 - 3　样本自相关

资料来源：笔者绘制。

图 9 - 3 说明了样本不相关以及 MCMC 算法是合适的等相关结论，分别表示样本自相关（顶部）、样本路径（中部）和后部密度（底部）。样本自相关图可以看出自相关系数呈现下降趋势，中部的样本路径显示抽样数据在一定的范围内稳定波动。基于此，可以认为通过参数假设条件的 MCMC 抽样所获得样本是不相关的，也侧面证明了利用 MCMC 算法进行估计是有效的。

2. 时变脉冲响应图

通过 TVP-VAR 模型显示在不同的冲击约束条件下的关于指令流、汇率升贬值预期以及汇率价差脉冲响应图，分别以持续 1 个月、2 个月和 4 个月的滞后期来反映各变量受到的短期冲击响应图，而图 9 - 4 系列是以持续 4 个月、

8个月和12个月的滞后期来反映各变量受到冲击的短期、中期和长期的响应效果。如图9-4和图9-5所示，可以看出，汇率价差对指令流和汇率升贬值预期的冲击都是表现出显著的时变特征，其中指令流和汇率升贬值预期受到汇率价差的长期冲击（12个月）所呈现的响应波动最明显，短期冲击（4个月）几乎无响应[①]。

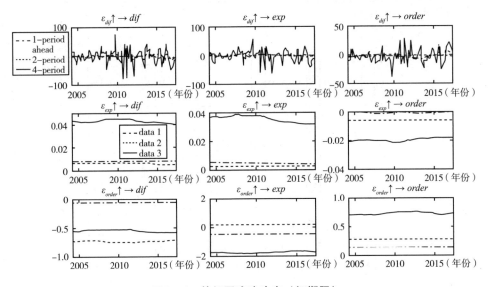

图9-4　等间隔脉冲响应（短期限）

资料来源：笔者绘制。

3. 汇率价差的脉冲响应

由图9-4和图9-5第1列可以证明，汇率价差受到指令流的作用效果在短期频繁且波幅不大，在2010年呈现一个波峰，可能是汇改造成了市场的不稳定性，加大了投资者的恐慌情绪。指令流对汇率价差的影响总是为负，没有明显的时变效应。尤其在滞后期1期、2期和4期时，指令流对汇率价差都具有冲击效应，在整个样本期内都比较稳定，可以看出指令流对汇率价差的影响在短期内更为频繁，但波幅不大。其原因可能是：第一，因为本章的指令流数据不是做市商的私人数据而是一个加总数据，数据的精确度不高；第

---

① 张晓莉，孙琪琪，吴琼. 汇率预期、指令流与人民币汇率价差［J］. 金融与经济，2019（12）：4-11.

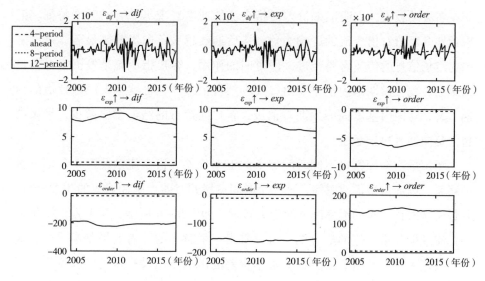

图 9 - 5   等间隔脉冲响应（长期限）

资料来源：笔者绘制。

二，参与市场交易的交易者类别及参与程度的不同导致了指令流信息的差异化，进而减缓了指令流反映市场信息的速度；第三，指令流关于基本面的信息需要经过一定的滞后时间才能显示在价格中。

4. 汇率预期升贬值的脉冲响应

由图 9 - 4 和图 9 - 5 第 2 列可以证明，汇率价差在 2010～2011 年对汇率升贬值预期基本处于正向影响，且在 2010 年之后的影响正负交替波动较大，表明长期汇率价差对汇率升贬值预期的冲击表现出显著的时变特征。而指令流对汇率预期升贬值在较短的时期内是呈现正向影响的，短期内客户对外汇结汇的增加会引起市场汇率贬值的预期的增长，但是在长期是表现负向影响的，则意味着市场分散的私人信息以及可能会结汇的指令流增加会引起市场对汇率升值的预期的增长，从而减少在离岸汇率价差。

5. 指令流的脉冲响应

由图 9 - 4 和图 9 - 5 第 3 列可以证明汇率价差对指令流的冲击的作用效果方向是负方向，通过对比长滞后期和短滞后期的脉冲响应能够发现，汇率价差对指令流相对长滞后期的影响明显，体现为正负交替，且在 2010 年和 2015

年左右波动较大，表明汇率价差对指令流的冲击表现出显著的时变特征。汇率预期升贬值对指令流的影响为负，滞后期数越大负向影响越显著，可能是因为市场信息的传递需要经过一段时间的作用，客户指令流是投资组合调整结果的表现，预期国内汇率贬值，代客结售汇减少，也就是人民币贬值的预期上升，对国内基本面的预期较消极，客户向银行的结汇意愿减少，带来结售汇负向的客户指令流。

更深层次地探索在不同时间点上的汇率价差、指令流以及汇率预期三者的联系，因此借鉴汇改时间，选三个时间点展开时间点脉冲响应的相关分析，并进一步对比三点的汇率改革的相关影响。如图 9-6 所示，第 1 列汇率价差对汇率预期和指令流的响应图，可以看出三个时点的冲击效果基本重合，这意味着汇率预期和指令流变化对汇率价差的影响作用没有显著的时变性，可能是由于人民币利率和汇率决定机制市场化程度不高，市场信息的传导不完全。汇率价差对汇率预期冲击的响应方向在 5 期之后为正，且逐渐增大，表现为长期汇率预期对汇率价差的正向影响越来越大；汇率价差对指令流冲击的响应方向在 5 期之后为负，即指令流在短期内对汇率价差几乎没有影响，

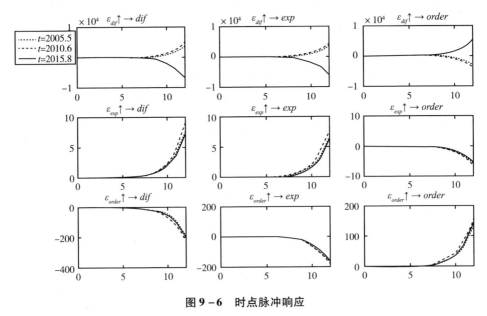

图 9-6　时点脉冲响应

资料来源：笔者绘制。

可能是做市商对基本面信息的了解要逐步学习修正，所以关于基本面的信息需要经过一定的时间才能显示在价格中。值得注意的是，2015 年的汇率市场改革的时点显示利率市场化改革的深入在一定程度上减轻了指令流对汇率价差的负向影响①。

9.5　指令流的中介效应

据前文所述，汇率价格差异受到指令流的作用，在宏微观市场中起着媒介作用，问题是指令流是怎样与宏观因素建立联系的？为了进一步考察指令流关于汇率价差的作用机制，除了借鉴相关文献外，根据汇率升贬值预期这一点展开考察指令流是否推动这一宏观因素对汇率价差显现作用效果，从而指令流的中介效应得到说明。本章借鉴温忠麟和叶宝娟（2014）提出的新的中介效应检验流程，借鉴 Mplus 进行探索②以证明假说 3。首先，是设置三个计量模型，具体检验步骤如下：第一步，对模型（9-5）进行回归，检验公式（9-5）的系数 c，观察汇率升贬值预期与汇率价差的回归系数是否显著，显著说明指令流中介效应成立。第二步，依次检验公式（9-6）的系数 a 与公式（9-7）的系数 b，如果至少存在一个是不显著的，则进行第三步，即用 Bootstrap 法检验；如果两个系数显著证明间接效应是显著的，可直接转到第四步。第三步，用 Bootstrap 法直接检验 $H_0: ab = 0$。如果显著，则间接效应显著，进行第四步；反之，停止分析。第四步，检验系数 c'，如果直接效应不显著，则说明只有中介效应；反之，则证明直接效应是显著的，可以继续进行第五步。第五步，比较 ab 和 c' 的符号，符号相同属于部分中介效应，并且 ab/c 为中介效应占总效应的比例；如果两者符号相反属于遮掩效应，则需要报告间接效应与直接效应的比率的绝对值 $|ab/c|$。这个检验流程是从参数角

---

① 张晓莉，孙琪琪，吴琼. 汇率预期、指令流与人民币汇率价差 [J]. 金融与经济，2019（12）：4-11.

② 温忠麟和叶宝娟（2014）基于巴伦和肯尼（Baron & Kenny，1986）提出的中介效应模型和逐步测试方法，相应修改了中介效应的检验流程，建议用 Bootstrap 法取代 Sobel 法对系数乘积进行检验。张晓莉，孙琪琪，吴琼. 汇率预期、指令流与人民币汇率价差 [J]. 金融与经济，2019（12）：4-11.

度出发进行检验。相比于点估计，进行区间估计则更为精确。Mplus 程序运用 Bootstrap 法求出系数和的置信区间进行检验，这种方法更加稳妥[1]：

$$dif = \alpha_1 + c \times exp + \varepsilon_1 \tag{9-5}$$

$$order = \alpha_2 + a \times exp + \varepsilon_2 \tag{9-6}$$

$$dif = \alpha_3 + c \times exp + b \times order + \varepsilon_3 \tag{9-7}$$

见表 9-11，显示了参数估计值以及置信区间和其回归结果，对模型（9-5）进行回归的结果显示汇率预期对汇率价差回归的系数为 0.052，在 1% 的水平下显著，说明总效应显著。为了检验汇率预期是否经由指令流传递给汇率，即指令流在连接宏观微观市场中是否起到中介作用，回归模型（9-6）、模型（9-7），得出系数 a 和系数 b 都显著，即间接效应是显著的，且汇率预期对指令流的系数 a 显著为正，说明人民币汇率贬值预期的增强会刺激外汇市场外汇持有者实施抛售外汇的行为。模型（9-6）与模型（9-7）相比较，在加入中介变量后，汇率预期的系数由 0.052 增加到 0.061，并且显著，这说明指令流增强了汇率预期对汇率价差的影响，指令流的信息传递作用明显。进一步检验了方程（9-5）的系数 c' 为 0.061，结果表明直接效应显著。为了更加准确地验证指令流的中介效应，我们又对系数进行了 Bootstrap 检验，结果也是显著，因此存在以指令流为中介变量的中介效应，该中介效应的大小为 -0.009，系数 ab 的 -0.009 和 c' 的 0.061 符号相异，其在总效应中所占比重为 $|ab/c|$，14.8%[2]。

根据检验结果，见表 9-11，得出指令流起到显著的中介效应，汇率预期贬值加大了汇率的价差[3]。

① 张晓莉，孙琪琪，吴琼. 汇率预期、指令流与人民币汇率价差 [J]. 金融与经济，2019 (12)：4-11.

② 显示系数与系数乘积 ab 的参数估计值和偏差校正的非参数百分位 Bootstrap 置信区间。张晓莉，孙琪琪，吴琼. 汇率预期、指令流与人民币汇率价差 [J]. 金融与经济，2019 (12)：4-11.

③ 在汇率预期影响汇率价差的过程中，指令流起到了显著的中介作用。可以看出，汇率预期贬值的增加加大了汇率的价差，传递过程表现为市场汇率预期贬值增加，客户集合市场信息反映到指令流减少，指令流减少导致汇率价差增大。指令流传递了汇率预期及其以外其他的信息，通过市场的汇总，有效地反映到汇率价差中。综合分析，汇率价差的影响机制中存在"汇率预期→指令流→汇率价差"的机制，该机制表明指令流在微观和宏观市场中的中介效应显著。

表 9 – 11　　　　　汇率预期经由指令流影响汇率价差的中介效应

系数	估计值	Bootstrap 法置信区间		
		99% 置信区间	95% 置信区间	90% 置信区间
dif ON *exp*（*c*）	0.052 *** (0.002)	(0.047, 0.058)	(0.049, 0.05)	(0.04, 0.055)
dif ON				
exp（*c′*）	0.061 *** (0.002)	(0.056, 0.066)	(0.057, 0.065)	(0.057, 0.064)
order（*b*）	0.000 *** (0.000)	(0.000, 0.000)	(0.000, 0.000)	(0.000, 0.000)
order ON *exp*（*a*）	59.954 *** (6.850)	(42.703, 78.659)	(47.088, 73.953)	(49.260, 72.361)
常数项				
order	94.672 *** (23.129)	(28.666, 148.988)	(43.526, 137.080)	(52.740, 128.922)
dif	0.089 *** (0.005)	(0.073, 0.102)	(0.078, 0.099)	(0.080, 0.097)
残差				
order	56873.730 *** (12259.218)	(32041.119, 93081.609)	(37321.863, 86868.945)	(40727.875, 81773.562)
dif	0.002 *** (0.000)	(0.002, 0.003)	(0.002, 0.003)	(0.002, 0.003)
中介效应 （*a* * *b*）	− 0.009 *** (0.001)	(− 0.013, − 0.006)	(− 0.011, − 0.007)	(− 0.011, − 0.007)
中介效应占比	14.8%			

注：括号内显示了系数所对应的标准差；*** 表示在 1% 水平上显著。
资料来源：笔者计算。

9.6　本章小结

本章通过时变参数 TVP-VAR 模型考察了汇率预期升贬值、指令流以及汇率价差相互的作用效果,得出:第一,汇率预期升贬值会负向影响指令流,且滞后期数越大负向影响越显著;第二,指令流对汇率价差的影响总是负面的,短期内波动频繁,但波幅不大;第三,汇率改革有助于缓解市场分散信息对汇率价差的影响;第四,汇率预期影响汇率价差的过程中,指令流起到了显著的中介作用,存在"汇率预期→指令流→汇率价差"的影响机制,表现为市场汇率预期贬值增加,客户指令流会相应减少,进而导致汇率价差增大。因此,需要进一步提高外汇市场信息效率,加快汇率的流动以及市场信息的流动。宏观层面上加强外汇实仓的管理;微观层面上丰富市场交易主体和参与主体的多样性,加强人民币在离岸市场之间的联动性。注意完善人民币离岸市场的发展,缩小境内外利差,减少市场的套利,增强投资者对中国经济、人民币汇率的预期。

第 10 章　逆周期因子稳定汇率效应研究

本章结合第 6 章给出的逆周期因子的机制进行汇率稳定效应检验，通过新的"收盘价＋一篮子货币＋逆周期因子"的中间价的计算机机制，测算了逆周期因子的数值，进而通过构建 VAR＋EGARCH（1.1）模型分析了逆周期因子通过影响中间价的变动对人民币汇率中间价的趋势以及人民币汇率波动性的影响。

10.1　实证设计

2020 年 10 月 27 日晚，外汇市场自律机制秘书处表示人民币兑美元中间价报价模型中的逆周期因子将陆续主动淡出使用①。重启两年多的"逆周期因子"在人民币汇率中间价中起到何种作用？逆周期因子是否正确地引导了市场投资者的预期？这些声音一直是市场上许多学者争论的焦点。

本章主要使用 2018 年 8 月 24 日至 2020 年 10 月 27 日之间的数据，具体分析逆周期因子重启这两年来在中间价中起到的作用，通过新的人民币中间价的计算机制，测算出逆周期因子的数值，再通过构建 VAR 和 EGARCH 模型分析逆周期因子在影响人民币汇率变动方面的影响。

---

① 中国人民大学重阳金融研究院研究员、合作研究部主任刘英．淡出逆周期因子，人民币汇率市场化改革迈出一大步［N］．21 世纪经济报道，2020 – 10 – 30．

10. 2　变量统计

本章该部分主要运用 VAR 模型，分析人民币汇率中间价变动和逆周期因子之间的相关关系。根据模型，需要设置一系列的控制变量，其中主要影响人民币中间价变动率的因素包括如下。

逆周期因子，通过前文 6. 2. 4 章节中逆周期因子的作用机制中逆周期因子的测算方法加入具体数据所得，此处用价差基点表示。

中美的基础利率利差，由于中美的基础利率利差所产生的套利行为，可能会导致资本的外流或者内流，进而影响人民币汇率波动。因此，本部分控制了中美隔夜银行间同业拆借利率差，使用国内 Shibor 隔夜利率—美元 Libor 隔夜利率来表示中美的基础利率差。

在岸、离岸汇率价差，离岸人民币汇率对在岸人民币汇率可能产生一系列的影响，许多学者在研究人民币离岸价和在岸价的汇率价格差以及汇率变动的关系时发现，离岸汇率价差会影响汇率的水平。因此，本章使用上日 16：30 在岸价减去当日 9：00 离岸价之差作为该控制变量的值。

全球风险偏好的波动率：使用 VIX 的对数一阶差分作为国际市场的风险态度变化的控制变量。研究发现，VIX 指数越大，在投资者看来，市场的波动性越大，此时投资者会减少对人民币的持有，转而持有美元以作为主要的避险资产，这会导致人民币在国际市场的贬值，进而影响人民币汇率。

美元指数变动率：由于书中的人民币汇率是用人民币兑美元的汇率指数来计算的，因此美元本身的变动也会影响人民币汇率的变动，所以需要控制美元指数的变动率。

市场供求：国际市场供求也必然会影响人民币汇率的变动，参考葛天明（2018）的算法，用当日人民币收盘价汇率相对于中间价的变动来表示市场供求的变化。

本章所用变量及其描述性统计见表 10-1 和表 10-2，从人民币中间价变动率来看，其均值为 -0. 0000517，表明在样本取值时间内，人民币兑美元处在升值的范围内，其中 0.96% 为最大的升值幅度，0.76% 为最小的贬值幅度。

从市场供求来看，均值为 0.00104，表明在样本取值时间内，人民币兑美元总体上是在贬值的。在岸、离岸汇率价差均值为负，表明总体上的在岸收盘价是小于离岸收盘价的。

表 10 - 1　　　　　　　　　　　　　本章所用变量

符号	名称	描述
ZJJBD	人民币中间价变动率	人民币兑美元中间价的波动，使用对数—阶差分计算
LC	中美基础利率利差	国内 Shibor 隔夜利率 - 美元 Libor 隔夜利率（上日中美隔夜银行间同业拆借利率差）
ZALAHJC	在岸、离岸汇率价差	按在岸、离岸价人民币汇率收盘价之间的差额进行测算
VIXR	全球风险偏好波动率	VIX 的对数—阶差分
MYZSBDL	美元指数变动率	美元指数的对数变动率
NZQYZ	逆周期因子	本章测算出的逆周期因子
SCGQ	市场供求	当日人民币收盘汇率相对于中间价的对数变动

资料来源：笔者整理。

表 10 - 2　　　　　　　　　　　　　变量描述性统计

变量	观测值	均值	标准差	最小值	最大值
中美基础利率利差	491	0.0053282	0.0081775	- 0.0147938	0.0229837
在岸、离岸汇率价差	491	- 0.0035395	0.0155455	- 0.0665	0.0888
全球风险偏好波动率	491	0.0009048	0.0387088	- 0.1156212	0.1701169
逆周期因子	491	- 0.0074174	0.0246059	- 0.0962123	0.0518709
美元指数变动率	491	- 0.0000201	0.0016588	- 0.0066257	0.007707
市场供求	491	0.0010449	0.0030044	- 0.0097977	0.0161491
人民币中间价变动率	491	- 0.0000517	0.0021581	- 0.0096226	0.0076244

资料来源：笔者据 Wind 数据整理。

10.3　三因子模型分析

1. 逆周期因子对中间价的影响

首先运用 ADF 方法对变量进行单位根检验[1]，其结果见表 10 - 3。由

----

① 邓琦. 基于 VAR 模型的上证指数波动对个股影响的实证分析［EB/OL］. 大学生论文联合比对库，2018 - 04 - 26.

表 10 - 3 可知，除了中美基础利差之外，其余变量均超过了 1% 的临界值，表明在岸、离岸汇率价差，全球风险偏好波动率，逆周期因子，美元指数变动率，市场供求，人民币中间价变动率的序列均十分平稳。

表 10 - 3 ADF 检验结果

变量	检验统计量	1% 临界值	5% 临界值	10% 临界值
中美基础利率利差	- 2.005	- 3.450	- 2.875	- 2.570
在岸、离岸汇率价差	- 13.642	- 3.450	- 2.875	- 2.570
全球风险偏好波动率	- 25.403	- 3.450	- 2.875	- 2.570
逆周期因子	- 18.440	- 3.450	- 2.875	- 2.570
美元指数变动率	- 18.314	- 3.450	- 2.875	- 2.570
市场供求	- 14.340	- 3.450	- 2.875	- 2.570
人民币中间价变动率	- 17.626	- 3.450	- 2.875	- 2.570

资料来源：笔者计算。

其次对变量进行格兰杰因果检验，其结果见表 10 - 4。由表 10 - 4 可知，在岸、离岸汇率价差，全球风险偏好波动，逆周期因子，美元指数变动率，市场供求这五个变量是人民币中间价变动率的格兰杰原因；人民币中间价变动率，在岸、离岸汇率价差，美元指数变动率这三个变量是逆周期因子的格兰杰原因。但是，各个变量之间的响应程度以及因果关系等仍无法从格兰杰因果检验中得到。因此，为了进一步估计中间价变动率和逆周期因子之间的关系，构建包含人民币中间价变动率，逆周期因子，美元指数变动率，中美基础利率利差，在岸、离岸汇率价差，全球风险偏好波动率，市场供求这七个变量的 VAR 系统，见表 10 - 5。为了估计 VAR，首先必须根据信息准则确定 VAR 模型的阶数：根据最简洁的 SBIC 模型，只需滞后 1 阶；而根据 HQIC 和 SBIC 准则，需要滞后 2 阶[①]；根据 LR 检验，则需滞后 5 阶之多。如果根据 SBIC 准则，选择滞后 1 阶，可能过于简洁；反之，如果根据 LR 检验滞后 5 阶，将会损失较多的样本容量，故本章折中选择滞后 2 阶，由于 VAR 模型系数多的特性，因此，不汇报 VAR 的回归系数，主要汇报脉冲响应结果与预测方差分解。

---

① 王世龙. 日本非常规利率政策效果实证研究 [D]. 沈阳：辽宁大学，2017.

表 10 – 4　　　　　　　　　　　　解释变量的格兰杰因果检验

变量	待检验格兰杰原因	Ch2 统计量	P 值	结论
人民币中间价变动率	中美基础利率利差	1.381	0.710	接受
	在岸、离岸汇率价差	53.316	0.000	拒绝
	全球风险偏好波动率	15.428	0.001	拒绝
	逆周期因子	95.078	0.000	拒绝
	美元指数变动率	10.494	0.015	拒绝
	市场供求	9.427	0.004	拒绝
逆周期因子	中美基础利率利差	7.9238	0.048	接受
	人民币中间价变动率	16.3647	0.000	拒绝
	在岸、离岸汇率价差	9.3033	0.026	拒绝
	全球风险偏好波动	0.5911	0.898	接受
	美元指数变动率	15.434	0.001	拒绝
	市场供求	2.958	0.372	接受

资料来源：笔者计算。

表 10 – 5　　　　　　　　　　　　VAR 模型方差分解结果

方差分解/%	人民币中间价变动率	逆周期因子	美元指数变动率	中美基础利率利差	在岸、离岸汇率价差	全球风险偏好波动率	市场供求
人民币中间价变动率	89.2	1.59	1.47	4.57	0.12	0.89	2.16
逆周期因子	14.7	53.9	9.87	11.4	4.16	4.65	1.32
美元指数变动率	1.04	0.13	96.29	1.51	0.04	0.015	0.975
中美基础利率利差	0.17	1.95	0.54	94.7	0.2	0.89	1.55
在岸、离岸汇率价差	3.7	0.21	1.56	2.97	88.87	0.98	1.71
全球风险偏好波动率	0.84	1.46	1.3	2.46	9.68	79.41	4.85
市场供求	8.72	2.89	4.29	1.44	2.26	1.36	79.04

资料来源：笔者计算。

如图 10 – 1 ~ 图 10 – 7 所示，为逆周期因子对于各种冲击变量的脉冲响应，由此可以发现，逆周期因子显著受到中间价变动、其自身、美元指数变动率以及中美利差等因素的影响。由图 10 – 1 可知，一单位中间价变动的正冲击，将会在未来的 8 期内对逆周期因子有持续的负向的影响，将在第 1 期时达到峰值。这表明逆周期因子会随着中间价的变动而调整，当人民币兑美

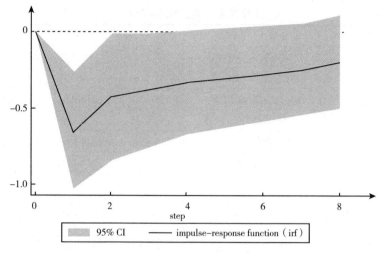

图 10 - 1　冲击变量：人民币中间价变动率

资料来源：笔者计算。

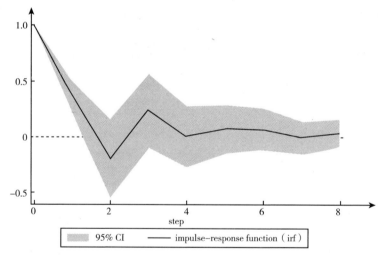

图 10 - 2　冲击变量：逆周期因子

资料来源：笔者计算。

元汇率呈现上升趋势时，逆周期因子会给予中间价负向的调整，以修正市场对于中间价趋势的顺周期性。由图 10 - 2 可知，当逆周期因子在当期具有一单位的正向冲击时，会在第 2 期内对逆周期因子有正向的影响，在第 2 ~ 第 3 期内具有负向的影响，随后逐渐趋向于 0，这表现出逆周期因子的调节具有一

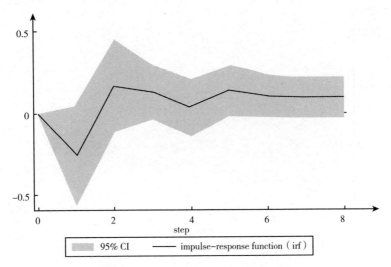

图 10 - 3　冲击变量：美元指数变动率

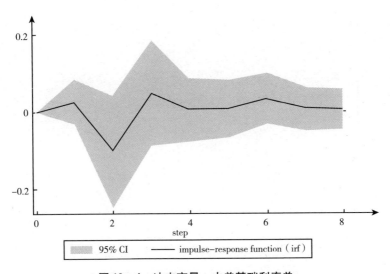

图 10 - 4　冲击变量：中美基础利率差

定的惯性。由图 10 - 3 可知，美元指数变动率对逆周期因子也具有显著的影响，在第 1 期先是呈现出显著的负向反应，在第 2 期之后则表现出显著的正向反应。由图 10 - 4 可以看出，中美逆差对于逆周期因子也具有显著的负向影响，当国内 Shibor 隔夜利率大于美元 Libor 隔夜利率水平时，逆周期因子会在第 4 期左右的时间内逐步推动中美利差的负向变化。图 10 - 5 表示全球风

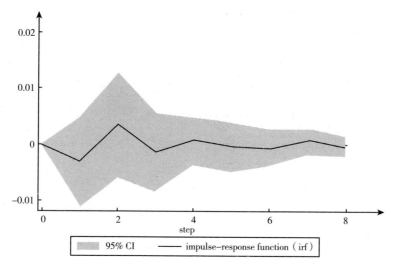

图 10 – 5　冲击变量：全球风险偏好波动率

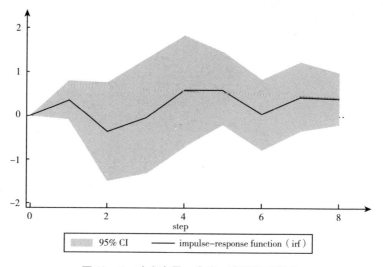

图 10 – 6　冲击变量：在岸、离岸汇率价差

险偏好率对逆周期因子没有明显的影响；由图 10 – 6 可以看出，在岸、离岸汇率价差对逆周期因子具有显著的影响，其原因可能是该变量所代表的国内环境通过对其他变量的调节，从而间接地影响逆周期因子的变动，但是其影响在第 6 期之后会逐步地趋近于 0。图 10 – 7 表示的市场供求则对于逆周期因子有显著的正向影响。见表 10 – 5，VAR 方差分解的结果与脉冲响应结果类

似，中间价变动率的波动有 89.2% 是其自身波动的原因，再是利差波动、市场供求的冲击导致。而逆周期因子的变动有 53.9% 是前期逆周期因子波动的结果，有 14.7% 由中间价变动来解释，其次是中美基础利率利差，可以解释 11.4%，美元的指数变动也可以解释 9.87% 的逆周期因子变动。

2. 逆周期因子对汇率波动的影响

通过对中间价变动率的时间趋势图的分析，可以明显看出中间价的波动率具有明显的波动性聚集。而 VAR 模型只能分析变量间的水平方向的影响，因此，本部分使用 EGARCH（1.1）模型，以分析逆周期因子对中间价变动率的波动性的影响，具体步骤如下：

首先，通过 AIC 或者 BIC 原则的最小阶数，对均值方差定阶，最终选择中间价变动的一节之后，将均值方程建立模型，如式（10－1）所示；其次，在均值方程建立完成之后，使用 LM 方法对残差进行异方差检验，对残差的异方差模型拉格朗日乘子（LM）法的检验显示通过，因此，对残差建立 EGARCH 模型，其条件方差模型为式（10－2）所示；最后，对残差 η_t 的独立性进行检验，检验结果表明其为白噪声序列，因此，该模型对残差所包含的信息已经进行了充分的提取。

$$ZJJBDL_t = \partial_0 + \partial_1 ZJJBDL_{t-1} + \partial_2 NZQYZ_{t-1} + \varepsilon_t \qquad (10-1)$$

$$\varepsilon_t = \sqrt{h_t} \times \nu_t \qquad (10-2)$$

$$\ln(h_t) = \beta_0 + \beta_1 \ln(h_{t-1}) + \beta_2 V_{t-1} + \beta_3 |V_{t-1}| + \delta NZQYZ_{t-1} + \eta_t \qquad (10-3)$$

对序列是否存在 ARCH 效应进行了 LM 检验，结果表明，该序列存在 ARCH 效应，因此可以使用 EGARCH 模型。

EGARCH 模型的回归结果见表 10－6。在列（1）中，均值方差中逆周期因子的系数并不明显；而在方差方程中，逆周期因子的系数在 1% 的显著水平下显著，表明逆周期因子对中间价的波动幅度具有较为明显的影响，但是对于中间价的水平值并没有比较明显的作用。这表明央行在第二次引入逆周期因子以来，有效减少了中间价市场的汇率波动，在启用逆周期因子以来，汇率的波动并不显著，增加了人民币汇率形成机制的不确定性。

在列（2）中，加入了市场供求、美元指数、市场供求的滞后一阶的变动率，均在 10% 的水平上显著，表明市场供求增加 1%，中间价变动率会有 0.035% 的变动，而美元指数变动 1%，人民币中间价则相对于美元贬值 0.03%。中间价变动率的系数为 0.0345，在 10% 的显著性水平下显著，表明中间价的变动率表现出惯性。在方差模型中，$\ln(h_t)$ 的系数在 1% 的显著性水平上显著，表明中间价波动率的方差具有较强的波动聚集性。

在列（3）中，还加入了在岸、离岸汇价差和全球风险偏好这两个反映国际市场波动的变量，从回归均值方程中可以看出，美元指数变动率，市场供求，在岸、离岸汇价差和中间价变动的一阶滞后项均对于中间价水平呈现出显著的影响。在方差模型中，结果也和均值模型类似，在岸、离岸汇价差和市场供求等均对中间价的波动产生比较显著的影响，当在岸、离岸汇价差增大时，会使资金因为投机需求而流入汇率更高的市场，进而影响中间价的波动幅度。

运用 BIS 和 SDR 货币篮子重新进行测算，结果不变，说明结果通过了稳健性检验。

表 10 - 6　　　　　　　　　模型回归结果

变量	(1) ZJJBD	(1) $\ln(h_t)$	(2) ZJJBD	(2) $\ln(h_t)$	(3) ZJJBD	(3) $\ln(h_t)$
lgNZQYZ	0.0077 (0.0034)	0.3640 *** (0.0820)	0.0061 (0.0038)	0.1265 ** (0.0583)	0.0045 (0.0038)	-0.0355 *** (0.0043)
lgSCGQ			0.0353 * (0.0207)	0.0052 0.0056	0.5186 *** (0.0205)	0.0254 * (0.0215)
lgMYZSBDL			0.0303 * (0.0232)	0.2048 (0.3094)	0.3959 *** (0.0231)	0.0397 (0.0492)
lgZMLC			0.0056 (0.0065)	-0.0462 * (0.0397)	0.0103 (0.0064)	0.0056 (0.0077)
lgVIX					-0.0009 (0.0006)	0.049 (0.056)
lgLAHJC					-0.0204 *** (0.0036)	-5.1394 *** (0.0029)
lgZJJBD	0.1362 *** (0.0403)		0.0345 * (0.0260)		-0.0495 * (0.0253)	
lgma	-0.00219 (0.0017)		-0.0695 (0.1537)		-0.0171 ** (0.0021)	

续表

变量	(1)	(1)	(2)	(2)	(3)	(3)
	ZJJBD	$\ln(h_t)$	ZJJBD	$\ln(h_t)$	ZJJBD	$\ln(h_t)$
$\ln(h_{t-1})$		1.0012 ***		0.8742 ***		- 7.0332 ***
		(0.067)		(0.1833)		0.1002
V_{t-1}		- 0.0182		- 0.0447		- 1.5579 *
		(0.065)		(0.0285)		- 0.0939
$\vert V_{t-1}\vert$		- 0.0243		- 7.3346 ***		0.3375 ***
		(0.048)		0.0027		(0.088)
c	- 0.0003	0.0637	- 0.0003		- 0.0004 ***	- 5.9823 ***
	(0.0008)	(0.206)	(0.0007)		(0.00006)	(2.3242)

注：＊、＊＊、＊＊＊分别表示在10%、5%和1%水平下显著；括号中的数值表示稳健性标准误。

10.4　本章小结

本章主要利用 2018 年 8 月 28 日至 2020 年 10 月 27 日间的逆周期因子，使用时间段内的人民币对美元和一篮子货币的交易数据，通过使用加入了"逆周期因子"的新中间价三因子模型计算机制，测算了逆周期因子的数值，进而通过构建 VAR + EGARCH（1.1）模型分析了逆周期因子通过影响中间价的变动对人民币汇率中间价的趋势以及人民币汇率的波动性的影响。研究结果表明：逆周期因子引入后，对于修正市场上投资者的非理性预期具有重要的作用，使得汇率的波动更加地反映我国宏观经济的基本面的关系，汇率变动对于宏观经济的反映更加充分，有效地缓解了市场上的"羊群效应"。此外，逆周期因子不是中间价变动的格兰杰原因，而中间价变动是逆周期因子的格兰杰原因。逆周期因子的加入使人民币在双向浮动的汇率市场上表现得更加稳定。作为央行用于管理汇率市场稳定的一种政策工具，逆周期因子的应用有效地过滤掉了市场上的非理性因素，修正了投资者的不理性行为，对促进人民币汇率市场进一步完善具有重要的作用。

第11章　人民币汇率与企业研发创新

国内外学者选取了不同样本、基于不同的视角探讨人民币汇率对企业创新的影响，并且得出了较为一致的结论；已有文章将实际有效汇率计算到企业层面，但按照进口企业与出口企业划分测算进口加权与出口加权实际有效汇率来研究其对企业研发创新的影响的文章还不多见。与以往的研究相比，本章从进口溢出效应与出口收益效应两个渠道同时考察有差异的进口加权实际有效汇率与出口加权实际有效汇率对企业研发创新的异质影响；分析受国家产业政策影响的行业企业与一般进出口企业相比对创新所表现出的异质性行为。

11.1　人民币汇率与企业创新的指标测算

1. 指标选取以及数据说明

本章分析所采用的贸易信息和创新研发相关指标分别来自不同的数据库。

（1）中国工业企业数据库①。这套数据提供了本章分析所需要的研发创新变量及相关控制变量包括新产品产值、研发投入费用、企业利润、工业产值、销售收入、企业类型、企业规模、产品类型、所属行业等。在整理数据中，根据 GAPP 通用会计准则定义的筛选标准，进行了数据清理。

---

① 企业信息来自国家统计局 2000～2007 年规模以上工业企业数据库，此数据库涵盖了我国所有国有企业及非国有企业中的"规模以上"企业。并且，其出口总额占到了中国制造业出口总额的98％。来源于：戴觅，徐建炜，施炳展. 人民币汇率冲击与制造业就业——来自企业数据的经验证据[J]. 管理世界，2013（11）：14－27，38.

（2）中国海关数据库①。这套数据对本章的研究重要性在于，可以通过所提供的交易对象方所在地以及每笔贸易额，计算企业与不同国家对外贸易的权重，从而给各个国家汇率加权，构建出企业层面的出口加权实际有效汇率、进口加权实际有效汇率。

（3）中国专利数据库②。由于专利数据库中所包含的是每个产品的信息，因此在数据处理上较为复杂。首先，按照年份与企业名称加总；其次，将英文名称专利与繁体字专利转化为简化汉语；最后，剔除异常值、缺失值。

（4）国际货币基金组织数据库（IFS）。从该数据库获得名义汇率并作出一定处理③，进一步根据海关数据库所计算出的企业层面贸易权重，对人民币兑各个国家货币的实际汇率进行加权，最终得到公司出口加权实际有效汇率和进口加权实际有效汇率④，并与海关数据库合并。

结合前两部分数据，参考田巍和余淼杰（2013）的文章分析得出企业样本的合并方法⑤。然后，将专利数据库按照年份和企业名称与合并好的数据进行匹配，得到 223370 个企业样本，为本章研究所需要的主要数据。

---

① 企业层面贸易信息是来自中国海关总署企业层面交易数据，该数据库提供了 2000～2007 年中所有通关企业的每一条进出口交易信息，包括：进出口贸易基本情况（进出口产品的 8 位 HS 编码、贸易额、贸易状态、产品数目、交易单位和每单位产品贸易额）、进出口贸易模式（贸易对象国家或地区、路线、贸易类型、贸易模式和进出的海关）和企业基本信息（企业名称、海关编码、所在城市、电话、邮编、CEO 的姓名及企业所有制）。来源于：康志勇. 中间品进口与中国企业出口行为研究："扩展边际"抑或"集约边际"［J］. 国际贸易问题，2015（9）：122－132.

② 研发创新数据采用企业授权专利数量，来自国家知识产权局发行的《中国专利数据库文摘》，该数据收录了自 1985 年 9 月《中华人民共和国专利法》实施以来所有经国家专利局处理的专利信息。本章通过该数据获得企业层面 2000～2007 年各年专利总授权数量。来源于：诸竹君，黄先海，余骁. 进口中间品质量、自主创新与企业出口国内增加值率［J］. 中国工业经济，2018（8）：116－134.

③ 海关数据中所涉及的 236 个贸易伙伴 2000～2007 年的名义汇率来自国际货币基金组织（IMF）的 IFS 数据库，将其剔除通货膨胀计算出实际汇率（直接标价法）. 来源于：张晓莉，严龙琪. 人民币实际汇率调整对中国制造业就业影响——来自 1998～2007 年细分行业数据的证据［J］. 国际商务研究，2016，37（5）：32－43，52.

④ 出口（进口）加权实际有效汇率仅针对有出口（进口）的企业计算，借鉴戴觅（2012）.

⑤ 按照中文名称和年份将两套数据进行合并，之后按照邮政编码和电话号码后 7 位组合形成的 13 位数字编码再次合并数据，并按照年份和企业 ID 剔除重复出现的样本，得到最终所需要的数据样本，这样可以避免遗漏因企业名称改变无法合并的企业样本。来源于：马述忠，吴国杰. 中间品进口、贸易类型与企业出口产品质量——基于中国企业微观数据的研究［J］. 数量经济技术经济研究，2016，33（11）：77－93.

2. 指标测算

1) 人民币实际有效汇率的计算[①]

本章的核心变量是企业层面的实际有效汇率和研发创新指标。某企业的实际有效汇率是指该企业出口加权、进口加权平均实际有效汇率[②]，反映了当贸易伙伴国物价水平发生变化时，货币实际购买力的变动状况，是一种多边实际有效汇率。研究公司有效汇率的好处是可以体现出各个公司在汇率波动情况下表现的不同性状。戴觅（2013）研究发现，不同企业面对汇率波动表现不同[③]。因而对于实际有效汇率度量，本章参考李宏彬（2011）及戴觅（2013）的做法，利用2000～2007年海关数据库中企业的进出口信息，对每个企业与每个国家的进出口贸易额加总，除以每个企业的总贸易额，以此为权重对人民币汇率进行加权（此处为几何加权法，主要为避免由于基期的选择而影响汇率值）。测算公式如下：

$$\ln EXREER_{it} = \sum_{k=1}^{n} \left(\frac{EX_{ik,t-1}}{\sum_{k=1}^{n} EX_{ik,t-1}} \right) \ln \left(\frac{E_{k,t}}{E_{k,0}} \right) \quad (11-1)$$

$$\ln IMREER_{it} = \sum_{k=1}^{n} \left(\frac{IM_{ik,t-1}}{\sum_{k=1}^{n} IM_{ik,t-1}} \right) \ln \left(\frac{E_{k,t}}{E_{k,0}} \right) \quad (11-2)$$

经过处理，得到228个国家及地区的企业层面的实际有效汇率，其中有部分国家的汇率数据在统计区间缺失或CPI数据无法全部得到，由于这部分样本较少，故予以剔除，样本仍具有较强代表性。最终统计的贸易伙伴国使用货币共计140余种。

图11-1为2001～2007年企业层面只考虑进口企业计算的实际有效汇率指数年度均值、只考虑出口企业计算实际有效汇率指数年度均值和中国实际

---

① 为降低内生产性问题，这里的贸易加权借鉴戴觅（2017）的方法，采用滞后一期的贸易为权重。

② 由于某个企业会与不同的贸易国的企业进行贸易往来，因此在同一时刻面临的汇率是不同的。而加总层面的有效汇率对所有企业来说是相同的，捕捉不到不同企业对汇率反应的差异。

③ 尽管平均来看企业层面有效汇率的变动情况与加总的有效汇率十分相似，但不同企业面临的汇率变化其实存在着巨大差异。来源于：戴觅，施炳展. 中国企业层面有效汇率测算：2000～2006 [J]. 世界经济，2013，36（5）：52-68.

有效汇率指数①变化图。这里采用直接标价下实际有效汇率指数。可以看出，计算得出企业以及国家实际有效汇率走势趋于相似，但是即使是年度平均的企业实际有效汇率，其变化幅度也与国家实际有效汇率有较大差异。例如在2005 年后，人民币基本处于升值状态，但企业实际有效汇率升值幅度更大。另外，同为企业层面，但区分出口、进口之后计算的实际有效汇率，其变化也有差异。这里也以 2005 年后为例，可以明显看出，企业以进口额计算实际有效汇率升值幅度比以出口计算的实际有效汇率更大。

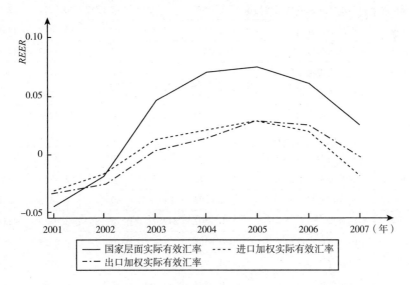

图 11 - 1　2001 ~ 2007 年企业层面与国家层面有效汇率指数走势

资料来源：笔者据国际清算银行与中国海关数据库整理。

2）各变量描述性统计

表 11 - 1 为本章主要变量的描述性统计，可以看出主要被解释变量新产品密集度与研发密集度以及解释变量进口中间品份额与出口强度均位于 0 ~ 1间，符合统计逻辑；出口加权实际有效汇率、进口加权实际有效汇率的均值、最大最小值与标准差均有差异；新产品产值与研发支出由于存在 0 值，因而借鉴王雅琦、卢冰（2018）、董晓芳和袁艳（2014）的做法，将新产品产值与

———————

① 为了便于比较，这里将国际清算银行（BIS）给出的以 2010 年为基期的人民币实际有效汇率指数改成以 2000 年为基期的人民币实际有效汇率指数。

研发支出加 1 后取对数。本章主要控制变量为流动负债比、资产负债率、职工人数、企业年龄、企业生产率、企业利润与企业销售收入。

表 11-1　　　　　　　　　主要变量描述性统计

变量	变量名称	平均值	最大值	最小值	标准差	观测数
EXREER	出口加权实际有效汇率	0.0061	2.2556	-1.2602	0.1425	223087
IMREER	进口加权实际有效汇率	0.0048	2.2556	-1.1535	0.1041	223087
aveEXREER	出口加权实际有效汇率均值	0.0061	0.0287	-0.0336	0.0207	223087
aveIMREER	进口加权实际有效汇率均值	0.0048	0.0289	-0.0317	0.0214	223087
d_xcpmjd	新产品虚拟变量	0.1409	1	0	0.3479	149577
xcpmjd	新产品密集度	0.0583	1	0	0.1917	149577
d_yfmjd	研发投入虚拟变量	0.1694	1	0	0.3751	149577
yfmjd	研发密集度	0.0036	1	0	0.0205	149577
d_xcpcz	新产品产值虚拟变量	0.1199	1	0	0.3248	223087
lnxcpcz	新产品产值（对数值）	1.1982	18.5159	0	3.3291	223087
d_yjkff	研究开发费虚拟变量	0.1694	1	0	0.3751	150060
lnyjkff	研究开发费（对数值）	1.0375	15.7815	0	2.4752	150060
d_patent	专利虚拟变量	0.0207	1	0	0.1425	223370
n_patent	专利数量	0.1402	372	0	3.0412	223370
zjpshare	中间口进口份额	0.8564	1	0	0.2524	116442
ex	出口强度	0.1916	1	0	0.3275	223087
debt_ratio	流动负债比	0.9264	11.7698	-47.8	0.2094	222444
zcfzl	资产负债率	0.5561	31.1571	-5.1923	0.3106	222935
lnlabor	职工人数（对数值）	5.2695	2.0794	11.9653	1.1652	223086
age	企业年龄	10.0276	272	1	9.0734	223087
TFP	企业生产率	6.2712	12.6602	-9.3904	1.1875	215017
lnlrze	企业利润总额（对数值）	7.4217	18.5946	0	2.0247	176238
lnxssr	企业销售收入（对数值）	10.4765	17.4839	1.0986	1.3561	18618

3. 计量模型设计

实证模型参考吴国鼎（2017）、刘啟仁和黄建忠（2017）、王雅琦和卢冰（2018）的计量框架，考察公司有效汇率变化通过中间品进口在企业研发方面的作用效果，主要从两个角度来进行：一是考察公司实际有效汇率变化在企业研发创新方面的总体作用。其分为两个维度：一为研发投资决策，即企业是否进行研发创新活动；二为研发创新产值的大小，即衡量企业创新活动的强弱。

在检验进出口实际有效汇率变动对企业研发投资决策的影响时，考虑使用 Probit 模型：

$$P(d\_xcpmjd = 1) = \varphi\left[\beta_0 + \beta_1 IMREER + \beta_2 EXREER + \alpha X + \varepsilon_i + \varepsilon_t + \varepsilon_p + \varepsilon_{it}\right]$$

$$(11-3)$$

$$P(d\_yfmjd = 1) = \varphi\left[\beta_0 + \beta_1 IMREER + \beta_2 EXREER + \alpha X + \varepsilon_i + \varepsilon_t + \varepsilon_p + \varepsilon_{it}\right]$$

$$(11-4)$$

在衡量汇率变化在公司研发方面起到的作用效果时，被解释变量为企业新产品产值的对数值，采用固定效应模型：

$$xcpmjd = \beta_0 + \beta_1 IMREER + \beta_2 EXREER + \alpha X + \varepsilon_i + \varepsilon_t + \varepsilon_p + \varepsilon_{it} \quad (11-5)$$

$$yfmjd = \beta_0 + \beta_1 IMREER + \beta_2 EXREER + \alpha X + \varepsilon_i + \varepsilon_t + \varepsilon_p + \varepsilon_{it} \quad (11-6)$$

式中，d_xcpmjd 与 d_yfmjd 分别表示研发产出与研发投入的虚拟变量，$xcpmjd$ 与 $yfmjd$ 分别表示研发产出密集度与研发投入密集度，借鉴王雅琦和卢冰（2018）、张杰和郑文平（2017）分别采用新产品产出/工业产值以及研发投入费用/企业总投入计算得出；$IMREER$ 表示进口加权计算的实际有效汇率；$EXREER$ 表示出口加权实际有效汇率。

二是识别人民币汇率通过进口中间品与出口强度对企业研发创新的影响。本章按照努奇和波佐洛（2010）以及戴觅（2013）的做法，在回归中加入交互项：进口中间品份额乘以企业生产率再乘上企业进口加权实际有效汇率，刻画进口中间品渠道；出口强度乘以出口加权实际有效汇率，刻画出口强度渠道。被解释变量依然是新产品密集度与研发投入密集度，采用固定效应模型：

$$xcpmjd = \beta_0 + \beta_1 EXREER + \beta_2 exEXREER + \beta_3 IMREER +$$
$$\beta_4 ZJPIMREER\alpha X + \varepsilon_i + \varepsilon_t + \varepsilon_p + \varepsilon_{it} \quad (11-7)$$

$$yfmjd = \beta_0 + \beta_1 EXREER + \beta_2 exEXREER + \beta_3 IMREER +$$
$$\beta_4 ZJPIMREER\alpha X + \varepsilon_i + \varepsilon_t + \varepsilon_p + \varepsilon_{it} \quad (11-8)$$

式中，*IMREER* 表示企业进口加权实际有效汇率；*EXREER* 表示企业出口加权实际有效汇率；*ZJPIMREER* 表示进口中间品溢出效应与进口加权实际有效汇率的交乘；其中，中间品进口溢出效应借鉴纪月清等（2018）文章的方法，采用中间品进口份额与全要素生产率的交乘来衡量企业在生产过程中进口中间品的溢出率；中间品进口份额是采用本国企业 *i* 与第 *k* 国在 *t* 年的中间品进口额与进口总额的比值进行加权得出；企业生产率参照詹姆斯·莱文索霍和阿米尔·彼得林（James Levinsohn & Amil Petrin，2000）以及鲁晓东和连玉君（2012）的做法进行测度；对于进口中间品产品种类的划分，最为常用的标准为 BEC（Broad Economic Classification）①，本章亦参考盛斌（2017）的做法，将海关数据库中的 HS 代码与 BEC 代码匹配，根据 BEC 的分类区分出进口商品中的中间品②。若是某企业在某一年对某些国家没有出口或者进口，则对应和进口中间品额设定为零；出口强度的衡量，本章参考尾台（MiDai，2013）、努奇和波佐洛（2010）的做法，采用本国企业 *i* 与第 *k* 国在 *t*–1 年的出口额，即采用滞后一年的出口额进行加权。*X* 代表本章选取的控制变量，包含如下指标。

（1）工人数量。随着企业的生产规模的扩大，会出现规模经济现象，从而对企业生产率起到一定程度的正向促进作用。根据规模经济理论，企业生产规模与企业生产效率呈倒"U"型关系。根据工业企业数据库，本章选取企业职工人数代表企业规模，并取对数形式。

（2）企业年龄。企业经营情况会受到企业年龄的影响，一方面，会增加知识积累进而提高企业生产率，进而提高创新能力；另一方面，企业可能墨守成规，不愿采用新的技术设备从而产生逆向作用。因而，考虑企业年龄对研发创新的作用是不容忽视的。

（3）资产负债率。企业的负债水平决定其是否有足够的资金投入研发创

---

① 该分类标准提供了两类信息：一是三种产品（中间品、资本品和消费品）对应的 BEC 编码；二是 BEC 编码与 6 分位 HS 产品编码的对应表。由于海关贸易数据中的产品分类为 8 分位 HS 编码，故本章先将 HS 编码转化为 BEC 编码，然后利用 BEC 编码分离出一般贸易进口产品包含的资本品和中间品。

② 海关贸易库中的 HS 代码在本章的统计区间有不同的版本，且为 8 位，我们取 HS 前 6 位，并统一转化成 HS96 代码，然后与 BEC4 的产品代码进行匹配，代码对照表来自联合国数据库。

新。一方面，资产负债率越高，企业越倾向于将盈利资金用于偿还贷款，从而减少研发资金投入，削弱其创新活动；另一方面，企业为提高自身竞争力，会将借款用于研发投入，而增加其创新能力。根据数据可得性，本章采用负债合计除以资产总计作为衡量资产负债率的指标。

（4）流动负债率。企业的流动负债可以衡量企业现金流的缺失程度，企业的流动负债率越大，即企业流动负债越多，意味着企业会采用借款的方式维持生产，那么其会缺乏资金来投入研发，因而会在一定程度上抑制企业研发投入与产出。

（5）企业生产率。生产率的测算主要有 OLS、OP、LP、SF、系统 GMM 等方法。鉴于 OLS 的估计结果会不可避免地受到投入要素内生性与样本选择性的影响，SF 和系统 GMM 方法对数据时间跨度要求比较高，且 GMM 还容易受到弱工具变量的影响，因而选择 LP 方法。本章参考詹姆斯·莱文索霍和阿米尔·彼得林（2000）以及鲁晓东和连玉君（2012）的做法进行测度。

（6）企业利润。企业利润可以直接反映出企业是否有足够的资金进行研发创新投入从而获取研发产出。企业利润增加时，企业更有可能优先考虑是否增加研发投入，增加研发产出；另外，企业利润减少时，也会将一部分资金用于研发，提高其市场长期竞争力。因而，有必要考虑企业利润对研发创新的影响。

（7）销售收入。销售收入衡量了企业产品在国内外市场的直接变现能力，也能够衡量企业生产的创新产品的价值，若销售收入增加，那么企业更有动力进行研发投入进行创新，从而生产新产品。

11.2　人民币汇率与企业创新的回归结果

1. 基准回归

基准回归结果见表 11-2，第（1）、第（4）列是采用 Probit 模型计算出的进出口加权实际有效汇率对企业研发决策的影响，可以看出，进出口加权实际有效汇率均在 1% 的水平上显著；为避免由于 Probit 非线性回归带来的

"伴随参数"问题，借鉴刘啟仁和黄建忠（2017）的方法，采用线性概率模型（LPM）并控制住个体与年份，结果如第（2）、第（5）列所示，依然在1%的水平上显著；第（3）、第（6）列汇报了进出口加权实际有效汇率对新产品密集度以及研发投入密集度的影响。从结果可以看出，出口加权实际有效汇率显示有正向刺激作用，进口加权实际有效汇率显示有负向刺激作用，说明进口加权实际有效汇率下降以及出口加权实际有效汇率增加（人民币升值）无论对企业研发决策还是对新产品产值都有正向显著促进作用。具体分析如下：在直接标价法下，汇率上升，本币贬值，企业进口成本上升但出口收益增加。因此，无论是对新产品密集度还是对研发密集度，出口加权实际有效汇率对企业研发决策与研发成果有正向影响，进口加权实际有效汇率对企业研发决策与研发成果有负向影响；而汇率下降，本币升值，出口收益减少，但进口成本亦下降。因此，进口加权实际有效汇率对企业研发决策与研发成果有正向影响，出口加权实际有效汇率有负向影响。并且，比较两组回归系数绝对值可以看出，出口加权实际有效汇率的系数均大于进口加权实际有效汇率系数，说明出口加权实际有效汇率在公司研发方面作用效果更大。

2005 年 7 月 21 日进行了重大的人民币汇率改革，由盯住美元固定汇率改为更富有弹性的浮动汇率制，并宣布当天人民币兑美元汇率升值高达 2.1%。汇率改革以来，到 2013 年底人民币一直保持升值态势，陆续突破"8.0""7.0"，最高达 1 美元兑人民币 6.04 元，累计升值高达 25%。人民币升值对我国的对外贸易发展格局产生了深远的影响，也对个体企业的研发活动产生了显著的影响。人民币的升值意味着本币购买力增强，本国企业可以进口更多高质量、高技术中间品，提高其研发创新能力，在国际市场上更具竞争力，获得更多收益，进而产生良性循环。为考察汇改对企业研发创新的影响程度及方向，本章设置汇率改革为虚拟变量，汇改后年份为 1，汇改前为 0，考察汇改对企业研发创新的影响，结果见表 11-2 的第（7）、第（8）列。可以看出，汇改之后结果与基准回归一致，出口加权实际有效汇率显示有正向刺激作用，进口加权实际有效汇率为负；汇改虚拟变量系数为正，并在 1% 的水平上显著，说明汇改显著促进了企业研发创新投入与创新产出，与预期相一致。

表 11 - 2　　企业研发创新影响回归结果

解释变量	Probit d_xcpmjd (1)	LPM d_xcpmjd (2)	FE xcpmjd (3)	Probit d_xfmjd (4)	LPM d_xfmjd (5)	FE yfmjd (6)	GLS xcpmjd (7)	GLS yfmjd (8)
EXREER（出口加权实际有效汇率）	0.4606 *** (0.0304)	0.0999 *** (0.0067)	0.0363 *** (0.0037)	0.3738 *** (0.0297)	0.0943 *** (0.0071)	0.0020 *** (0.0004)	0.0353 *** (0.0037)	0.0019 ** (0.0004)
IMREER（进口加权实际有效汇率）	- 0.1339 *** (0.0416)	- 0.0219 ** (0.0092)	- 0.0131 ** (0.0051)	- 0.1962 *** (0.0403)	- 0.0308 *** (0.0098)	- 0.0006 (0.0005)	- 0.0179 *** (0.0051)	- 0.0010 (0.0005)
debt_ratio（流动负债比例）	- 0.1445 *** (0.0263)	- 0.0371 *** (0.0058)	- 0.0155 *** (0.0033)	- 0.1702 *** (0.0254)	- 0.0437 *** (0.0062)	- 0.0019 *** (0.0003)	- 0.0158 *** (0.0033)	- 0.0019 * (0.0002)
zcfzl（资产负债率）	0.2110 *** (0.0184)	0.0448 ** (0.0040)	0.0137 *** (0.0023)	0.1344 (0.0183)	0.0306 *** (0.0043)	- 0.0014 *** (0.0002)	0.0142 *** (0.0023)	- 0.0014 *** (0.0005)
lnlabor（从业人数）	0.0960 *** (0.0049)	0.0255 *** (0.0011)	0.0050 *** (0.0006)	0.1156 *** (0.0048)	0.0329 *** (0.0011)	- 0.0005 *** (0.0001)	0.0047 *** (0.0006)	- 0.0005 (0.0001)
age（企业年龄）	0.0196 *** (0.0005)	0.0062 *** (0.0001)	0.0018 *** (0.0001)	0.0198 *** (0.0005)	0.0064 *** (0.0001)	0.0001 *** (0.0000)	0.0018 *** (0.0001)	0.0001 *** (0.0000)
lnlrze（利润总额）	0.1061 *** (0.0031)	0.0231 *** (0.0007)	0.0109 *** (0.0004)	0.1757 *** (0.0032)	0.0411 *** (0.0007)	0.0010 *** (0.0000)	0.0110 *** (0.0004)	0.0010 *** (0.0001)
TFP（生产率）	0.0033 (0.0058)	0.0010 (0.0013)	0.0023 *** (0.0007)	0.0078 (0.0057)	0.0014 (0.0013)	0.0005 *** (0.0001)	0.0027 *** (0.0007)	0.0005 *** (0.0001)

续表

解释变量	Probit d_xcpmjd (1)	LPM d_xcpmjd (2)	FE $xcpmjd$ (3)	Probit d_xfmjd (4)	LPM d_xfmjd (5)	FE $yfmjd$ (6)	GLS $xcpmjd$ (7)	GLS $yfmjd$ (8)
EXREER (边际效应)	0.1004*** (0.0066)			0.0913*** (0.0073)				
IMREER (边际效应)	-0.0292*** (0.0091)			-0.0479*** (0.0098)				
YEAR_dummy (汇改虚拟变量)							0.0201*** (0.0018)	0.0012*** (0.0002)
常数项	-2.5494*** (0.0410)	-0.2006*** (0.0089)	0.0714*** (0.0050)	-2.9663*** (0.0402)	-0.3425 (0.0095)	-0.0032*** (0.0005)	-0.0900*** (0.0052)	-0.0044** (0.0005)
个体效应	否	是	是	否	是	是	是	是
年份效应	否	是	是	否	是	是	否	否
观测数目	115870	115870	115870	115870	115870	115870	115870	115870
R^2	0.0719	0.0692	0.0301	0.1117	0.1119	0.0189	0.0311	0.0193

注：*、**和***分别表示在10%、5%和1%水平下显著。括号中的数值为稳健性标准误。
资料来源：笔者计算。

　　另外从回归结果看出，流动负债率与资产负债率对企业的研发创新活动产生负向影响，说明无论是流动负债还是长期负债，负债率更高的企业其研发创新活动产出较小，这是由于高负债率企业会将盈余资金偿还债务，从而缩减其研发创新资金的投入，进而对研发创新产出产生抑制效应。从业人数和企业年龄反映出企业规模，从回归结果看出，企业规模越大，对研发创新是有正向促进作用的，因为规模大的企业具有规模经济，能够更好地平摊研发带来的成本。但从业人数与研发投入密集度是负相关，这是由于企业劳动力越多，工资占比越大，则会挤占一部分研发资金，因而会产生负向影响。企业利润总额与企业生产率可以反映出企业效率，企业效率越高，其研发投入与研发产出亦越大。从回归结果可以看出，利润总额与企业生产率系数均为正值，说明企业利润越大，生产率越高，越能促进企业进行研发创新活动。

　　2. 进口中间品溢出效应与出口强度影响机制验证

　　在前面的分析中，本章考察了进口加权实际有效汇率与出口加权实际有效汇率对企业研发创新活动的影响。然而根据理论推导，进口中间品以及出口量的变化会加强或减弱汇率对企业创新活动的影响。即进口中间品体现出的成本节约效应、质量效应、产品种类效应会在生产过程中与企业自身生产率相结合产生"溢出效应"，能够提高企业生产率，增加企业利润，从而将更多资金用于研发投资，进而增加其新产品产值；当人民币升值，出口企业会面临更为激烈的国际市场，出口量会相应下降，进而企业利润减少，从而企业会减少研发投入，导致其创新能力下降，但出口强度的增加会降低人民币升值带来的不利冲击。

　　为验证上述机制是否合理，表 11 - 3 加入了进口中间品溢出效应与进口加权实际有效汇率交乘项、出口强度与出口实际有效汇率交乘项。见表 11 - 3，第（1）、第（2）列汇报了只考察出口实际有效汇率以及其出口强度交乘项的回归结果。可以看出，对创新产出来说，企业出口加权实际有效汇率符号为正，但并不显著，但加入出口强度交乘项之后显著为正，说明出口强度促进了出口汇率对企业研发创新成果的影响；而对研发创新投入来说，两者都为正且显著，说明出口强度促进了出口汇率对企业研发创新投入的影响。与理论推导一致。

表 11-3 中第（3）、第（4）列汇报了只考察进口加权实际有效汇率及其与中间品进口溢出效应的交乘项的回归结果。可以看出，进口加权实际有效汇率显示有负向作用，与基准回归一致，说明人民币升值能够促进企业研发创新投入与产出；其与进口中间品溢出效应交乘系数为正且显著，说明进口中间品能够增强人民币升值对企业研发创新的作用，符合理论推导。表 11-3 中第（5）、第（6）列将两种渠道结合起来的回归结果，能够比较出哪个渠道更占主导作用。比较系数绝对值可以看出，进口加权实际有效汇率系数均大于出口加权实际有效汇率系数，且更加显著；同样，进口渠道更加占优于出口渠道，这是由于人民币升值，企业面临更低的进口价格从而进口成本降低；但是企业面临更激烈的国际竞争从而出口收益下降。因而，进口渠道对于企业研发创新投入与研发创新成果更加显著。

表 11-3 影响机制验证回归结果

解释变量	FE xcpmjd	FE yfmjd	FE xcpmjd	FE yfmjd	FE xcpmjd	FE yfmjd
	(1)	(2)	(3)	(4)	(5)	(6)
EXREER （出口加权实际有效汇率）	0.0122 (0.0212)	0.0039** (0.0018)			0.0109 (0.0317)	0.0051* (0.0030)
exEXREER （出口强度 × EXREER）	0.1086** (0.0435)	0.0063* (0.0038)			0.1055** (0.0534)	0.0046 (0.0052)
IMREER （进口加权实际有效汇率）			-0.1148* (0.0684)	-0.0081 (0.0066)	-0.1386** (0.0698)	-0.0118* (0.0067)
ZJPIMREER （进口中间品溢出率 × IMREER）			0.0952** (0.0417)	0.0071* (0.0040)	0.0999** (0.0418)	0.0078* (0.0041)
debt_ratio （流动负债率）	-0.0141** (0.0056)	-0.0015*** (0.0005)	-0.0197*** (0.0069)	-0.0013* (0.0007)	-0.0195*** (0.0069)	-0.0013* (0.0007)
zcfzl （资产负债率）	0.0017 (0.0039)	-0.0018*** (0.0003)	0.0046 (0.0048)	-0.0014*** (0.0005)	0.0041 (0.0048)	-0.0015*** (0.0005)
ln*labor* （从业人数）	0.0035*** (0.0013)	0.0001 (0.0001)	0.0033* (0.0017)	-0.0001 (0.0001)	0.0033** (0.0017)	-0.0001 (0.0001)
age （企业年龄）	0.0014*** (0.0001)	0.0001*** (0.0000)	0.0017*** (0.0001)	0.0001*** (0.0000)	0.0017*** (0.0001)	0.0001*** (0.0000)

续表

解释变量	FE *xcpmjd*	FE *yfmjd*	FE *xcpmjd*	FE *yfmjd*	FE *xcpmjd*	FE *yfmjd*
	(1)	(2)	(3)	(4)	(5)	(6)
TFP （企业生产率）	−0.0066 (0.0074)	0.0012 ** (0.0006)	−0.0112 (0.0093)	0.0004 *** (0.0002)	−0.0112 (0.0093)	0.0005 *** (0.0002)
ln*xssr* （销售收入）	0.0159 *** (0.0015)	0.0004 *** (0.0001)	0.0168 *** (0.0018)	0.0004 ** (0.0002)	0.0166 *** (0.0018)	0.0004 ** (0.0002)
常数项	−0.1540 *** (0.0246)	−0.0000 (0.0011)	−0.1321 *** (0.0385)	0.0030 *** (0.0016)	−0.1305 *** (0.0385)	−0.0026 ** (0.0013)
个体效应	是	是	是	是	是	是
年份效应	是	是	是	是	是	是
省份效应	是	是	是	是	是	是
行业效应	是	是	是	是	是	是
观测值	17694	17694	10618	10618	10618	10618
R^2	0.1191	0.0171	0.1290	0.0112	0.1294	0.0117

注：*、** 和 *** 分别表示在 10%、5% 和 1% 水平下显著；括号中的数值为稳健性标准误。
资料来源：笔者计算。

3. 异质性研究

在基准回归与机制检验中验证了进口加权实际有效汇率、出口加权实际有效汇率会从不同的渠道对企业的研发投入与研发产出产生不同影响，并且其作用强度不同。但是这一作用是否会因进口来源国、贸易方式、行业技术含量以及企业战略类型的差异而产生异质性影响？接下来将通过以下四点进行验证。

1）进口来源国差异

从不同国家进口的中间品包含的技术含量不同，发达国家生产的中间品技术含量更高，为验证进口来源国不同是否从进口中间品渠道对企业创新产生异质性影响，本章按照国家代码将进口来源国分为 OECD 国家与非 OECD 国家，设置虚拟变量。其中，OECD 国家为 1；非 OECD 国家为 0。从进口中间品渠道检验进口汇率及其传导机制对企业研发产出的影响；从出口收益渠道检验出口汇率及其传导机制对研发投入影响，结果见附表 7 中第（1）、第（2）列。通过回归分析得出，本币升值时，OECD 虚拟变量为正且显著，说明从 OECD 国家进口中间品能显著促进企业研发创新成果的增加；人民币贬值时，出口收益的增加能促进研发创新投入，但 OECD 虚拟变量并不显著，说明与是否从 OECD 国家进口无关。

2）贸易方式差异

张杰和郑文平（2015）认为进口促进了一般贸易企业创新，但抑制了加工贸易企业创新。为验证贸易方式差异是否对企业创新产生异质性影响，本章按照从工业企业数据库中对企业贸易方式的划分将企业划分为一般贸易企业与加工贸易企业，其中加工贸易企业包括进料加工与来料加工，设置虚拟变量，一般贸易为 1，加工贸易为 0，结果见附表 7 中第（3）、第（4）列。从回归结果可以看出，一般贸易虚拟变量为正且显著，说明一般贸易能够促进企业研发创新成果以及研发创新投入。

3）行业所含技术水平差异

行业间技术水平的差异能够影响进口中间品对进口汇率的传导作用以及出口收益对出口汇率的传导作用。为验证行业间技术水平差异对企业研发创新是否会产生不同的影响效果，按照产业技术水平进行了划分。本章借鉴宋艳丽等（2012）的划分方法[1]，设置虚拟变量，高技术含量行业设为 1，中低技术行业设为 0，结果见附表 7 中第（5）、第（6）列。回归结果表明，高技术含量行业虚拟变量系数为正且显著，说明高技术含量行业能够通过进出口汇率及其传导机制促进企业研发创新。

4）战略性新兴产业[2]与高新技术产业[3]的差异

为验证战略新兴产业、高新技术园区产业与非战略新兴产业、非高新技

---

[1] 以研究开发费的投入、研发人员比重以及研发产品收入占营业收入比重这三个指标，按照国民经济行业代码将制造业划分为高技术产业与中低技术产业。

[2] 国家统计局根据《国务院关于加快培育和发展战略性新兴产业的决定》的要求，为准确反映"十三五"国家战略性新兴产业发展规划情况，以现行的《国民经济行业分类》为基础，对其中符合"战略新兴产业"的企业进行分类。战略性产业旨在带动整个经济社会的长远发展，必须符合重大技术突破以及社会需求量大，既要有知识技术的效益，又要消耗少，潜力大，是对整个社会发展有战略性意义的产业。其包括九大产业版块，在制造业中以高端装备制造业与新材料产业为主。

[3] 各级政府响应中央号召，在城市特定区域建立以发展高新技术为目标的科技园工业区，该区域企业以智力、技术、资金密集为主要特征，将自身研发与借鉴吸收相结合，并充分利用国家制定的各种优惠的税收贷款政策以及高水准的软硬件设施，以重工业为主要依托对象，自主研发创新为主，引进吸收为辅，密切与国外机构合作的同时，加强自身自主知识产权的建立，发挥最大限度，将科技成果转化为生产力。

术园区产业机制是否呈现出异质性传递机制，本章依据国民经济行业代码将
企业分为战略性新兴产业与非战略性新兴产业，并将位于高新技术区与工业
园区的企业筛选出来，由于样本数量的有限性及其性质共通，因而将其合并
分析并设置虚拟变量。战略高新技术产业为 1，非战略高新技术产业为 0，结
果见附表 7 中第（7）、第（8）列。从中可以看出，战略高新产业虚拟变量为
负且不显著，说明对战略新兴产业与高新技术园区产业来说，因企业战略以
自主研发为主、引进吸收为辅，从而对进口加权实际有效汇率的反应不显著，
并且进口中间品溢出效应对进口加权实际有效汇率的调节作用也不明显，所
以进出口汇率对这类企业的研发创新作用并不显著。

4. 对内生性问题的讨论

在采取双边贸易额作为权重的方式度量公司有效汇率时，企业面临某一
国家的汇率不利变动，将调节外贸方向，这会波及公司在外贸交易中外贸地
区的贸易占比，反之涉及公司遇到的有效汇率，这是典型的逆向因果，带来
严重的内生性问题。为降低内生性给估计结果带来的影响，本章在前面全部
运用公司滞后 1 期外贸系数当作加权权重，从而避开汇率变动对公司当期外
贸系数的作用效果，进而从一定程度上减轻内生性问题。采用该解决内生性
问题做法的文献有戈德堡（Goldberg，2004）、努奇和波佐洛（2001，2010）、
尾台（2017）、吴国鼎（2017）等。另外，还将运用其他方式解决内生性问题
来确保稳健性。按照余森杰和王雅琦（2015）、王雅琦和卢冰（2018）的方法
计算各年有效汇率①。结果见附表 8，可以看出，采用进出口实际有效汇率均
值得出的结论与基准回归的结论一致，结果符号相同且显著。

11.3　中间品进口以及出口强度的稳健性检验

1. 基本回归的稳健性检验

为解决 Probit 回归产生的偏误，在稳健性检验中更换使用 Tobit 模型进行

---

① 将企业对各进出口国家和地区的贸易份额取各个企业在样本区间的均值，即出口份额不随时
间变动，然后以此贸易份额作为权重计算企业接下来各年的有效汇率。来源于：吴国鼎. 企业有效汇
率变动对企业利润的影响［J］. 世界经济，2017，40（5）：49 - 72.

回归，结果见表 11 - 4 中第（1）、第（3）、第（5）列，可以看出，更换模型后结果依然保持稳健，进出口加权实际有效汇率对企业研发创新产出影响的边际效应与基准回归的结果符号相同且显著。

为保证本章实证结果的稳健性，在稳健性检验中使用"新产品产值""研究开发费"以及"专利数量"作为企业研发创新能力的代理变量进行回归分析。从表 11 - 4 中第（2）、第（4）、第（6）列可以看出，进出口实际有效汇率与之前回归一致，并且对企业研发创新的影响与基准回归一致。

表 11 - 4　　　　　　　　　　　　基准回归稳健性检验

解释变量	Tobit d_xcpcz	FE lnxcpcz	Tobit d_yjkff	FE lnyjkff	Tobit d_patent	FE n_patent
	(1)	(2)	(3)	(4)	(5)	(6)
EXREER （出口加权实际有效汇率）	0.0946 *** (0.0056)	0.4512 *** (0.0563)	0.0889 *** (0.0071)	0.4978 *** (0.0462)	0.0040 (0.0025)	1.1721 *** (0.0429)
IMREER （进口加权实际有效汇率）	- 0.0471 *** (0.0078)	- 0.0868 (0.0786)	- 0.0483 (0.0096)	- 0.1478 ** (0.0631)	- 0.0054 (0.0034)	0.6323 *** (0.0644)
debt_ratio （流动负债率）	- 0.0317 *** (0.0037)	- 0.2976 *** (0.0370)	- 0.0457 (0.0062)	- 0.00175 (0.0414)	- 0.0028 * (0.0016)	0.5687 *** (0.0425)
zcfzl （资产负债率）	0.0369 *** (0.0029)	0.1675 *** (0.0297)	0.0318 (0.0042)	0.1587 *** (0.0279)	- 0.0031 ** (0.0013)	0.1231 *** (0.0231)
lnlabor （从业人数）	0.0206 *** (0.0008)	0.3206 *** (0.0084)	0.0325 (0.0011)	0.2791 *** (0.0075)	0.0093 *** (0.0004)	0.6806 *** (0.0063)
age （企业年龄）	0.0059 *** (0.0001)	0.0615 *** (0.0009)	0.0064 (0.0001)	0.0451 *** (0.0009)	0.0010 *** (0.0000)	0.0016 *** (0.0005)
TFP （企业生产率）	0.0057 *** (0.0009)	0.1503 *** (0.0095)	0.0012 (0.0013)	0.0958 *** (0.0086)	0.0027 *** (0.0004)	0.4651 *** (0.0082)
lnlrze （企业利润）	0.0211 *** (0.0005)	0.2213 *** (0.0051)	0.0414 (0.0007)	0.3056 *** (0.0046)	0.0050 *** (0.0002)	0.0981 *** (0.0045)
EXREER 边际效应	0.0946 *** (0.0057)		0.0889 *** (0.0071)		0.0040 (0.0025)	
IMREER 边际效应	- 0.0471 *** (0.0078)		- 0.0483 (0.0096)		- 0.0054 (0.0034)	

续表

解释变量	Tobit d_xcpcz	FE lnxcpcz	Tobit d_yjkff	FE lnyjkff	Tobit d_patent	FE n_patent
	(1)	(2)	(3)	(4)	(5)	(6)
常数项	−0.2252*** (0.0063)	−1.9474*** (0.0787)	−0.3395*** (0.0095)	−2.1233*** (0.0745)	−0.0945*** (0.0028)	—
个体效应	否	是	否	是	否	是
年份效应	否	是	否	是	否	是
省份效应	否	是	否	是	否	是
观测值	171398	171398	116061	116061	171398	171398
R^2	0.1188	0.1458	0.1252	0.1860	0.0262	—

注：*、** 和 *** 分别表示在 10%、5% 和 1% 水平下显著；括号内的数值为稳健性标准误。

2. 机制稳健性检验

本章接下来对中间品进口以及出口强度两个渠道进行稳健性检验，依然采用"新产品产值""研究开发费""专利数量"作为被解释变量，结果见表 11-5。可以看出，出口实际有效汇率系数为正且显著，交乘项显著为正，说明结果稳健；进口实际有效汇率符号虽与前面一致，但并不显著；说明在不控制企业规模情况下，企业出口规模对研发创新有促进作用，即企业出口规模越大，收益越高，越能促进企业研发创新。进口中间品与进口汇率交乘项为正且显著，说明进口中间品能够增强人民币升值对企业研发创新的促进作用，与前面结果一致，稳健性检验通过。

表 11-5　　　　　　机制稳健性检验

解释变量	FE lnxcpcz	FE lnyjkff	FE n_patent
	(1)	(2)	(3)
EXREER （出口加权实际有效汇率）	1.1374* (0.6784)	0.9640** (0.4549)	2.5088*** (0.4823)
exEXREER （出口强度 × EXREER）	5.1766*** (1.1709)	1.8566** (0.7858)	10.8224*** (1.4361)
IMREER （进口加权实际有效汇率）	−2.4015 (1.5105)	−0.9415 (1.0138)	−0.8958 (1.0007)

续表

解释变量	FE ln*xcpcz*	FE ln*yjkff*	FE *n_patent*
	(1)	(2)	(3)
ZJPIMREER （进口中间品溢出率 × *IMREER*）	2.2446 ** (0.9045)	1.2096 ** (0.6072)	0.6628 (0.5808)
debt_ratio （流动负债率）	−0.8205 *** (0.1511)	−0.3572 *** (0.1017)	1.1385 *** (0.1419)
zcfzl （资产负债率）	−0.1224 (0.1055)	−0.2572 *** (0.0707)	0.1270 *** (0.0816)
ln*labor* （从业人数）	0.3864 *** (0.0297)	0.1096 *** (0.0227)	0.5137 *** (0.0223)
age （企业年龄）	0.0728 *** (0.0031)	0.0379 *** (0.0021)	−0.0229 *** (0.0022)
TFP （企业生产率）	0.2267 *** (0.0303)	0.2052 *** (0.0143)	0.1742 *** (0.0259)
ln*xssr* （销售收入）	0.5872 *** (0.0362)	0.5268 *** (0.0243)	0.3456 *** (0.0223)
常数项	−1.3971 *** (0.2899)	−4.4983 *** (0.2224)	—
个体效应	是	是	是
年份效应	是	是	是
省份效应	是	是	是
观测值	10726	10722	10724
R^2	0.2257	0.2245	—

注：* 、** 和 *** 分别表示在10%、5%和1%水平下显著；括号中的数值表示稳健性标准误。
资料来源：笔者计算。

11.4　本章小结

本章首先利用2000~2007年的中国海关数据库、工业企业数据库以及专利数据库，计算和构建企业层面的实际有效汇率以及企业研发创新的衡量指标，运用固定效应模型和 Probit 模型考察企业进、出口加权实际有效汇率对企业的研发创新活动的影响。其次，引入中间品进口溢出效应、出口强度交乘项，研究了中间品进口呈现出的进口加权实际有效汇率对企业研发创新以及出口强度呈现出的出口加权实际有效汇率对企业研发创新的传递作用，进一步分析了不同行业企业所表现出的异质性。研究表明，人民币贬值，出口实际有效汇率对企业的研发创新活动有促进作用，主要是由于企业的出口收益增加，企业用于研发的资金增多，促进企业研发。而人民币升值，进口实际有效汇率对企业的研发创新活动有促进作用，这一影响主要是通过影响企业的中间品进口的成本来影响企业研发创新活动，人民币升值时企业进口成本下降，在企业面临的需求弹性不变的前提下，会增加对国外中间品的购买，从而促进企业的研发创新活动。但不同特征的行业有不同的影响，对于从 OECD 国家进口、一般贸易、高技术含量的产业，能够通过进口中间品以及出口收益促进企业研发创新；而战略性新兴产业与高新技术产业的创新行为对进出口汇率反应并不敏感，符合这类企业性质与相关国家政策。最后，进行了一系列稳健性检验，考察了本章实证研究结果的稳健性。基于本章前面的研究结论，提出以下政策建议。

首先，要制定更利于企业发展的汇率政策。为了促进我国企业的创新能力提升，国家相关部门在商榷有关汇率的方针时，要充分考虑汇率波动对企业研发创新能力的影响，将汇率在公司可控制的合理区间中变动。

其次，要与世界发达经济体制定战略性贸易伙伴关系，充分发挥进口中间品在生产过程中体现出的学习效应与技术溢出效应。同时签署贸易协定，减少贸易往来摩擦，降低进口与出口门槛，从而促进我国产品"走出去"，进而实现制造业转型升级。

最后，要积极推动高新技术与战略新兴产业发展。充分发挥"自主研发为主，引进吸收为辅"的方针，积极支持这类产业研发创新，推动形成独具中国特色的创新型产品，从"中国制造"变成"中国创造"，从而引领世界先进技术，制造先进产品，让中国制造业走在世界前列。

第 12 章 人民币汇率与企业
出口国外增加值率

长期以来，人民币汇率与企业参与全球价值链贸易问题都是国际贸易领域研究的重要问题。自改革开放以来，人民币汇率在 5 轮主要的改革推动下，基本实现了市场化目标，历经了数次改革调整，人民币汇率慢慢形成"收盘汇率 + 一篮子货币汇率调整 + 逆周期因子"的中间价双向波动趋势。一系列的汇率改革有效地应对了如 1997 年亚洲金融危机、2008 年次贷危机所带来的对中国经济的冲击，也避免了像其他发展中国家那样陷入汇率贬值惯性以及货币危机困境。党的十九大进一步指出，深化汇率市场化改革是促进多层次资本市场健康发展的重要内容。而当前全球经济正面临着百年未有之大变局，中美之间近些年贸易摩擦频繁发生，全球贸易保护主义抬头，主要经济体之间博弈不断升级，世界经济正在多种不可控因素下面临诸多的不确定性，人民币市场化改革以及人民币国际化进程变得异常艰辛，在面对这样的世界经济环境下，人民币汇率作为本国与外国主要的价格基础，其变动风险直接关系到中国企业在进出口以及参与国际市场竞争中的贸易利得，进而影响中国整体经济和对外贸易的发展，影响人民币市场化及国际化进程。而自从中国加入 WTO 后，我国外汇政策不断调整，逐渐融入世界市场的过程中，尤其是在 2005 年启动人民币汇率改革以来，本币汇率起伏不定转变"新常态"，汇率弹性明显增大，而汇率波动不能完全传递在理论上已经得到大量学者的验证，因此汇率的波动风险对企业参与全球化竞争的挑战也更大。

同样地，自 21 世纪初以来，随着国际生产分工体系的形成以及我国对外开放贸易的不断发展，一方面，劳动力资源禀赋的优势以及广阔的统一市场，直接推动了中国企业不断地深化参与全球价值链竞争，实现了中国对外贸易的迅猛发展。另一方面，经济贸易的迅速发展使得我国经济增长方式粗放，背靠广泛的劳动力资源优势，很多制造业企业只是体态庞大，在参与全球价值链竞争的过程中缺乏核心竞争力，使得长期以来我国制造业企业总体处于全球价值链的低端锁定环节，贸易利得与贸易规模严重不符。这种一方面是出口迅猛发展引致的巨额贸易顺差，另一方面是大量制造业企业在全球价值链分工体系中处于低端附加值的位置，这意味着企业进口中间品成本和出口收益特别容易受到汇率波动风险的影响。并且随着金融危机的出现，越来越多的国家意识到一国制造业的发展尤为重要，先后推出了如"德国工业 4.0"、美国的"工业互联网"以及中国的"中国制造 2025 计划"。中国针对参与全球价值链分工，引进外资以及促进我国产业体系的发展与升级，出台了一系列产业政策，以促进我国产业结构能够在全球价值链分工体系中迈向中高端，党的十九大报告中也明确提出了要打造若干个世界级先进制造业集群的要求。这些都凸显了提升我国企业全球价值链地位的重要性。

　　而根据以往的国际贸易理论，汇率作为国际贸易间重要的相对价格基础，直接影响企业的贸易利得及生产成本，随着企业全球价值链的参与，从企业贸易总额这一角度加权衡量的有效汇率来衡量对企业出口国外附加值率的影响，会存在一定的混淆。当下，大多文献在研究全球价值链中多集中在治理、升级等方面，在微观领域结合企业异质性方面展开的分析仍比较少，并且更是少有从企业层面所面临的有效汇率冲击与企业出口国外附加值率的研究。已有的研究多是利用世界投入产出表研究的宏观及行业层面的我国全球价值链分工地位及汇率传导机制（张会清等，2019），微观层面上研究多是采用贸易加总层面的汇率研究其对企业价值链嵌入的影响（任永磊等，2017），并且未进一步细分其进出口层面可能存在的差异。因此本章的理论研究意义在于，在一定程度上补充了现有的关于企业出口国外附加值率的研究对企业微观层面有效汇率冲击的影响渠道分析的不足，并且考察在企业异质性下，企业层面进出口实际有效汇率对企业出口国外增加值率的影响程度差异分析更加具有针对性。

本章主要通过利用各个数据库①，核算了企业层面均值份额以及初始份额加权的进出口层面的实际有效汇率以及企业出口国外增加值率，通过对进出口实际有效汇率对企业 FVAR 的影响分析并进一步探讨了其中的机制路径，然后通过大量的企业微观层面的数据对理论模型进行了检验分析。

12.1 企业出口国外增加值测算

如上所述，本章在测算企业有效汇率②和国外增加值率等指标时，需要使用到企业、国别及产品层面的进出口金额、企业中间投入额、国别汇率以及 CPI 等数据，而在衡量企业异质性指标并进行回归分析时需要进一步使用企业层面的生产财务等基本信息。结合前人研究、指标测算需要以及数据库关键指标的限制，本章主要使用 2000～2007 年国家统计局提供的中国工业企业数据库（以下简称"工业库"）、中国海关总署提供的海关贸易数据库（以下简称"海关库"）、国际货币基金组织的国际金融数据库（以下简称"IMF"及"IFS"）以及世界银行网站提供的世界发展指数（WDI）数据，具体匹配方法如第十章所述。

1. 企业出口增加值测算

现有文献中有关中国企业出口增加值率的测算方式，主要分为宏观和微观两个层面。宏观层面主要以世界投入产出表（I-O 表）进行行业层面的测算，以胡梅尔斯（Hummels，2001）、库普曼（Koopman，2012）等为代表，测算出的国内增加值率（DVAR）2001～2006 年整体从 50% 上升到 60% 左右。微观视角出发测算的主要以阿普沃德（Upward，2013）、张杰（2013）、吕越（2015）、肯和唐（Kee & Tang，2013，2016）等学者通过工业和海关微观数据衡量了中国企业出口 FVAR 值，平均来看，其 FVAR 值在 2000～2006

---

① 2000～2007 年中国工业企业数据库与海关贸易数据库以及 IMF 的 IFS 数据库。来源于：张先锋，陈婉雪，谢众. 人民币升值影响企业进口学习效应：理论机制与经验证据 [J]. 经济评论，2017（2）：86–99.

② 本部分的企业实际有效汇率测算参考第 11 章算法。

年的均值从 50% 左右降低到了 40% 以下。两种测算方式虽然整体变化趋势一致，但是由于企业异质性的存在，加总层面的增加值率数据用于实证分析可能会有偏误。因此，本章主要参考吕越（2015）的文献，用四种企业出口国外增加值率微观层面的测算方法对企业层面的 FVAR 值进行衡量，以进一步考察在不同测算方式下汇率对企业出口增加值率的影响差异。下面就这四项方法指标测算做介绍。

（1）区分加工贸易与一般贸易进口。在宏观层面的指标测算上，库普曼（2012）等学者在测算时，由于并未区分企业一般贸易进口用途问题，可能会导致最终测算的数值有偏大误差。在这里我们采用阿普沃德（2013）的测算方式，在海关库中区分了一般贸易与加工贸易进口，并将一般贸易中进口额以出口企业国内销售与出口份额的比例分配，而加工贸易由于其进出口形式的特殊性，其进口部分全部用作中间投入。据此，我们有以下测算公式，以 FVAR1 表示：

$$FVAR1_{it} = \frac{v_{1it}}{EX_{it}} = \frac{IM_{it}^{P} + EX_{it}^{O}\left[\dfrac{IM_{it}^{O}}{D_{it} + EX_{it}^{O}}\right]}{EX_{it}} \qquad (12-1)$$

式中，v_{1it} 表示企业 i 在 t 期用第一种方法计算出的企业出口国外增加值；EX_{it} 表示企业 i 在 t 期的总出口额；IM_{it}^{P} 表示企业经加工贸易进口额；D_{it} 表示企业的国内销售值，该数值经由工业库的工业销售产值与出口交货值剔除异常值后相减得出。相应的 P 和 O 分别代表加工贸易和一般贸易。下面几个指标的命名规则类似，不再赘述。

（2）进一步区分一般贸易进口用途。根据阿普沃德（2013）的改进方法，在第二种测算方式中，进一步根据联合国网站上提供的不同版本的 BEC-HS 编码对应表①，将不同版本下的 BEC-HS 对应进行分类归并为中间品、消费品和资本品三类用途，进而对一般贸易进口中属于中间品进口的部分进行提取，从而细分了一般贸易中国外增加值部分，在这种区分下，理论上较第一种测算结果要小。其公式如下：

---

① 在样本观测期间，主要有 1996 年、2002 年、2007 年三个 BEC 版本对应的 HS 码，具体分类数据见：https://unstats.un.org/unsd/trade/classifications/correspondence-tables.asp。

$$FVAR2_{it} = \frac{v_{2it}}{EX_{it}} = \frac{IM_{it}^{\mathrm{P}} + EX_{it}^{\mathrm{O}}\left[\dfrac{IM_{mit}^{\mathrm{O}}}{D_{it} + EX_{it}^{\mathrm{O}}}\right]}{EX_{it}} \qquad (12-2)$$

式中，IM_{mit}^{O} 代表经 BEC-HS 分类后的一般贸易中间品进口额。

（3）考虑特殊贸易商进口代理问题。由于当时中国对外贸易进出口经营权的限制，以及一些受资金约束以及其他等方面原因，使得很多企业并没有直接进口的渠道和实力，这就使得在当时拥有进出口经营权的企业充当进口代理商的角色。这种间接进口的份额如果在测算企业附加值的过程中不加以填补，则必然会造成就一定程度的测算偏误。本章这里参考吕越（2015）的做法①，考虑代理商份额占比的问题，进一步测算公式演变为：

$$FVAR3_{it} = \frac{v_{3it}}{EX_{it}} = \frac{IM_{\mathrm{A}it}^{\mathrm{P}} + EX_{it}^{\mathrm{O}}\left(\dfrac{IM_{\mathrm{A}mit}^{\mathrm{O}}}{D_{it} + EX_{it}^{\mathrm{O}}}\right)}{EX_{it}} \qquad (12-3)$$

$$IM_{\mathrm{A}it}^{\mathrm{P}} = \sum_c \frac{IM_{cit}^{\mathrm{P}}}{1 - m^c}$$

$$IM_{\mathrm{A}it}^{\mathrm{O}} = \sum_j \frac{IM_{mjt}^{\mathrm{O}}}{1 - m^j}$$

式中，c 代表加工贸易进口品；j 代表一般贸易进口中间品。

（4）考虑国内中间投入中包含的国外原材料。基于肯和唐（2013）、张杰等（2013）的考虑，通过对工业库出口交货值和海关库企业出口额的比较，可以很明显地发现，企业使用的国内中间投入中，如使用国内其他企业的产成品中也包含了一定比例的国外原材料在内，这就使得指标测算存在向下偏误。据此，依据吕越（2015）的做法，将这一使用比例固定为5%②，进一步测算公式演变为：

---

① 这里具体根据安恩等（Ahn et al., 2010）的做法，将中文企业名称中"进出口""贸易""经贸""科贸""外经"字样的企业归类为中间贸易商，并按照企业6位HS产品编码，计算出中间商进口这些产品份额占其总进口的份额，据此份额与加工贸易和一般贸易进口额测算得出 $IM_{\mathrm{A}it}^{\mathrm{P}}$ 与 $IM_{\mathrm{A}it}^{\mathrm{O}}$。

② 库普曼等（2012）中测算认为这一份额为5%~10%。

$$FVAR4_{it} = \frac{v_{4it}}{EX_{it}} = \frac{0.05\left\{IM_{it}^{T} - IM_{Ait}^{P} - IM_{Amit}^{O}\right\}}{EX_{it}} + \frac{v_{3it}}{EX_{it}} \qquad (12-4)$$

式中，IM_{it}^{T} 表示国内中间投入。

2. 企业国外增加值率趋势分析

（1）企业 $FVAR$ 年度均值变动走势分析。从四种测算方式得出的结果走势来看，在样本观测期间，四种 $FVAR$ 值均呈下降趋势，如图 12-1 所示，但位置呈现差异，其中在考虑了一般贸易进口品用途比例问题后 $FVAR2$ 总体要低于 $FVAR1$，而在进一步考虑中间贸易商可能造成的企业间接进口中间品的问题后，$FVAR3$ 计算的总体值要高于前两种算法，平均高出 5.5%，说明考虑代理商间接进口的问题显得尤为必要，而在考虑国内投入中可能包含的海外原材料的部分后，$FVAR4$ 值与 $FVAR3$ 值差别不大且走势趋同。另外，整体上企业出口国外增加值率在 2000~2007 年平均从 50.7% 下降到 39.5%，这与肯和唐（2016）中测算的 $DVAR$[①] 在 2000~2007 年从 46% 上升到 55% 基本一致。八年间，企业总体 $FVAR$ 值下降了 10% 左右。在把测算大于 1 的值替换为 1 后，绘制出的企业 $FVAR4$ 核密度图与吕越（2017）的一致。

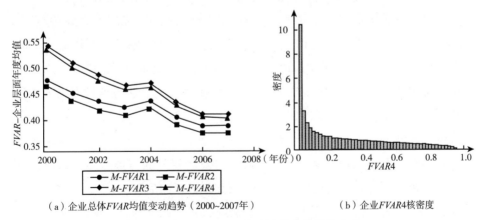

（a）企业总体$FVAR$均值变动趋势（2000~2007年）　　　（b）企业$FVAR4$核密度

图 12-1　企业 $FVAR$ 年度均值走势及核密度

资料来源：笔者据工业企业数据库与海关数据库计算整理得出。

---

① 企业出口国内增加值率（$DVAR$）与 $FVAR$ 之间的关系，$DVAR = 1 - FVAR$。

（2）分样本企业 *FVAR* 年度走势分析。企业年度均值走势图并不能很好地反映 *FVAR* 的情况，故将企业在样本期间分行业、贸易方式、所有制以及国家类型进行区分。本书为保证图形的简洁美观，而且由于前面分析的四种方法测算的指标走势趋同，下面分样本时，只展示第四种方法测算的情况。其他方法也同其一致，不再赘述。对于行业分类，总体的均值走势并不能很好地反映 *FVAR* 值在各行业中的变化趋势，由于各个行业本身行业属性的特殊性，本书根据国民经济行业分类区分了企业所属的 2 位码行业①，选取了行业编码为 13～43（不包括 38）且观测值数超过 800 家的制造业行业分类，以此来看不同行业所对应的 *FVAR* 值的差异。从图 12 - 2 中可以看出，大多数行业在样本观测期间其 *FVAR* 值均呈现下降趋势，只有少部分，如医药制造业、黑色金属冶炼及压延加工业等行业趋于上升或持平状态，且上升趋势并不明显。其中，又以造纸及纸制品业、印刷业 *FVAR* 值以及化学纤维与制造业最高，农副食品加工业、非金属矿物制品业等行业最低，但在 2000 年也均达到了 30% 以上。通过对比要素密集度分类下的企业类型来分析，可以得出，在一些要素密集度高的行业中，其 *FVAR* 值也更高，而在相对劳动密集型的行业中其 *FVAR* 值也相对更低，从而可以得出的是我国企业在嵌入价值链的过程中主要以资本密集型行业为主。

如图 12 - 3 所示，由分贸易方式可以很清晰地看出，纯加工贸易 *FVAR* 年度均值要明显高于混合贸易和一般贸易②，从 2000 年的 68.7% 下降到了 2007 年的 52.8%，而一般贸易 *FVAR* 年度均值最低，从 2000 年的 43% 下降到了 2007 年的 23%，以一般贸易方式的样本下降比例最大，这与当时国内加工贸易占比以及加工贸易其特殊的类型有关，且由于加工贸易占比最大，故可说明在样本观测期内 *FVAR* 值的下降较大一部分比例是由于加工贸易份额的下降。而本章测算的三种贸易方式的下降趋势及区间范围与张杰等（2013）的也基本一致。另外，本章还区分了所有制类型的 *FVAR* 值差异③，从图 12 - 3 中可以明显地看出，外资企业 *FVAR* 值最高，八年间 *FVAR* 值从 59% 下降到

---

① 这里与《国民经济行业分类与代码》（GB/T 4754—2002）一致。
② 贸易方式按照企业加工贸易和一般贸易份额占比来衡量，加工贸易份额为 1 的代表纯加工贸易，0～1 则代表混合贸易。
③ 根据企业投资资本比重（50%）来区分，其中个人资本和法人资本归为私营企业。

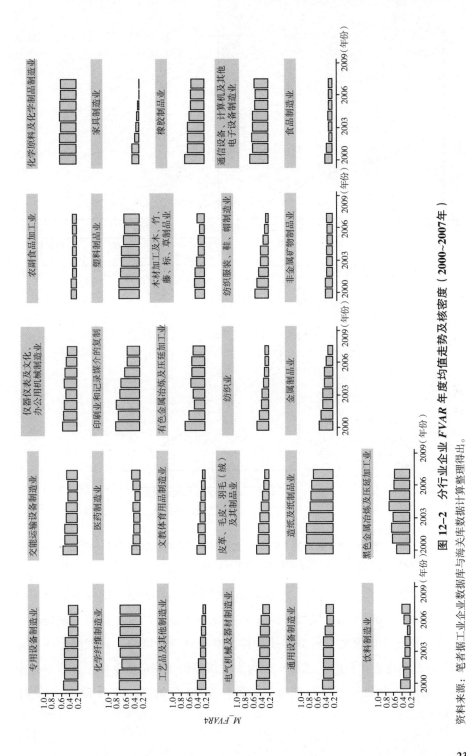

图 12-2　分行业企业 FVAR 年度均值走势及核密度（2000~2007 年）

资料来源：笔者据工业企业数据库与海关数据库计算整理得出。

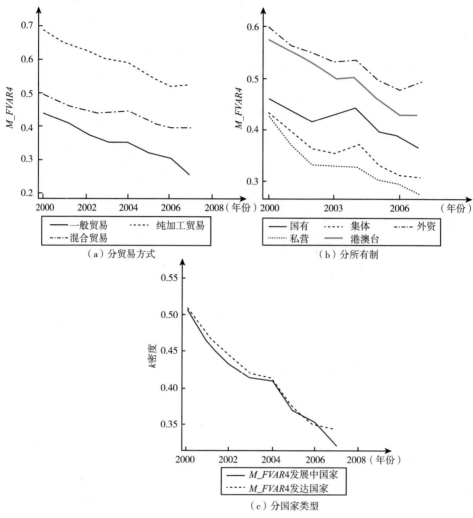

图 12 - 3　企业的 FVAR 分类型样本（2000 ～ 2007 年）

资料来源：笔者据工业库与海关库数据计算整理得出。

了 48% ；其次是港澳台企业，而私营企业的 *FVAR* 值最低，国有企业位于中间，这可能与当时外商直接投资的开展以及私营企业的资金约束、融资能力等有关。同汇率国家类型区分方式一样，本章进一步区分了国家类型的企业 *FVAR* 值，发现企业目的（来源）国为发达国家的 *FVAR* 值要高于发展中国家的样本企业，但是并不是很明显。大致从 2000 年的 52.1% 下降到 2007 年的 28.7% 。

3. 其他控制变量及主要描述性统计

本章在控制变量的选取上，参考了张杰（2013）、吕越（2015）关于企业出口增加值率可能的影响因素，进一步选取了：（1）企业规模。企业规模的大小在一定程度上影响企业的出口能力，企业规模较小的企业更容易受到汇率的冲击，因此有必要在企业异质性影响因素上加入企业规模这一控制变量。（2）企业年龄。企业年龄对企业的影响有诸多方面，随着企业年龄的变化，可能会有一系列影响。（3）全要素生产率。全要素生产率对异质性企业来说有着诸多影响企业嵌入全球价值链程度而看不见的因素，因此有必要控制。（4）加工贸易占比。对于样本观测期内，由于加工贸易两头在外的特殊贸易方式，汇率对其的影响可能因此抵消，因此加工贸易企业是一个很重要的考虑因素。（5）市场集中度。一般市场集中度高的行业，更有可能参与企业全球价值链嵌入。（6）企业融资约束。这里借鉴高运胜（2018）的做法，采用企业有形资产比来衡量，其反映了融资能力，采用企业流动资产与固定资产占总资产的对数值衡量，其值越大，说明公司融资限制越低。

下面就主要变量来源、测算以及描述性统计加以说明见表12-1和表12-2。

表 12-1　　　　　　　　　　　　　主要变量说明

变量名称		变量测算方法
被解释变量	企业出口国外增加值率（FVAR）	依据吕越（2015）的测算公式，通过海关库和工业企业数据库匹配数据计算
核心解释变量	企业层面出口实际有效汇率（EX_ER） 企业层面进口实际有效汇率（IM_ER）	借鉴李宏彬（2011）、余淼杰（2018）的公式计算得出（双边汇率来自 IFS 数据库、CPI 数据来自世界银行、贸易权重来自海关数据库）
控制变量	融资约束（fin）	采取流动资产与固定资产占总资产的比率衡量
	企业规模（size）	采用企业从业人数来衡量
	生产率（TFP）	采用莱文森和彼得林（Levinsohn & Petrin, 2003）的方法来测算生产率
	企业年龄（age）	采用企业成立时间 = 当年年份 − 企业开业年份 + 1 来衡量
	加工贸易占比（Pt_rt）	采用加工贸易占总出口额比重来衡量
	行业集中度（hhi）	采用赫芬达尔 − 郝希曼指数来测度

资料来源：笔者整理。

表 12 – 2 　　　　　　　　主要变量描述性统计

变量	(1)	(2)	(3)	(4)	(5)
	N	mean	sd	min	max
Lptfp	291025	7.070	1.187	− 2.39600	13.590
hhi	294608	0.237	0.0454	0.20000	0.434
lnEX_ER	294608	4.037	1.472	0.00000	5.805
lnIM_ER	294608	3.141	2.122	0.00000	5.758
pc_rt	294608	0.290	0.419	0.00000	1.000
FVAR4	294608	0.221	0.351	0.00000	1.000
size	294608	5.291	1.166	2.07900	12.150
lnage	294608	2.040	0.735	0.00000	5.088
yxzcb	294608	0.932	0.109	0.00896	1.489
fdi	294608	0.264	0.406	0.00000	1.000

资料来源：笔者计算。

12.2　人民币汇率与企业出口
海外增加值的实证设计

1. 计量模型设定

为了进一步考察企业在进出口层面实际有效汇率对企业出口海外增加值率的影响，同时结合前面阐述的汇率对企业出口海外增加值率的影响机理分析，在设定模型时，充分考虑了控制变量以及企业个体异质性后，对采用固定效应的模型或随机效应的模型，通过 Hausman 方式检测，结果强烈拒绝原假设，故而本章采用固定效应模型加以实证分析，解释变量分别从进出口层面上加以探讨其对出口海外增加值率的影响程度分析，借鉴吴国鼎（2017）、余淼杰（2018）的计量设定，本章基准计量模型设定如下：

$$FVAR_{it} = \alpha_0 + \alpha_1 \ln EX\_ER_{it} + \alpha_2 \ln IM\_ER_{it} + \alpha_3 X_{it} + v_i + \mu_t + \varepsilon_{it} \quad (12-5)$$

式中，i 表示企业个体；t 表示年份；v_i 和 μ_t 分别表示企业个体固定效应和年份固定效应；ε_{it} 表示随机扰动项；$\ln EX\_ER_{it}$ 和 $\ln IM\_ER_{it}$ 分别表示本章的核心解释变量出口加权的实际有效汇率对数值和进口加权的实际有效汇率对数值；$FVAR$ 表示企业层面的出口海外增加值率；X_{it} 表示控制变量集。

2. 基准模型估计结果分析

基准回归结果见表 12 - 3。由于展示的限制，在表 12 - 3 中只回归了基于方法二和方法四测算的 $FVAR$ 值作为被解释变量纳入回归分析，并且如不加说明，系数值分析均以第四种方法测算的结果进行阐述。从表 12 - 3 的第（1）、第（2）列回归结果中可看出，出口层面加权的实际有效汇率与进口层面的实际有效汇率的上升均会导致企业出口 $FVAR$ 的上升，其中又以出口层面实际有效汇率的影响程度较大，平均出口实际有效汇率每增加 1%，以第四种方式测算的 $FVAR$ 值增加 0.112%，进口实际有效汇率则每升值 1%，$FVAR4$ 上升 0.0306%，这与任永磊（2017）采用贸易加权算法系数相比相近。而本书从进出口两个层面来衡量分析，进一步展现了企业在面对实际有效汇率上升时，企业出口与进口两个方向对于汇率的冲击的变动差异。从回归系数结果可以看出，在面对汇率冲击时，企业进口层面的变动要小于出口层面的变动，反映出在面对汇率冲击时，企业主要在调整出口额带来的影响，这与李宏彬（2011）以及有些学者（Lau，2004）研究中指出的企业在面对汇率升值时，汇率升值对进口额和出口额的影响都显著为负，但对企业出口额方面的影响要大于对企业进口额的影响一致。从数学分析角度可以得出，在面对有效汇率上升时，当出口额下降的幅度多于进口层面的幅度时，整体上比重会上升，而且在面临汇率升值时，企业进口成本降低也会在一定程度上降低出口额减少时带来的进口层面的负面影响。进一步可以看出，在考虑了中间贸易商代理进口以及国内中间投入可能包含的国外原材料后，企业出口和进口层面加权的实际有效汇率都有所上升。

加入企业异质性因素进行分析。在第（3）、第（4）列加入企业规模、企业年龄、市场集中度以及加工贸易占比后发现，其对 $FVAR$ 的影响仍然显著，但是系数均有所下降。其中，企业规模对企业 $FVAR$ 的影响显著为正，平均企业规模每增加 1%，企业出口海外附加值增加 0.7%，这说明对规模越大的企业嵌入价值链的程度越深，其可能在于规模越大的企业越有能力参与价值链，受融资约束以及企业自身能力限制的影响更小。但是，企业年龄对于

表 12－3　　　　基准模型回归结果

变量	(1) FVAR2	(2) FVAR4	(3) FVAR2	(4) FVAR4	(5) FVAR2	(6) FVAR4	(7) FVAR2	(8) FVAR4
lnIM_ER（进口加权实际有效汇率）	0.0256*** (0.000376)	0.0306*** (0.000421)	0.0223*** (0.000370)	0.0272*** (0.000413)	0.0221*** (0.000371)	0.0270*** (0.000415)	0.0221*** (0.000371)	0.0270*** (0.000415)
lnEX_ER（出口加权实际有效汇率）	0.104*** (0.00105)	0.112*** (0.00103)	0.0921*** (0.00109)	0.0997*** (0.00108)	0.0920*** (0.00110)	0.0995*** (0.00109)	0.0920*** (0.00110)	0.0995*** (0.00109)
size（企业规模）			0.00713*** (0.00145)	0.00719*** (0.00153)	0.00484*** (0.00146)	0.00438*** (0.00155)	0.00475*** (0.00146)	0.00429*** (0.00155)
age（企业年龄）			-0.0227*** (0.00370)	-0.0028 (0.00387)	-0.0268*** (0.00373)	-0.0273*** (0.00391)	-0.0269*** (0.00373)	-0.0275*** (0.00391)
pc_rt（加工贸易占比）			0.177*** (0.00499)	0.184*** (0.00520)	0.176*** (0.00504)	0.183*** (0.00525)	0.176*** (0.00504)	0.183*** (0.00525)
tfp_Lp（全要素生产率）					0.00797*** (0.000877)	0.00919*** (0.000923)	0.00796*** (0.000877)	0.00919*** (0.000923)
yxzcb（有形资产比）							0.0114** (0.00517)	0.0119** (0.00550)
hhi（市场集中度）			0.00694*** (0.00147)	0.00612*** (0.00155)	0.00666*** (0.00147)	0.00583*** (0.00156)	0.00665*** (0.00147)	0.00582*** (0.00156)
常数项	-0.295*** (0.00510)	-0.315*** (0.00512)	-0.329*** (0.0120)	-0.346*** (0.0125)	-0.363*** (0.0130)	-0.384*** (0.0135)	-0.373*** (0.0139)	-0.395*** (0.0145)
个体固定效应	是	是	是	是	是	是	是	是
年份固定效应	是	是	是	是	是	是	是	是
观测值	294608	294608	294608	294608	291025	291025	291025	291025
R^2	0.188	0.197	0.207	0.215	0.207	0.216	0.207	0.216

注：*** 表示 $P<0.01$，** 表示 $P<0.05$；括号中的数值为稳健性标准误。
资料来源：笔者计算。

企业嵌入价值链的影响显著为负，这可能在于新成立的企业嵌入度较高，且随着企业年龄及国内产业链的完善，部分企业可能会降低国外附加值的投入。市场集中度显著为正，说明行业集中度对企业嵌入价值链有显著的促进作用。加工贸易占比显著为正，且系数较大为0.184，说明企业加工贸易份额占比越大的，其在价值链中的参与度越高，这也与张杰（2013）的分析相比一致。在第（5）、第（6）列中进一步加入企业的全要素生产率进行分析，系数显著为正，且全要素生产率每提高1%，企业 *FVAR* 值增加0.9%，说明生产率对企业的价值链参与有明显的促进作用。在第（7）、第（8）列中进一步控制了企业的融资约束，这里采用企业有形资产比来衡量，指标越大，表明融资约束越低，可以看出，对于融资约束越低的企业，其 *FVAR* 值越高，平均融资约束每降低1%，企业 *FVAR* 值上升约1.2%，这与吕越（2015）、高运胜（2018）等的结果相一致。在引入了企业异质性因素后，进一步对进出口层面有效汇率的影响分析，可以看出，出口层面实际有效汇率每上升1%，企业 *FVAR* 值提高0.099个百分点，仍然高于进口层面的0.027个百分点，且系数均显著。

下面就四种测算的 *FVAR* 值分析。见表12-4，在四种 *FVAR* 测算方法下，企业进出口层面加权的实际有效汇率均对企业嵌入价值链有显著正向影响，其中在考虑了一般贸易进口中间品的三种用途后，回归表格第（2）列较第（1）列进出口有效汇率的回归系数有所降低，在进一步考察中介代理商可能造成的企业海外增加值的低估偏误后，在第（3）列回归的系数相较于第（2）列又有所上升，平均进口实际有效汇率每上升1%，企业出口 *FVAR* 值提高0.025%，而出口层面提高0.09%。

表 12-4　　　　　　　　　　基准模型回归结果

变量	(1)	(2)	(3)	(4)
	*FVAR*1	*FVAR*2	*FVAR*3	*FVAR*4
ln*IM_ER*（进口加权实际有效汇率）	0.0277 *** (0.000421)	0.0221 *** (0.000371)	0.0254 *** (0.000410)	0.0270 *** (0.000415)
ln*EX_ER*（出口加权实际有效汇率）	0.102 *** (0.00109)	0.0920 *** (0.00110)	0.0952 *** (0.00110)	0.0995 *** (0.00109)
size（企业规模）	0.00388 *** (0.00149)	0.00475 *** (0.00146)	0.00464 *** (0.00155)	0.00429 *** (0.00155)

变量	(1)	(2)	(3)	(4)
	FVAR1	FVAR2	FVAR3	FVAR4
age （企业年龄）	-0.0272 *** (0.00383)	-0.0269 *** (0.00373)	-0.0253 *** (0.00394)	-0.0275 *** (0.00391)
pc_rt （加工贸易占比）	0.153 *** (0.00504)	0.176 *** (0.00504)	0.209 *** (0.00525)	0.183 *** (0.00525)
tfp_Lp （全要素生产率）	0.00790 *** (0.000892)	0.00796 *** (0.000877)	0.00934 *** (0.000932)	0.00919 *** (0.000923)
yxzcb （有形资产比）	0.00918 * (0.00530)	0.0114 ** (0.00517)	0.0109 * (0.00556)	0.0119 ** (0.00550)
hhi （市场集中度）	0.00823 *** (0.00153)	0.00665 *** (0.00147)	0.00636 *** (0.00158)	0.00582 *** (0.00156)
常数项	-0.414 *** (0.0141)	-0.373 *** (0.0139)	-0.387 *** (0.0147)	-0.395 *** (0.0145)
个体固定效应	是	是	是	是
年份固定效应	是	是	是	是
观测值	291025	291025	291025	291025
R^2	0.219	0.207	0.211	0.216

注：*** 表示 $P<0.01$、** 表示 $P<0.05$、* 表示 $P<0.1$；括号中的数值为稳健性标准误。
资料来源：笔者计算。

12.3 影响渠道检验

人民币有效汇率对于企业的影响来自不同的渠道和方面，本章通过以下模型对人民币有效汇率影响企业的渠道进行了实证分析，主要内容如下。

（1）成本加成效应检验。人民币有效汇率主要会通过两个路径来影响企业的出口 FVAR 值：一方面通过改变企业对进口国外中间品和国内的使用比例来影响企业的国外附加值；另一方面，人民币汇率波动会对公司的出口定价方针产生作用效果，改变企业的成本加成率。在这里，借鉴余淼杰（2018）

的分析，按两步回归法对企业通过成本加成渠道的影响进行检验分析。企业成本加成率借鉴耿伟（2019）的做法，采用生产函数法计算，其中可变要素的弹性系数通过 LP 半参数方法估计出其弹性系数 θ_{it}，进一步通过工业库中的职工工资和福利费总和与企业销售收入的比值作为可变要素成本与总收益的比值 ∂_{it}，利用 $\theta_{it}/\partial_{it}$ 计算出企业的成本加成率。具体机制分析模型设定如下。

首先，用进出口有效汇率对加成率的回归：

$$\ln markup_{it} = \alpha_0 + \alpha_1 \ln EX\_ER_{it} + \alpha_2 \ln IM\_ER_{it} + \alpha_3 X_{it} + v_i + \mu_t + \varepsilon_{it} \qquad (12-6)$$

其次，将第一步回归得出的加成率的拟合值代入第二步回归中：

$$FVAR_{it} = \alpha_0 + \alpha_1 \overline{\ln markup}_{it} + \alpha_2 X_{it} + v_i + \mu_t + \varepsilon_{it} \qquad (12-7)$$

见表 12-5，报告了汇率影响成本加成的回归结果。从第（1）列回归结果可以得出，进出口层面实际有效汇率逐次递增 10%，在控制了企业异质性因素的情况下，企业加成率降低 0.05% 左右，这也与有些学者（sui 和刘竹青，2017）的研究结果一致，其指出实际有效汇率的增长，会对企业成本加成率有显著的负向影响，在本书中进一步指出这种抑制作用又以出口层面的加实际有效汇率影响较大。而在回归的第（2）列将一步回归生成的成本加成率的拟合值系数显著为负，且成本加成率每提升 10%，企业出口海外增加值率降低 1.91%，这样则在企业加成率影响渠道下，企业进口实际有效汇率每提高 10%，企业出口 FVAR 值增加约 0.01%。

表 12-5　　　　　　　　　　　成本加成效应估计结果

变量	(1)	(2)
	lnmarkup	FVAR4
ln*IM_ER* （进口加权实际有效汇率）	-0.00500 *** (0.00135)	
ln*EX_ER* （出口加权实际有效汇率）	-0.00568 *** (0.00244)	
lnmarkup （成本加成率）		-0.191 *** (0.0233)

变量	(1)	(2)
	lnmarkup	FVAR4
size （企业规模）	-0.122*** (0.00727)	0.00268 (0.00208)
age （企业规模）	-0.162*** (0.0164)	-0.0192*** (0.00461)
pc_rt （加工贸易占比）	-0.0231*** (0.00833)	0.357*** (0.00563)
tfp_Lp （全要素生产率）	0.356*** (0.00842)	0.0443*** (0.00416)
yxzcb （有形资产比）	-0.0114*** (0.00409)	0.0176*** (0.00589)
hhi （市场集中度）	-0.0114*** (0.00409)	0.00756*** (0.00163)
常数项	-0.121* (0.0634)	-0.0666*** (0.0151)
个体固定效应	是	是
年份固定效应	是	是
观测值	291025	290991
R^2	0.069	0.084

注：*** 表示 $P<0.01$、* 表示 $P<0.1$；括号中的数值为稳健性标准误。
资料来源：笔者计算。

（2）前面已经分析了在成本加成渠道上，企业所面临的实际有效汇率上升可以对企业成本加成有显著的负向作用，而成本加成显著不利于企业出口 FVAR 的上升。接下来进一步参照吴国鼎（2017）的做法，再次考察在进出口强度差异下，进出口实际有效汇率对企业出口 FVAR 的影响。其中，出口强度采用企业的出口额与企业工业销售产值比值表示，进口强度采用企业进口额与企业工业产值比值表示（李平和许家云，2015）。为避免潜在的可能内生性的问题，进出口强度采用滞后一期值分别与企业进出口层面实际有效汇率做交乘，具体计量模型如下：

$$FVAR_{it} = \alpha_0 + \alpha_1 \ln EX\_ER_{it} + \alpha_2 \ln IM\_ER_{it} + \alpha_3 \ln EX\_ER_{it} \times ckqd_{it-1} +$$
$$\alpha_4 \ln IM\_ER_{it} \times jkqd_{it-1} + \alpha_5 X_{it} + v_i + \mu_t + \varepsilon_{it} \qquad (12-8)$$

结果发现，在引入企业出口强度与出口层面实际有效汇率的交乘项后，如图 12-6 所示，其系数显著为正，说明出口强度越大的企业对汇率升值所带来的出口额的降低越明显；相对于进口强度与进口实际有效汇率的交乘项系数相比，其影响程度相对较大，说明进口强度越大的企业，其通过进口中间品成本降低渠道也会显著地影响企业出口国外附加值率；进口实际有效汇率的升值会使得企业更多地增加中间的进口，并且随着进口强度的增大而增加。另外从回归结果可以看出，在引入进出口强度的影响后，有形资产占比和市场集中度显著性均降低。

表 12-6　　　　　　　　　　进出口强度交乘估计结果

变量	(1)	(2)
	FVAR2	FVAR4
ln*IM_ER*（进口加权实际有效汇率）	0.0268 ***（0.000885）	0.0327 ***（0.000955）
ln*EX_ER*（出口加权实际有效汇率）	0.0802 ***（0.00166）	0.0894 ***（0.00169）
ln*EX_RE_ckqd*（出口汇率×出口强度）	0.0439 ***（0.00181）	0.0406 ***（0.00186）
ln*IM_RE_jkqd*（进口汇率×进口强度）	0.0101 ***（0.000750）	0.0119 ***（0.000803）
size（企业规模）	0.00722 ***（0.00201）	0.00682 ***（0.00211）
age（企业年龄）	−0.0168 **（0.00677）	−0.0141 **（0.00716）
pc_rt（加工贸易占比）	0.135 ***（0.00656）	0.140 ***（0.00685）
tfp_Lp（全要素生产率）	0.00952 ***（0.00119）	0.0106 ***（0.00125）
yxzcb（有形资产比）	0.0136 **（0.00672）	0.0130 *（0.00718）

变量	(1)	(2)
	FVAR2	FVAR4
hhi （市场集中度）	0.00205 (0.00186)	0.00116 (0.00200)
常数项	−0.377*** (0.0211)	−0.407*** (0.0221)
个体固定效应	是	是
年份固定效应	是	是
观测值	176421	176421
R^2	0.224	0.227

注：*** 表示 $P<0.01$、** 表示 $P<0.05$、* 表示 $P<0.1$；括号中的数值为稳健性标准误。
资料来源：笔者计算。

1. 分样本回归

1) 按贸易方式分样本

由前面分析可知，在不同的贸易方式类别中，企业出口国外附加值率又有明显区别，因此按照贸易方式类型进行分样本讨论，这里主要参考高运胜和郑乐凯（2018）对企业贸易类型的分法①。从表 12－7 回归结果可以看出，进口加权实际有效汇率对加工贸易的影响程度最大，进口加权实际有效汇率每上升1%，加工贸易企业的出口国外增加值率上升 0.051%，而对一般贸易的影响相对较低。在加工贸易方式下，进口实际有效汇率上升会显著减少公司进口中间品的出厂价格，从而企业会更多地进口中间品。在公司出口加权实际有效汇率方面，两个贸易方式分类下都较为显著，汇率增长会明显地减少公司出口成本涨幅，进而提高企业 FVAR，其中又以加工贸易显著程度最高，且出口加权实际有效汇率无论是在一般贸易还是加工贸易都要显著地高于进口加权实际有效汇率的影响程度。另外，加工贸易占比越大，企业出口 FVAR 便越高，市场集中度指标对加工贸易也有显著的正向影响；而对一般贸易不显著，且符号不能确定。

---

① 将企业贸易类型分为一般贸易和加工贸易，其中加工贸易包含混合贸易和纯加工贸易。来源于：吴国鼎. 企业有效汇率变动对企业利润的影响 [J]. 世界经济，2017，40（5）：49－72.

表 12 -7　　　　　　　　　　　分贸易方式估计结果

变量	(1)	(2)
	FVAR2	FVAR4
ln*IM_ER* （进口加权实际有效汇率）	0. 0268 *** （0. 000885）	0. 0327 *** （0. 000955）
ln*EX_ER* （出口加权实际有效汇率）	0. 0802 *** （0. 00166）	0. 0894 *** （0. 00169）
ln*EX_RE_ckqd* （出口汇率×出口强度）	0. 0439 *** （0. 00181）	0. 0406 *** （0. 00186）
ln*IM_RE_jkqd* （进口汇率×进口强度）	0. 0101 *** （0. 000750）	0. 0119 *** （0. 000803）
size （企业规模）	0. 00722 *** （0. 00201）	0. 00682 *** （0. 00211）
age （企业年龄）	- 0. 0168 ** （0. 00677）	- 0. 0141 ** （0. 00716）
pc_rt （加工贸易占比）	0. 135 *** （0. 00656）	0. 140 *** （0. 00685）
tfp_Lp （全要素生产率）	0. 00952 *** （0. 00119）	0. 0106 *** （0. 00125）
yxzcb （有形资产比）	0. 0136 ** （0. 00672）	0. 0130 * （0. 00718）
hhi （市场集中度）	0. 00205 （0. 00186）	0. 00116 （0. 00200）
常数项	- 0. 377 *** （0. 0211）	- 0. 407 *** （0. 0221）
个体固定效应	是	是
年份固定效应	是	是
观测值	176421	176421
R^2	0. 224	0. 227

注：*** 表示 $P<0.01$、** 表示 $P<0.05$、* 表示 $P<0.1$；括号中的数值为稳健性标准误。
资料来源：笔者计算。

2）按要素密集度分样本

企业要素密集度的差异使得企业在进口中间投入品以及面对汇率冲击时会有异质性的差异，不同要素结构的企业所受的影响程度也会不同。这里参照戴觅等（2013），按照行业2位码对企业的要素密集度类型进行分类，将企业分为资本密集型、中间型以及劳动密集型的企业。见表12-8，从回归结果来看，进出口层面实际有效汇率均为显著正向影响，其中以资本密集型行业影响程度最高，其出口层面每上升1个百分点，FVAR4上升0.107个百分点，进口层面上升0.0398个百分点。而劳动密集型的影响最低，这主要在于劳动密集型的企业对中间投入品的需求要低于中间型和资本密集型的企业，因此相对于其他，其受到汇率的影响更小。企业规模对资本密集型企业显著为正，而对劳动密集型和中间型企业则不显著，这主要可能是资本密集型企业相对来说受资金及风险冲击的影响要更大，正如其有形资产比显著为正，而劳动密集型和资本密集型企业不显著一样。另外在三个分类方式下，同样均反映出出口层面实际有效汇率的影响程度要高于进口层面的汇率影响程度，企业在面临汇率冲击时，更多的是调整出口而非进口，这也与我们之前的理论及影响渠道分析一致。

表12-8　　　　　　　　　　　分要素密集度估计结果

变量	劳动密集型	中间型	资本密集型
	FVAR4	FVAR4	FVAR4
ln*IM_ER*（进口加权实际有效汇率）	0.0180 *** (0.000626)	0.0254 *** (0.000730)	0.0398 *** (0.000986)
ln*EX_ER*（出口加权实际有效汇率）	0.0815 *** (0.00277)	0.101 *** (0.00222)	0.107 *** (0.00154)
size（企业规模）	−9.29e−05 (0.00284)	0.00210 (0.00397)	0.00719 ** (0.00364)
age（企业年龄）	−0.0247 *** (0.00595)	−0.0284 *** (0.00771)	−0.0252 *** (0.00846)
pc_rt（加工贸易占比）	0.238 *** (0.0103)	0.198 *** (0.00970)	0.131 *** (0.00877)

续表

变量	劳动密集型	中间型	资本密集型
	FVAR4	FVAR4	FVAR4
tfp_Lp （全要素生产率）	0.00622 *** (0.00154)	0.00991 *** (0.00175)	0.0129 *** (0.00182)
yxzcb （有形资产比）	- 0.00654 (0.00800)	- 0.00513 (0.0108)	0.0409 *** (0.0145)
hhi （市场集中度）	0.00813 *** (0.00224)	- 0.000190 (0.00281)	0.00750 ** (0.00326)
常数项	- 0.312 *** (0.0250)	- 0.368 *** (0.0295)	- 0.475 *** (0.0299)
个体固定效应	是	是	是
年份固定效应	是	是	是
观测值	91784	97811	101430
R^2	0.185	0.215	0.237

注：*** 表示 $P<0.01$、** 表示 $P<0.05$；括号中的数值为稳健性标准误。
资料来源：笔者计算。

3）按汇改前后分样本

在前面的数据分析中明显可以看出，在 2005 年汇改前，虽然人民币汇率整体贬值趋势明显，但仍有较大比例企业处于升值状态；汇改后，人民币汇率开始逐渐上升[①]，汇率波动开始以市场供求为基础、参考一篮子货币进行有管理的浮动调节。见表 12 - 9，可以看出，在汇改后进口层面实际加权有效汇率对企业出口 FVAR 的影响有所降低，而出口层面的有所上升，这说明在汇改前，进口层面汇率上升更多地会刺激企业进口中间投入品；而在汇改后，由于面临着整体人民币升值趋势，企业出口额受影响的程度要高于企业在汇改前，企业更多地调整出口额，出口方面对汇率的变动也更为敏感，因为在汇改后，汇率的波动幅度扩大，汇率弹性也进一步变大。

---

① 汇率波动开始以市场供求为基础、参考一篮子货币进行有管理的浮动调节。来源于：李建伟，杨琳. 影响因素、管控机制与人民币汇率波动趋势 [J]. 改革，2017 (1)：85 - 98.

表 12 - 9 分汇改前后估计结果

变量	汇改前	汇改后
	FVAR4	FVAR4
ln*IM_ER*（进口加权实际有效汇率）	0.0267 *** (0.000658)	0.0241 *** (0.000795)
ln*EX_ER*（出口加权实际有效汇率）	0.0942 *** (0.00166)	0.111 *** (0.00243)
size（企业规模）	−0.000379 (0.00229)	0.0203 *** (0.00338)
age（企业年龄）	−0.0511 *** (0.00767)	0.00633 (0.0116)
pc_rt（加工贸易占比）	0.162 *** (0.00792)	0.126 *** (0.0126)
tfp_Lp（全要素生产率）	0.0237 *** (0.00159)	−0.00559 *** (0.00196)
yxzcb（有形资产比）	0.0157 (0.0101)	0.00833 (0.0102)
hhi（市场集中度）	0.00811 *** (0.00206)	−0.0146 *** (0.00476)
常数项	−0.404 *** (0.0232)	−0.375 *** (0.0383)
个体固定效应	是	是
年份固定效应	是	是
观测值	136508	107878
R^2	0.173	0.263

注：*** 表示 $P < 0.01$；括号中的数值为稳健性标准误。
资料来源：笔者计算。

2. 稳健性检验

1）内生性检验

在使用进口和出口到各国的份额按均值加权的企业层面实际有效汇率时，由于均值份额在各年平均，故仍然可能存在一定程度的内生性问题。为了更好地验证本章的实证结果，借鉴余淼杰（2018）的做法，使用企业在 k 国的初始年进出口份额作为贸易权重，以此作为企业进出口层面加权的实际有效汇率进行进一步的内生性检验，结果见表 12 - 10，对比前文用均值份额为权重回归的结果可以看出，在使用初始份额加权的有效汇率下，四种 FVAR 测算结果的回归系数均有所降低，以 FVAR4 为例，在进口层面加权的实际有效汇率每上升 1%，企业出口 FVAR 值较均值份额加权的系数降低了 0.003%（0.0274% － 0.0244%），而出口层面下降了 0.0312%（0.0986% － 0.0674%），但系数都显著为正，且出口层面的影响程度要高于进口层面的影响程度，FVAR2 在考虑了中间贸易商后的影响程度要低于 FVAR1，这也与前文分析一致。

表 12 － 10　　　　　　　　　　　　内生性检验估计结果

变量	（1）	（2）	（3）	（4）
	FVAR1	FVAR2	FVAR3	FVAR4
ln-ln*IM_ER* （初始份额进口加权）	0.0257 *** （0.000536）	0.0194 *** （0.000461）	0.0229 *** （0.000511）	0.0244 *** （0.000520）
ln-ln*EX_ER* （初始份额出口加权）	0.0694 *** （0.00118）	0.0619 *** （0.00115）	0.0647 *** （0.00117）	0.0674 *** （0.00117）
size （企业规模）	0.00797 *** （0.00154）	0.00854 *** （0.00150）	0.00865 *** （0.00159）	0.00862 *** （0.00159）
age （企业年龄）	－ 0.0211 *** （0.00407）	－ 0.0215 *** （0.00394）	－ 0.0188 *** （0.00416）	－ 0.0213 *** （0.00416）
pc_rt （加工贸易占比）	0.257 *** （0.00529）	0.272 *** （0.00524）	0.309 *** （0.00538）	0.287 *** （0.00542）
tfp_Lp （全要素生产率）	0.00829 *** （0.000923）	0.00826 *** （0.000903）	0.00957 *** （0.000958）	0.00953 *** （0.000952）
yxzcb （有形资产比）	0.0150 *** （0.00547）	0.0158 *** （0.00528）	0.0157 *** （0.00567）	0.0169 *** （0.00563）
hhi （市场集中度）	0.00907 *** （0.00152）	0.00721 *** （0.00146）	0.00684 *** （0.00156）	0.00661 *** （0.00155）
常数项	－ 0.351 *** （0.0147）	－ 0.308 *** （0.0143）	－ 0.324 *** （0.0150）	－ 0.330 *** （0.0150）
个体固定效应	是	是	是	是
年份固定效应	是	是	是	是
观测值	291025	291025	291025	291025
R^2	0.140	0.137	0.146	0.142

注：*** 表示 $P < 0.01$；括号中的数值为稳健性标准误。
资料来源：笔者计算。

2）不同方法稳健性检验

由于本章的被解释变量范围为 0 ~ 1，且 0 值较多，只是简单地采用 OLS 回归可能会有偏误，为了更好地验证本章中的结论，在这里进一步采用 Tobit 模型对回归进行检验，并且用企业出口 *FVAR*4 滞后一期的 OLS 回归纳入检验，以及采用 Heckman 两阶段法检验是否存在可能的样本选择偏误问题，检验结果见表 12 – 11。从检验结果可以看出，在加入了滞后一期的 *FVAR*4 检验，第（1）列回归结果仍然显著为正，且出口层面的系数高于进口层面的。在第（2）列中我们进一步采用了 Tobit 模型以解决大量 0 值可能带来的偏误，回归结果也显著为正。为了进一步检验是否可能会在处理样本时有样本选择偏误的问题，在第（3）和第（4）列中采用 Hecman 两阶段模型对回归进行了进一步的验证。其中，第一阶段被解释变量为是否参与增加值贸易，参与的为 1，未参与的设为 0；第二阶段中将第一阶段回归得出的逆米尔斯比率带入后发现初始份额加权的进出口层面的实际有效汇率均显著为正，且出口层面的依旧大于进口层面的，而且逆米尔斯比率显著不为 0。这说明并不存在样本选择偏误问题，进一步通过了稳健性检验，说明在进口层面与出口层面加权的实际有效汇率均对企业出口海外增加值率有显著正向影响，且出口加权实际有效汇率对企业出口额的影响要高于进口层面。

表 12 –11　　　　　　　　　　稳健性检验估计结果

变量	OLS	Tobit	Heckman – 1	Heckman – 2
	*FVAR*4	*FVAR*4	d_*FVAR*4	*FVAR*4
*L. FVAR*4 （滞后一期的 *FVAR*4）	0.0354 *** （0.00502）		0.910 *** （0.0135）	
ln-ln*IM_ER* （初始份额进口加权）	0.0198 *** （0.000697）	0.188 *** （0.000987）	0.374 *** （0.00218）	0.0191 *** （0.00318）
ln-ln*EX_ER* （初始份额出口加权）	0.0638 *** （0.00179）	0.160 *** （0.00115）	0.369 *** （0.00292）	0.0635 *** （0.00327）
size （企业规模）	0.0106 *** （0.00227）	– 0.0286 *** （0.00152）	0.0286 *** （0.00418）	0.0108 *** （0.00231）
age （企业年龄）	– 0.0108 （0.00773）	– 0.0203 *** （0.00214）	– 0.0474 *** （0.00638）	– 0.0103 （0.00787）

续表

变量	OLS	Tobit	Heckman – 1	Heckman – 2
	FVAR4	FVAR4	d_FVAR4	FVAR4
pc_rt （加工贸易占比）	0. 277 *** (0. 00750)	0. 521 *** (0. 00363)	0. 762 *** (0. 0116)	0. 280 *** (0. 00856)
tfp_Lp （全要素生产率）	0. 0105 *** (0. 00134)	0. 0541 *** (0. 00123)	0. 0952 *** (0. 00394)	0. 0105 *** (0. 00149)
yxzcb （有形资产比）	0. 0152 ** (0. 00766)	0. 0910 *** (0. 0110)	0. 214 *** (0. 0370)	0. 0152 * (0. 00783)
hhi （市场集中度）	0. 00216 (0. 00209)	0. 0206 *** (0. 00215)	– 0. 0142 ** (0. 00652)	0. 00242 (0. 00213)
imr （逆米尔斯比率）				– 0. 00299 (0. 0116)
常数项	– 0. 322 *** (0. 0239)	– 1. 859 *** (0. 0180)	– 3. 876 *** (0. 0556)	– 0. 313 *** (0. 0454)
个体固定效应	是	否	否	是
年份固定效应	是	否	否	是
观测值	176421	291025	176421	176421
R^2	0. 115			0. 114

注：*** 表示 $P < 0.01$、** 表示 $P < 0.05$、* 表示 $P < 0.1$；括号中的数值为稳健性标准误。
资料来源：笔者计算。

12. 4　本章小结

　　本章利用相关数据库[①]考察了企业进出口层面的实际有效汇率对企业出口国外增加值率的影响。分别测算经进出口均值份额加权和初始份额加权的实际有效汇率和四种不同方法下的企业出口海外增加值率，然后从总体、成本加成渠道以及企业进出口强度差异的角度进行了实证检验，并进一步分样本讨论了可能的内生性检验及稳健性检验。研究结果显示，在四种企业出口国

[①]　2000 ~ 2007 年中国工业企业数据库、海关贸易数据库以及 IMF 中的 IFS 数据库、WDI 数据库。

外增加值率的方法下，企业进口层面实际有效汇率和出口层面实际有效汇率的增长对企业出口海外附加值比例均有明显的正向影响，且出口层面实际有效汇率对企业 *FVAR* 值的影响要明显高于企业进口层面的影响，说明企业在面对汇率冲击时，会较多地调整企业出口方向；而相对来说，进口层面的调整有限。在引入企业成本加成率考察时发现，在面对本币汇率增长时，企业成本增幅明显下滑，企业成本增幅下滑会导致企业出口收益的下滑，进而使得企业出口国外增加值率上升。进一步地，本章通过进口强度和出口强度的考察发现，进口强度越大的企业在面对企业汇率升值时会更多地进口中间投入品，进而使得企业出口 *FVAR* 值上升，同时出口强度越大的企业越容易受到汇率冲击的影响，出口层面人民币汇率升值会使得企业出口额较大幅度下降进而使得企业出口国外附加值率上升。本章在分贸易方式、要素密集度以及汇改前后样本讨论时，发现加工贸易和资本密集型的企业，汇率升值对其出口 *FVAR* 值的提升最为明显，出口层面实际有效汇率的影响程度均要高于进口层面，汇改后出口实际有效汇率对企业出口 *FVAR* 值的影响要高于汇改前。为了进一步验证实证结果，本章结尾还采用企业初始份额加权的实际有效汇率对可能的内生性问题进行检验，并且考虑了不同方法下的稳健性检验，进一步保证了本章结论的可靠性。

第13章 人民币汇率对企业绩效的影响研究

汇率变动对出口贸易的研究一直以来都是我国出口贸易领域重要的议题。汇率一直被认为是国与国之间商品价格的媒介，对国家商品竞争力有重要影响，出口贸易则对国家的经济发展起到驱动作用。汇率同时在其他方面影响着企业出口①。出口企业是宏观经济当中的重要组成部分，分析汇率对其的影响，有利于深化了解本币汇率和出口贸易联系，以及在汇率变动对贸易的详细作用架构方面产生更深层次的理解认知。及时识别汇率对于企业绩效的影响机制和作用规律有助于我国企业更好地应对汇率波动风险，在汇率波动中及时调整相关行为，提高产品质量，实现产业升级和结构优化。

我国从实施本币汇率相关政策开始，本币汇率总体呈上升趋势②。汇率增长使得中国出口商品的相对价格增加，竞争力下降，企业绩效受到影响，这在一定程度上影响企业是否出口、出口产品种类增减、是否进入或退出市场的决定。古典经济学认为，企业的利润是评测企业离开相关产业市场的重要目标，企业绩效反映了一个企业在一定时期内的盈利能力和生产率，会在一定程度上影响企业的决策和发展，对一国经济增长也有深远影响。中国在实

① 出口企业的绩效相对于出口规模、出口品价值，更能从本质上反映一国的贸易活力，是衡量中国贸易竞争力的重要指标（范爱军和林琳，2006）。中国出口企业利润水平持续低迷（赵福军，2016），人民币汇率形成机制改革尚在推进，汇率波动将成为常态。来源于：顾海峰，于家珺．人民币汇率对中国出口企业盈利能力的影响研究——来自2006—2016年中国上市公司的证据［J］．国际贸易问题，2018（9）：145－161.

② 自2005年7月我国实施人民币汇率形成机制改革以来，人民币汇率总体上出现了明显的升值趋势。来源于：李建伟，杨琳．影响因素、管控机制与人民币汇率波动趋势［J］．改革，2017（1）：85－98.

现贸易大国转变成贸易强国时，不仅要实现贸易规模的稳步增长，也要努力，实现产品质量的提高，提高我国工业企业在全球价值链中的地位，实现产业结构升级转型。从微观角度来看，汇率对企业绩效的影响也因为企业所有制结构、地理区域、补贴收入、生产率高低、融资约束等异质性特征而有所不同，甚至表现出相反的影响。细分企业特征进行研究，有助于提出针对性的建议来应对汇率风险，实现企业绩效的良好发展。基于此背景，本章将利用微观层面企业实际有效汇率的数据来研究汇率变动对企业绩效的影响。

现有研究大多是从汇率如何影响企业生产率的角度进行研究，关于企业绩效的研究大多集中在企业的短期利润或者上市公司，少有研究聚焦于企业风险承受实力，企业的投资方针给我们探索汇率对企业风险承受能力提供了新的方向。就企业绩效而言，企业的盈利能力反映了企业短期绩效，风险承担能力更多地反映企业的中长期绩效。作为企业投资决策过程中的重要决策之一，风险选择，对企业的长久发展具有深远影响。具有良好风险承受能力表明，会有众多企业创新支持，对企业的研发能力起到明显提升作用，积累资本速度上升。

本章通过对以往关于这一问题研究的文献进行总结，归纳出实际有效汇率对企业绩效的作用效果方式，并对其影响方向及程度提出假说；实证方面，利用学术界公认方式度量企业实际有效汇率，采用最全面的绩效衡量指标，探讨汇率波动对企业绩效的作用效果；进一步构建面板数据，利用固定效应模型，对影响渠道作进一步实证分析；并针对实证结果给出针对性建议。利用企业层面实际有效汇率，研究其在企业绩效方面作用效果，丰富了实际有效汇率对微观层面企业绩效影响的研究。对异质性企业进行研究，探究汇率会受到异质性公司绩效的作用效果，在此基础上给不同企业提出具有针对性的意见，规避或减少汇率风险的影响。进一步分析实际有效汇率对企业短期绩效和中长期绩效影响的不同，探究其影响差异的原因①。

---

① 数据方面，采用工业企业数据库和海关数据库进行匹配，数据量较大，说服力强。不足之处在于行业竞争强度的衡量指标没有一个相对统一的指标，工业企业数据和海关数据库数据有所缺失。来源于：伏玉林，李弗贝. 实际有效汇率对企业创新的影响：基于融资约束的视角 [J]. 金融发展研究，2019（6）：12 - 21.

13.1　人民币汇率的趋势分析

根据测算数据可以大致描绘出企业实际有效汇率均值的变化趋势①，此外由图 13 – 1 可知，2000～2001 年汇率有所上升，2001～2005 年汇率发生显著降低，汇改之后，汇率一直呈现上升趋势。虽然企业层面的变化与宏观层面有轻微差异，但汇率的变化趋势大致一致。从汇率变化的幅度以及范围来看，实际有效汇率与宏观汇率的变化有所不同，宏观汇率的平均变化掩盖了微观企业异质性变化带来的差异性。实际有效汇率指数从平均上，普遍高于宏观汇率指数。

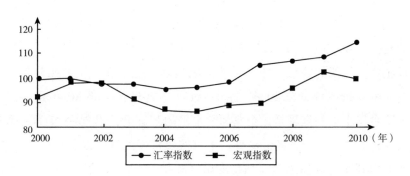

图 13 – 1　企业层面和宏观层面汇率变化趋势

13.2　企业绩效指标测算

1. 企业绩效的衡量

关于企业绩效的衡量指标众多，包括最初的销售数量、销售收入增长率、总资产收益率以及细分总资产收益率的指标权益回报率，资产周转率和销售利润率，乃至一些替代指标，如全要素生产率，但就企业绩效的衡量而言，

① 实际有效汇率测算方法参考第 10 章内容。

成本利润率是最为常见的指标。

总之，将企业盈利水平看作说明性参数，利润率是企业绩效计算参数的一部分。盈利能力是企业绩效的重要衡量指标之一（苏振东和洪玉娟，2013），这一观点得到理论和实际的认可，企业在激烈的市场竞争中生存发展并取得成功必须依赖企业的盈利能力（Contractor，2007）。因此，我们参考吴国鼎（2017）、顾海峰和于加珺（2018）的方法，以企业毛利润为盈利能力的衡量指标，因为汇率变动影响的主要是企业出口收入和进口成本，即企业销售收入和营业成本。盈利能力主要是企业创造利润的能力，而毛利更能体现出公司以主要业务盈利的水准，且排除税制环境、财务杠杆对企业绩效的影响，以其作为盈利能力的衡量指标比较合适。计算公式如下：

$$grossprof_it_{it} = yysr_{it} - yycb_{it} \qquad (13-1)$$

式中，i 表示个体；t 表示时间；$grossprof_it_{it}$ 表示企业的毛利润；$yysr_{it}$ 表示企业的营业收入（销售收入）；$yycb_{it}$ 表示企业的营业成本。

就企业中长期的绩效，选择企业的风险承担能力作为主要衡量指标。根据已有文献（John et al.，2008；Faccio et al.，2011；Boubakri et al.，2013），企业风险承担水平的衡量是在企业利润水平的基础上，以 3~5 年为一个观测周期滚动计算的盈利能力的波动性，本书按照常规的算法以三年为一个周期。以企业的净利润（利润总额与利息支出之和扣除补贴收入）与销售总额的比例来衡量利润水平，鉴于行业因素可能会影响企业的利润水平，故在企业息税前利润率的基础上进行调整，调整方式参见式（13-2）①。

$$profit_{it} = (lrze_{it} + lxzc_{it} - subsidy_{it})/xsze_{it} \qquad (13-2)$$

$$profit_{it}^{adj} = profit_{it} - \frac{1}{N_{jt}}\sum_{i \in \theta_j} profit_{it} \qquad (13-3)$$

式（13-2）中，$profit_{it}^{adj}$ 表示经过行业调整后的企业利润；$\frac{1}{N_{jt}}\sum_{i \in \theta_j} profit_{it}$ 表示企业 i 所在行业 j 的平均利润率，其中 j 表示行业，t 表示时间；N_{jt} 表示在 t 时 j

---

① 赵建春，许家云. 人民币汇率、政府补贴与企业风险承担 [J]. 国际贸易问题，2015（8）：135-144.

行业的企业总数；θ_j 表示行业 j 中所有企业的集合。随后计算每个观测周期内企业盈利能力的波动性即企业调整后的利润率的标准差 σ（$profit_{it}^{adj}$）。其测算方法为：

$$risktake_{it} = \sqrt{\frac{1}{N-1} \sum_{n=1}^{N} \left(profit_{in\tau}^{adj} - \frac{1}{N} \sum_{n=1}^{N} profit_{in\tau}^{adj} \right)^2} \qquad (13-4)$$

式中，τ 表示观测时段，2000～2010 年共包括 9 个三年期观察区间（2000～2002 年，2001～2003 年，…，2007～2009 年，2008～2010 年）。n 的取值为 1、2、3，分别表示观测时段内的第一年、第二年和第三年。N 为观测时段的最大年序数，即 $N=3$。式（13-4）计算得到的 $risktake_{it}$ 为 t 时内公司 i 的风险承受能力。

2. 企业绩效的趋势分析

根据上述测算方法，可以描绘出企业风险承担能力在各年份之间的变化趋势，图 13-2 中的虚线表示以均值衡量的企业风险承担能力的变化，实线表示以中位数衡量的风险承担能力的变化。风险承担能力在 2001 年有所上升，而 2001～2005 年呈现下降的趋势，随后汇率改革开始，风险承担能力大体呈现上升趋势，虽然个别年份有所下降，整体而言，其变化趋势与汇率大体相同。与此同时，风险承担能力中位数在各年份之间的变化范围和幅度虽然与平均值有所差异，但大体趋势相同，也从侧面印证了汇率增长对提高企业风险承受水平起到明显效果。

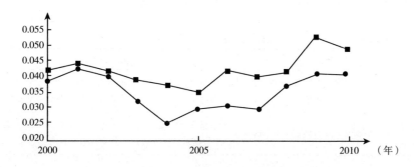

图 13-2 以均值和中位数表示的风险承担能力变化趋势

资料来源：笔者据工业企业数据库测算。

13.3 人民币汇率与企业绩效实证设计

人民币汇率对企业绩效具有多方面的影响，本节通过计量模型进行实证检验来分析人民币汇率对于企业层面的绩效影响等方面。

1. 计量模型的构建

进一步实证分析，研究人民币汇率对企业绩效的影响，结合前面的机制分析和假设，同时为了避免内生性和多重共线性问题，在构建模型时对被解释变量核心变量进行对数化处理。参考田朔和张伯伟（2015）、赵建春和许家云（2015）等设立基准模型：

$$\ln grossprofit_{it} = \beta_0 + \beta_1 \ln netreer_{it} + X_{it} + v_i + u_t + \varepsilon_{it} \qquad (13-5)$$

$$risktake_{it} = \beta_0 + \beta_1 \ln netreer_{it} + X_{it} + v_i + u_t + \varepsilon_{it} \qquad (13-6)①$$

式中，下标 i 表示企业，t 表示年份；被解释变量 $\ln grossprof$ 表示企业毛利润的对数；$risktake$ 表示企业风险承担能力；企业净实际有效汇率 $\ln netreer$ 表示本章的核心解释变量；v_i 表示企业固定效应，u_t 表示时间固定效应；ε_{it} 表示随机扰动项。另外，选择企业年龄（age）、资产负债率（lev）、融资约束（fin）、企业规模（$size$）、资本密集度（kl）、企业平均工资（$wage$）作为控制变量。为了更加直观地呈现变量的来源和处理方式，将其整理为表格，具体见表 13-1 和表 13-2。

表 13-1　　　　　　　　　　主要变量介绍及其来源

	变量名称	数据来源
被解释变量	企业毛利润对数 $\ln grossprof_{it}$ 企业风险承担能力 $risktake$	根据公式测算得出（营业收入、营业成本、利息支出、利润总额、补贴收入等数据均来自工业企业数据库）
核心解释变量	企业净实际有效汇率 $\ln netreer$	根据测算公式得出（双边名义汇率来自 IFS 数据库、CPI 数据来自世界银行、贸易权重来自海关数据库）

① 根据已有文献（John et al.，2008；Faccio et al.，2011；Boubakri et al.，2013）测算风险承担能力，本章以三年为一个周期进行滚动计算。

续表

变量名称		数据来源
控制变量	企业年龄 age	工业库中年份减去开业年份
	负债比率 lev	工业库中企业负债/总资产
	企业平均工资 wage	工业库中工资支出/就业人数
	融资约束 fin	工业库中利息支出/固定资产净值
	企业规模 size	工业库中资产总计对数
	资本密集度 kl	工业库中固定资产/就业人数

资料来源：笔者整理。

表 13-2 主要变量描述性统计

统计变量	样本量	均值	标准差	最大值	最小值	中位数
$lngrossprof_{it}$	73511	8.513515	1.461074	17.96308	0	8.387312
risktake	76194	0.042974	0.073683	3.65029	0	0.022406
lnnetreer	76194	0.081928	0.589172	8.0116	-8.0037	0.039445
age	76194	0.64373	8.194586	152	0	7
kl	57869	95.45664	263.1425	18165.13	0.00370	8.40816
size	72647	10.43907	1.392964	18.30262	5.69373	10.26288
fin	57869	95.45664	0.251611	38	-7.125	0.001943
lev	55015	0.533323	0.29032	0	9.761601	0.537288
wage	54272	15.64068	5.9429	0.000629	776.375	12.19974

资料来源：笔者计算。

2. 样本回归分析

1）总样本回归分析

需要说明的是，为了保证数据的相对连续性和指标样本的一致性，选取样本为连续三年存在的企业。见表13-3，为净实际有效汇率受到企业盈利水平作用效果总体样本回归结果。模型（13-5）未加入任何控制变量，仅控制了时间和个体的固定效应，回归结果表明，净实际有效汇率对企业盈利能力具有显著的负向影响，其估计系数显著为负，并且通过了1%的显著性检验。根据回归结果还可以看出，企业年龄对企业的短期盈利能力不具有显著性的影响，这可能是由于企业年龄虽然在一定程度上影响盈利能力，但样本是连续三年滚动存在的，企业年龄本身差异较小，因此对企业的盈利能力影响不显著。资产负债比越高，资本周转能力则相对越弱，表明企业承受的财务风险越高不利于企业的经营发展，创造利润的能力也相对较低，对企业盈利能力有负向的影响。一般来说，企业规模越大，企业应对汇率变化的能力越强，且大规模企业的资产以及资源丰富对企业盈利能力有正向的促进作用，本书回归结果也表明了这一结果。这也与陈晓珊和袁申国（2016）的结论相似，资产状况良好企业负债相对较少、企业规模较大的企业资金实力较强，面对汇率升值压力，盈利能力受到的影响较小。一般而言，企业融资能力越强，企业越容易从外部获得融资，更能够获得发展机会，对企业的盈利能力有显著的正向影响。企业员工人均平均工资对企业盈利能力回归的系数显著为正，表明人均工资越高企业经营绩效越好。资本密集度与出口企业盈利能力显著正相关，这可能是汇率升值导致进口的中间品与资本品成本下降，盈利能力上升。

表13-3　　　　　　　汇率对企业盈利能力影响的基准计量结果

变量	（1） 模型1 盈利能力	（2） 模型2 盈利能力	（3） 模型3 盈利能力	（4） 模型4 盈利能力	（5） 模型5 盈利能力
lnnetreer	-0.0185*** (0.00664)	-0.0219*** (0.00775)	-0.0220*** (0.00775)	-0.0260*** (0.00728)	-0.0266*** (0.00727)
age		0.00556*** (0.00159)	0.00554*** (0.00159)	0.00168 (0.00150)	0.00151 (0.00150)
lev		-0.155*** (0.0280)	-0.157*** (0.0280)	-0.416*** (0.0267)	-0.420*** (0.0267)
wage		0.000431*** (0.000135)	0.000431*** (0.000135)	0.000286** (0.000127)	0.000337*** (0.000127)
fin			0.143*** (0.0293)	0.129*** (0.0275)	0.127*** (0.0275)
size				0.647*** (0.0117)	0.656*** (0.0118)
kl					0.000320*** (4.29e-05)
常数项	8.186*** (0.0136)	8.400*** (0.0220)	8.396*** (0.0220)	1.906*** (0.120)	1.846*** (0.120)

续表

变量	(1)	(2)	(3)	(4)	(5)
	模型 1 盈利能力	模型 2 盈利能力	模型 3 盈利能力	模型 4 盈利能力	模型 5 盈利能力
时间固定效应	是	是	是	是	是
个体固定效应	是	是	是	是	是
观测值	73510	48069	48069	48069	48069
企业数量	33337	25246	25246	25246	25246

注：** 和 *** 分别表示在5%和1%水平上显著；括号中的数值为回归系数的稳健性标准误。

资料来源：笔者计算。

　　根据前面的分析论述，可以看出人民币实际有效汇率对企业短期绩效——盈利能力具有显著的负向影响，那么在汇率升值的中长期背景下，升值对企业绩效的影响是否一直为负呢？这是本章要研究的问题。

　　根据模型（13-6）进行回归，结果见表13-4，净实际有效汇率上升对企业风险承担能力整体上具有显著的正向影响。回归结论表明，净实际有效汇率的估计有正面影响，这初步表明人民币汇率升值对企业长期绩效即企业盈利能力的波动性有正向促进作用，但并未通过显著性检验。在控制了其他因素的条件下，企业净实际有效汇率5%的基准上有明显的正向作用，这又一次印证了汇率升值有利于企业风险承担能力的提高。企业净实际有效汇率每上升1%，企业的风险承担能力提高 0.0348%。根据回归结果还可以看出，一般来说，企业年龄大企业的各项资金以及实力较强，抵抗风险的能力较强。回归结果也验证了企业年龄对企业的风险承担能力具有显著的正向影响；资产负债比越高，资本周转能力则相对越弱，表明企业承受的财务风险越高不利于企业的经营发展，企业风险承担能力的意愿较低，回归结果与预期相符。一般来说，企业规模越大，企业应对汇率变化的能力越强，且大规模企业的融资以及抵抗风险能力越强，对企业的风险承担能力具有显著的正向影响；企业融资能力越强，企业越容易从外部获得融资、获得发展机会，即对企业的长期发展有促进作用，对企业风险承担能力有显著的正向影响，回归结果验证了这一结论。企业员工人均平均工资对企业盈利能力有正向影响，表明人均工资越高企业经营绩效越好，对风险承担能力有促进作用，但影响不显著。资本密集度越高的企业风险承担能力相对较强。

表 13 - 4　　　　　汇率对企业风险承担能力影响的基准计量结果

变量	（1） 模型 1 风险承担	（2） 模型 2 风险承担	（3） 模型 3 风险承担	（4） 模型 4 风险承担	（5） 模型 5 风险承担
$lnnetreer$	0.0192 (0.0135)	0.0334 ** (0.0151)	0.0333 ** (0.0151)	0.0344 ** (0.0151)	0.0348 ** (0.0151)
age		0.000177 (0.000129)	0.000177 (0.000129)	0.000211 (0.000129)	0.000217 * (0.000129)
lev		− 0.00624 *** (0.00211)	− 0.00621 *** (0.00211)	− 0.00788 *** (0.00213)	− 0.00799 *** (0.00213)
$wage$		1.79e − 05 (1.11e − 05)	1.79e − 05 (1.10e − 05)	1.91e − 05 * (1.10e − 05)	1.74e − 05 (1.11e − 05)
fin			0.00769 *** (0.00235)	0.00785 *** (0.00235)	0.00791 *** (0.00235)
$size$				0.00521 *** (0.000984)	0.00549 *** (0.000988)
kl					1.06e − 05 *** (3.61e − 06)
常数项	0.0357 *** (0.00112)	0.0314 *** (0.00171)	0.0312 *** (0.00171)	0.0836 *** (0.0100)	0.0854 *** (0.0101)
时间固定效应	是	是	是	是	是
个体固定效应	是	是	是	是	是
观测值	76194	49857	49857	49857	49857
企业数量	33907	25804	25804	25804	25804

注：*、** 和 *** 分别表示在 10%、5% 和 1% 水平上显著；括号中的数值为回归系数的稳健性标准误。

资料来源：笔者计算。

2）企业异质性回归分析

实际有效汇率受到企业绩效的作用效果因企业异质性方面的存在而表现出差异性，下面进一步验证实际有效汇率对企业盈利能力和风险承担能力对进口强度、出口强度以及行业差异方面的存在而产生的不同影响。首先，从进口成本和出口收益两个渠道验证，加入实际有效汇率和出口强度（α）的交互项、实际有效汇率和进口强度（χ）的交互项，为了避免内生 $\alpha_{t-1} \times \mathrm{ln}netreer_{it}$ 性的存在，采用滞后一期的强度进行如下回归：

$$\mathrm{ln}grossprofit_{it} = \beta_0 + \beta_1 \mathrm{ln}netreer_{it} + \beta_2 \alpha_{t-1} \times \mathrm{ln}netreer_{it}$$
$$+ \beta_3 \chi_{t-1} \times \mathrm{ln}netreer_{it} + X_{it} + v_i + u_t + \varepsilon_{it} \qquad (13-7)$$

$$risktake_{it} = \beta_0 + \beta_1 \mathrm{ln}netreer_{it} + \beta_2 \alpha_{t-1} \times \mathrm{ln}netreer_{it}$$
$$+ \beta_3 \chi_{t-1} \times \mathrm{ln}netreer_{it} + X_{it} + v_i + u_t + \varepsilon_{it} \qquad (13-8)$$

出口贸易是影响出口企业盈利能力的重要方式之一，而汇率是影响企业出口决策的关键要素。我国货物进出口位列全球榜首，汇率的波动对出口具有显著影响，出口企业的盈利能力和风险承担能力也会因此受到影响。具体表现为，在间接标价法下，本币升值，企业出口实际有效汇率上升，企业出口产品价格相对上升，国际竞争力下降，国外产品竞争力相对增强，这可能会使企业出口收益有所降低。出口企业在出口时面临的市场更大，消费者可能也更加挑剔，具有更大的提升效率的压力。为满足这些要求，企业更有可能改进技术和工艺流程，加大研发投入、培训投入等，而这些促进了企业对于风险的承担能力。出口的减弱也会弱化出口企业对于风险的承担能力。

$\beta_2 \alpha_{t-1} \times \mathrm{ln}netreer_{it}$ 是出口汇率和出口强度的交互项，出口贸易在企业贸易总额中占比越大，汇率变动对企业盈利能力和风险承担能力的影响越显著，实际有效汇率上升，企业绩效受到负向的影响，预期交互项的符号为负向，最终盈利能力回归系数在1%的显著性水平下显著且为负，可以说明汇率以出口利益方式降低企业盈利能力，且在其他条件不变的条件下，出口强度越大的企业对汇率增长有明显的下降作用效果。风险承担能力的回归系数也通过了显著性检验，可以说明，汇率确实会以出口的传递效应降低企业长期绩效，且当前提不变时，企业出口规模增大，出口强度越大，汇率升值对企业风险承担能力的负向影响越大。

进口渠道和出口渠道的回归结果见表13-5。

表 13 - 5　　　　　　　　　　进口渠道和出口渠道的回归结果

变量	(1) 模型 1 盈利能力	(2) 模型 2 盈利能力	(3) 模型 1 风险承担	(4) 模型 2 风险承担
ln$netreer$	- 0.0638 *** (0.0216)	- 0.0609 ** (0.0264)	0.0993 *** (0.0215)	0.0481 * (0.0268)
$\alpha_{t-1} \times$ ln$netreer_{it}$ (汇率和出口强度交互)	- 0.0532 *** (0.0134)	- 0.0478 *** (0.0135)	- 0.110 *** (0.0289)	- 0.0729 * (0.0390)
$\chi_{t-1} \times$ ln$netreer_{it}$ (汇率和进口强度交互)	0.0419 *** (0.0143)	0.0243 * (0.0146)	0.0524 *** (0.00743)	0.0348 *** (0.00904)
age		0.00167 (0.00239)		0.000280 * (0.000163)
lev		- 0.427 *** (0.0453)		0.00843 *** (0.00267)
$wage$		0.00344 *** (0.000808)		- 3.84e - 05 (5.05e - 05)
fin		0.0965 ** (0.0379)		0.00315 (0.00298)
$size$		0.617 *** (0.0195)		0.00254 * (0.00132)
kl		- 0.00114 *** (0.000141)		2.64e - 05 *** (7.96e - 06)
常数项	7.270 *** (0.0675)	1.598 *** (0.196)	0.0878 *** (0.00539)	0.0886 *** (0.0139)
时间固定效应	是	是	是	是
个体固定效应	是	是	是	是
观测值	22101	18855	55925	35390
企业数量	13499	11775	28465	20831

注：＊、＊＊和＊＊＊分别表示在10％、5％和1％水平上显著；括号中的数值为回归系数的稳健性标准误。
资料来源：笔者计算。

进口贸易对企业盈利能力和风险承担能力同样具有重要的影响。中国作为加工贸易大国，进口贸易数额巨大，且企业可以通过进口技术设备等资本品资本提高企业最终产品的竞争力，提高企业的盈利能力。汇率增长，企业进口的相对成本减少，可以进口更多高质量的中间品和技术设备，通过技术溢出和学习效应提高企业的生产率，对企业盈利能力有正向促进作用。同样，进口成本的节约以及先进技术和设备的引进，在一定程度上会提高企业对风险的承担能力。

$\beta_3 \chi_{t-1} \times \text{ln}netreer_{it}$ 表示实际有效汇率和进口强度的交互项，进口贸易占比越大的企业，进口汇率对企业盈利能力和风险承担能力的促进作用越显著，预期交互项的符号为正。最终的回归结果也表明，汇率会通过进口渠道对企业盈利能力产生正向促进作用，进口强度越大的企业受到汇率升值的影响越大。并且，进口成本渠道对企业长期的绩效影响要大于短期绩效的影响，这可能是由于企业进口的技术设备以及相关研发投入的增加在短期内对企业盈利能力的影响并未完全发挥作用，只有经过一段时间的发展汇率对企业绩效的影响才能完全显现，这也与我们的常规预期一致。

根据前面的分析，汇率还会通过进口竞争对企业盈利能力产生影响。本币升值，购买力增强，进口产品会导致国内市场竞争加剧，企业同类产品的竞争力下降；但高质量中间品进口的增加对企业盈利有正向的促进作用，竞争的加剧会促使企业研发投入增加，可能对企业盈利有一定的促进作用。由于竞争只能在行业层面衡量，产业进口商品竞争水平可以采用企业所处产业的进口渗透率说明，本章借鉴沈筱彬和伏玉林（2018）的方法来衡量，行业进口渗透率以行业进口总值（通过企业加总）与行业的工业总产值比重来表示。行业的进口竞争强度会影响企业的经济决策和企业的出口盈利能力。

$$\text{ln}grossprofit_{it} = \beta_0 + \beta_1 \text{ln}netreer_{it} + \beta_2 \gamma_{t-1} \times \text{ln}netreer_{it} + X_{it} + v_i + u_t + \varepsilon_{it}$$

$$(13-9)$$

$$risktake_{it} = \beta_0 + \beta_1 \text{ln}netreer_{it} + \beta_2 \gamma_{t-1} \times \text{ln}netreer_{it} + X_{it} + v_i + u_t + \varepsilon_{it}$$

$$(13-10)$$

$\gamma_{t-1} \times \text{ln}netreer_{it}$ 是实际有效汇率和行业竞争强度的交乘项，行业竞争强度不同的企业在面临汇率升值的压力下，企业的盈利能力和风险承担能力可能会表现出差异性影响。一方面，可能是由于进口中间品和资本品的技术溢出效应在短期内的正向影响较小，长期内的正向影响相对更明显；另一方面，一般对于竞争强度大的行业，企业的资金实力相对较强时，面临升值压力时可以通过及时调整生产来缓解进口产品对现有国内市场的冲击，一些盈利能力低的企业可能会由于竞争加剧而退出市场，回归结果（见表 13 - 6）也证明了这一结论，汇率升值，行业竞争强度大对企业盈利能力具有显著的负向影响，但对于企业的风险承担能力会有显著提升。

表 13 - 6 进口竞争渠道回归结果

变量	(1) 模型 1 盈利能力	(2) 模型 2 盈利能力	(3) 模型 1 风险承担	(4) 模型 2 风险承担
$lnnetreer$	- 0. 0191 *** (0. 00664)	- 0. 0272 *** (0. 00727)	0. 0122 (0. 0142)	0. 0220 ** (0. 009109)
$\gamma_{t-1} \times lnnetreer_{it}$ （汇率和行业竞争强度交互）	- 0. 0502 ** (0. 0204)	- 0. 0695 ** (0. 0304)	0. 0560 (0. 0352)	0. 0986 ** (0. 0394)
age		0. 00151 (0. 00150)		0. 000216 * (0. 000129)
lev		- 0. 419 *** (0. 0267)		0. 00796 *** (0. 00213)
$wage$		0. 000336 *** (0. 000127)		1. 74e - 05 (1. 11e - 05)
fin		0. 127 *** (0. 0275)		0. 00792 *** (0. 00235)
$size$		0. 656 *** (0. 0118)		0. 00549 *** (0. 000988)
kl		- 0. 000320 *** (4. 29e - 05)		1. 05e - 05 *** (3. 61e - 06)
常数项	8. 186 *** (0. 0136)	1. 845 *** (0. 120)	0. 0357 *** (0. 00112)	0. 0854 *** (0. 0101)
时间固定效应	是	是	是	是
个体固定效应	是	是	是	是
观测值	73510	48069	76194	49857
企业数量	33337	25246	33907	25804

注：*、** 和 *** 分别表示在 10%、5% 和 1% 水平上显著；括号中的数值为回归系数的稳健性标准误。

资料来源：笔者计算。

3. 分样本回归分析

接下来按照不同的样本进行回归分析，进而分析汇率变动对于企业绩效层面的影响。

1）按照企业所有制类型分样本回归分析

在面临同样的汇率变动时，不同所有制企业由于企业本身的政策约束和资金实力等因素，其绩效受到的影响也会有所不同，见表 13 - 7。本章借鉴聂辉华（2012）、许家云等（2015）对企业划分的研究方式①。将国有资本占总股本超过 50% 识别为国有企业，外国资本占总股本超过 25% 识别为外资企业，并结合企业的注册类型进行详细划分。

表 13 - 7　　　　　　　　不同所有制企业的回归结果

变量	(1) 国有企业盈利能力	(2) 外资企业盈利能力	(3) 民营企业盈利能力	(4) 国有企业风险承担	(5) 外资企业风险承担	(6) 民营企业风险承担
lnnetreer	0.0281 (0.0374)	- 0.0223 *** (0.00859)	- 0.0262 (0.0170)	- 0.0634 (0.186)	0.0302 * (0.0175)	0.0729 ** (0.0294)
age	0.00170 (0.00227)	0.00671 * (0.00361)	0.00199 (0.00165)	0.000135 (0.000514)	7.93e - 05 (0.000305)	0.000301 ** (0.000120)
lev	- 0.542 *** (0.201)	- 0.511 *** (0.0341)	- 0.219 *** (0.0441)	0.0524 (0.0429)	0.0124 *** (0.00262)	- 0.00734 ** (0.00320)
wage	0.00249 (0.00253)	0.000255 * (0.000136)	0.00480 *** (0.000995)	- 0.000333 (0.000562)	1.95e - 05 (1.17e - 05)	5.68e - 06 (7.25e - 05)
fin	1.063 ** (0.435)	0.120 *** (0.0348)	0.116 *** (0.0406)	0.0960 (0.0968)	0.00934 *** (0.00292)	0.00550 * (0.00297)
size	0.358 *** (0.101)	0.658 *** (0.0149)	0.651 *** (0.0221)	0.0767 *** (0.0201)	- 0.00815 *** (0.00121)	0.000837 (0.00161)
kl	- 1.35e - 05 (5.35e - 05)	- 0.000607 *** (7.31e - 05)	- 0.000324 *** (7.28e - 05)	5.60e - 06 (1.21e - 05)	2.57e - 05 *** (6.00e - 06)	- 5.17e - 06 (5.17e - 06)

① 将企业划分为国有企业、民营企业（包括集体企业和私营企业）和外资企业（包括中外合资企业和中外合作企业、港澳台企业）。来源于：任永磊，李荣林，高越. 人民币汇率与全球价值链嵌入度提升——来自中国企业的实证研究 [J]. 国际贸易问题，2017（4）：129 - 140.

变量	(1) 国有企业 盈利能力	(2) 外资企业 盈利能力	(3) 民营企业 盈利能力	(4) 国有企业 风险承担	(5) 外资企业 风险承担	(6) 民营企业 风险承担
常数项	5.651 *** (1.271)	1.830 *** (0.149)	1.822 *** (0.225)	−0.959 *** (0.251)	0.114 *** (0.0122)	0.0136 (0.0163)
时间固定 效应	是	是	是	是	是	是
个体固定 效应	是	是	是	是	是	是
观测值	1494	33631	12944	1532	35207	13118
企业数量	970	17375	8820	992	17882	8932

注: *、** 和 *** 分别表示在 10%、5% 和 1% 水平上显著；括号中的数值为回归系数的稳健性标准误。

资料来源：笔者计算。

国有企业虽然对汇率变动的敏感性相对较低，但由于政府政策的相关支持，企业应对负向冲击能力较强；私营企业的融资能力相对较差，一般从事加工贸易为主，原料采购大多来自国内，难以通过进口来缓解升值的负向冲击，基于此汇率升值企业的负向冲击较大，本章结果证明了这一结论；外资企业在我国设立的重要原因是我国的市场规模大、资源丰富、劳动力成本相对较低，他们以更低的成本生产产品，但出于保护本国的技术的考虑，企业研发投入并不充足，汇率升值会使得劳动力成本上涨，企业的利润也会受到影响，盈利能力下降。本章回归结果表明，汇率升值对外资企业的盈利能力具有显著负向影响，对民营企业有负向影响但并未通过显著性检验；但升值对私营企业和外资企业的风险承担能力具有显著的正向影响，对国有企业的影响并不显著，并且对私营企业的显著性影响最大，这可能是由于国有企业的行为受到政府政策的相关调控一般，企业的风险承担意愿较低，而私营和外资企业在面临汇率升值时，更能主动调整生产计划，提高人力资本，并通过进口成本的节约，进口先进技术的溢出效应和学习效应等提高企业的生产效率，提高企业的风险承担能力。

2）按照企业生产率高低分样本回归分析

生产率不同的企业在面临相同的汇率冲击时，作出的决策以及受到的影响是不同的。根据企业生产率的异质性，本书将企业分为三组：高生产率；

中等生产率；低生产率。其中，生产率前 25% 的企业为高生产率的企业，生产率排 25% ~ 75% 的企业为生产率中等企业，而生产率排名最后 25% 的企业为低生产率企业。一般而言，高生产率的企业，企业的产品质量以及产品价格弹性较小，汇率的不利冲击可以通过生产率的调整来缓解，企业的风险承担能力相对较高，张欣和孙刚（2014）研究得出公司生产率对汇率变动有明显作用效果①。见表 13 - 8，可以看出，汇率升值对高生产率企业的盈利能力具有负向影响，但并不显著；低生产率的企业在面临升值压力下，企业的利润显著降低，并且其下降幅度远远低于总样本的幅度，可见在总样本中低生产率企业的利润的下降对总体的影响更大；生产率为中等的企业的盈利能力虽然也有所下降，但是下降的幅度远远低于生产率较低的企业。回归结果表明，汇率升值对于高生产率和中等生产率企业的风险承担能力具有正向的促进作用，而对生产率低的企业影响虽然为正，但并不显著。这可能是汇率的升值使国内企业短期盈利能力受到影响，一些低生产率的企业虽然可以通过进口技术和资本品来提升企业风险承担能力，但也可能因汇率的压力而退出市场，对企业的长期绩效不能产生预期的正向影响。而中高生产率企业可以利用企业自身的生产率优势，进口先进技术和设备以及资本品，进一步提升企业的风险承担能力，其中生产率高的企业风险承担能力提升相对更加显著。

表 13 - 8　　　　　　　　　　不同生产率企业的回归结果

变量	（1）低生产率盈利能力	（2）中生产率盈利能力	（3）高生产率盈利能力	（4）低生产率风险承担	（5）中生产率风险承担	（6）高生产率风险承担
lnnetreer	- 0.0657 *** (0.0192)	- 0.0190 * (0.0109)	- 0.0144 (0.0109)	0.0223 (0.0209)	0.0358 ** (0.0164)	0.102 ** (0.0475)
age	0.00884 * (0.00505)	- 0.00129 (0.00201)	0.00138 (0.00235)	7.57e - 05 (0.000157)	2.87e - 05 (0.000146)	0.000381 (0.000516)

① 本章发现，企业生产率的提高有助于提升出口企业对于汇率变动的承受能力。来源于：陈晓珊，袁申国. 汇率"急跌缓升"与企业生存能力——基于人民币"新常态"与异质性视角的实证研究 [J]. 国际贸易问题，2016（6）：155 - 166.

变量	(1) 低生产率 盈利能力	(2) 中生产率 盈利能力	(3) 高生产率 盈利能力	(4) 低生产率 风险承担	(5) 中生产率 风险承担	(6) 高生产率 风险承担
lev	−0.322 *** (0.0580)	−0.487 *** (0.0402)	−0.736 *** (0.0641)	−0.00139 * (0.00073)	−0.00669 * (0.00384)	−0.0123 ** (0.00543)
wage	0.000106 (0.000150)	0.00212 ** (0.000915)	0.000306 (0.000491)	9.05e−05 (6.86e−05)	4.57e−05 (3.04e−05)	2.46e−05 (1.61e−05)
fin	0.572 ** (0.250)	0.107 ** (0.0491)	0.0303 (0.0313)	0.00707 * (0.00387)	0.0118 *** (0.00194)	0.0316 (0.0263)
size	0.483 *** (0.0357)	0.578 *** (0.0184)	0.630 *** (0.0240)	−0.00132 * (0.000670)	−0.00278 * (0.00145)	−0.00737 ** (0.00360)
kl	−0.00200 *** (0.000307)	−0.00136 *** (0.000133)	−9.85e−05 ** (4.78e−05)	5.53e−05 *** (9.83e−06)	2.47e−05 *** (2.88e−06)	0.000155 *** (3.02e−05)
常数项	2.925 *** (0.342)	2.763 *** (0.182)	2.866 *** (0.262)	0.0362 *** (0.0140)	0.0585 *** (0.0158)	0.111 *** (0.0347)
时间固定 效应	是	是	是	是	是	是
个体固定 效应	是	是	是	是	是	是
观测值	12202	23952	11915	12097	24598	13162
企业数量	7784	14892	7625	7719	15182	8251

注：*、** 和 *** 分别表示在10%、5%和1%水平上显著；括号中的数值为回归系数的稳健性标准误。

资料来源：笔者计算。

3）按照补贴的异质性分样本回归分析

根据企业是否接受补贴，将样本分为无补贴企业和有补贴企业，进而又将补贴企业分为低补贴企业和高补贴企业。一般而言，有补贴企业在应对外部环境的不利冲击时可能由于补贴存在而更容易生存和发展，而无补贴企业只能依靠自身的资金技术以及管理能力来应对汇率冲击。尤其是一些小规模企业，可能由于融资能力等方面的限制，面临汇率的冲击，利润会显著降低。本章结果也与预期相符，补贴较低的企业，因为补贴的存在，升值仍然会产生负向的影响，只是系数不显著。接受高补贴的企业，抵抗汇率冲击的能力强，短期内盈利能力受到冲击小，但补贴的存在会使企业的风险意识减弱，过高的补贴不利于企业长期绩效的提高。数据结果表明，高补贴企业在汇率升值的压力下，盈利能力有所提高，并且可以通过10%的显著性检验，这可能是由于补贴的存在，企业可以增加研发，提高生产率缓解甚至扭转升值的不利影响。汇率升值，无补贴企业的风险承担能力显著提升，汇率升值，低补贴企业和高补贴企业的风险承担能力影响虽然为正，但并未通过显著性验证，这可能是由于补贴对企业的影响具有时效性，短期内可能有助于企业绩效的提升，但长期而言，补贴的存在使企业的风险承担意愿减弱，随之风险承担能力并不会因补贴的存在而有所提高，见表13－9。

表13－9　　　　　　　　　　　　不同补贴企业的回归结果

变量	(1) 无补贴 盈利能力	(2) 低补贴 盈利能力	(3) 高补贴 盈利能力	(4) 无补贴 风险承担	(5) 低补贴 风险承担	(6) 高补贴 风险承担
lnnetreer	-0.0238^{***} (0.00880)	-0.0169 (0.0329)	0.0379^{*} (0.0227)	0.0325^{*} (0.0174)	0.0377 (0.0749)	0.00406 (0.114)
age	0.00375 (0.00237)	-0.00594 (0.00436)	-0.00148 (0.00206)	0.000539^{***} (0.000193)	0.000254 (0.000431)	$3.27e-05$ (0.000418)
lev	-0.420^{***} (0.0335)	-0.438^{***} (0.0952)	-0.405^{***} (0.0737)	0.00663^{***} (0.00253)	-0.00554^{***} (0.000856)	-0.00921^{***} (0.00149)
wage	0.000296^{**} (0.000137)	0.00310^{**} (0.00147)	-0.00162 (0.00185)	$1.44e-05$ (1.15e-05)	-0.000179 (0.000144)	-0.000338 (0.000375)
fin	0.137^{***} (0.0349)	0.0822 (0.0863)	0.545^{**} (0.268)	0.0117^{***} (0.00284)	0.00343^{***} (0.000854)	0.0197^{***} (0.00540)
size	0.628^{***} (0.0148)	0.700^{***} (0.0438)	0.575^{***} (0.0568)	0.00526^{***} (0.00118)	0.00447^{*} (0.00266)	0.00280^{**} (0.00124)
kl	-0.000403^{***} (5.90e-05)	$1.29e-05$ (6.02e-05)	$3.49e-05$ (0.000207)	$2.02e-05^{***}$ (4.83e-06)	$-5.92e-06$ (5.96e-06)	$-3.06e-05$ (4.18e-05)
常数项	2.071^{***} (0.150)	1.479^{***} (0.432)	3.443^{***} (0.640)	0.0819^{***} (0.0120)	0.0808^{*} (0.0423)	-0.000149 (0.129)

续表

变量	(1) 无补贴 盈利能力	(2) 低补贴 盈利能力	(3) 高补贴 盈利能力	(4) 无补贴 风险承担	(5) 低补贴 风险承担	(6) 高补贴 风险承担
时间固定 效应	是	是	是	是	是	是
个体固定 效应	是	是	是	是	是	是
观测值	35581	7252	2964	37137	7394	3013
企业数量	20341	5528	2291	20881	5625	2332

注：＊、＊＊和＊＊＊分别表示在 10%、5% 和 1% 水平上显著；括号中的数值为回归系数的稳健性标准误。

资料来源：笔者计算。

4）按照地区分样本回归分析

汇率对企业盈利能力和风险承担能力的影响还可能取决于企业所在的地区。因此，本章把我国各省（区、市）分为三大地区：西部、中部和东部。回归结果见表 13-10，可以看出实际有效汇率增长时企业盈利能力和风险承担能力有所差异。从盈利角度来看，东部地区受到升值的负向影响最大，可能是由于东部地区相对西部的出口数量多，更易受到汇率的负向冲击，中部虽然有一定的负向影响，但并不显著，西部地区出口较少，进口成本的降低，反而在一定程度上促进了盈利能力的增强。根据上述的分析论述可以看出，人民币实际有效汇率对企业短期绩效—盈利能力具有显著的负向影响，而在汇率升值的中长期背景下汇率升值对企业绩效的影响呈现出不同的结果。汇率升值有利于东部地区企业风险承担能力的显著提升，对西部和中部地区影响并不显著。

表 13-10　　　　　　　　　不同地区企业的回归结果

变量	(1) 东部地区 盈利能力	(2) 中部地区 盈利能力	(3) 西部地区 盈利能力	(4) 东部地区 风险承担	(5) 中部地区 风险承担	(6) 西部地区 风险承担
lnnetreer	-0.0277 *** (0.00748)	-0.0489 (0.0437)	0.169 * (0.0961)	0.0335 ** (0.0151)	0.136 (0.117)	-0.304 (0.356)
age	0.00176 (0.00164)	0.00169 (0.00392)	-0.00125 (0.00550)	0.000201 (0.000139)	0.000282 (0.000410)	0.000589 (0.000934)

变量	（1） 东部地区 盈利能力	（2） 中部地区 盈利能力	（3） 西部地区 盈利能力	（4） 东部地区 风险承担	（5） 中部地区 风险承担	（6） 西部地区 风险承担
lev	−0.421 *** （0.0274）	−0.262 * （0.145）	−0.589 *** （0.210）	0.00540 ** （0.00212）	0.00448 *** （0.00131）	0.277 *** （0.0351）
wage	0.000326 ** （0.000128）	0.0118 *** （0.00358）	0.00142 （0.00453）	1.76e−05 （1.08e−05）	−8.10e−05 （0.000398）	0.000130 （0.000764）
fin	0.131 *** （0.0292）	0.257 ** （0.119）	−0.0418 （0.205）	0.00887 *** （0.00242）	0.000124 （0.0133）	−0.0110 （0.0345）
size	0.657 *** （0.0121）	0.670 *** （0.0799）	0.639 *** （0.102）	−0.00496 *** （0.000982）	−0.00468 *** （0.001864）	−0.0467 *** （0.0148）
kl	−0.000310 *** （4.37e−05）	−0.000847 ** （0.000409）	−0.00106 *** （0.000390）	1.11e−05 *** （3.57e−06）	−0.000111 ** （4.52e−05）	4.91e−05 （6.58e−05）
常数项	1.830 *** （0.122）	1.579 * （0.840）	2.612 ** （1.130）	0.0810 *** （0.00997）	0.0916 （0.0904）	0.363 * （0.186）
时间固定效应	是	是	是	是	是	是
个体固定效应	是	是	是	是	是	是
观测值	45057	1767	1245	46775	1803	1279
企业数量	23443	1082	786	23965	1098	806

注：*、**和***分别表示在10%、5%和1%水平上显著；括号中的数值为回归系数的稳健性标准误。

资料来源：笔者计算。

5）按照企业融资约束分样本回归分析

人民币汇率对企业绩效的影响也会因融资约束高低呈现出差异性。见表 13-11，从回归结果可以看出，汇率升值对企业盈利能力呈现负向的显著影响，并且高融资约束企业受到的负向影响相较于低融资约束企业的影响大，这可能是由于融资约束低的企业更容易在面临汇率升值压力下从外部获得资金，缓解企业的压力，而融资约束高的企业资金往往难以应对汇率冲击，因此负向的影响更大。从风险承担能力的角度分析，人民币汇率对低融资企业的风险承担能力具有正向的显著性影响，对高融资企业具有正向影响但并不具有显著性。

表 13 – 11　　　　　　　　不同融资约束企业的回归结果

变量	(1) 高融资约束 盈利能力	(2) 低融资约束 盈利能力	(3) 高融资约束 风险承担	(4) 低融资约束 风险承担
ln$netreer$	− 0.0282 ** (0.0122)	− 0.0212 ** (0.00957)	0.0251 (0.0233)	0.0425 * (0.0231)
age	− 0.000948 (0.00408)	0.000754 (0.00162)	0.000265 (0.000163)	9.25e − 05 (0.000321)
lev	− 0.373 *** (0.0401)	− 0.539 *** (0.0422)	0.00520 *** (0.00142)	0.00957 *** (0.00284)
$wage$	0.000218 (0.000146)	0.00182 *** (0.000494)	8.56e − 06 (5.01e − 05)	2.11e − 05 * (1.16e − 05)
fin	0.0687 (0.0791)	0.132 *** (0.0352)	0.00557 *** (0.00159)	− 0.000832 (0.00618)
$size$	0.602 *** (0.0199)	0.652 *** (0.0174)	− 0.00106 *** (0.00013)	− 0.00595 *** (0.00150)
kl	− 0.000599 *** (0.000141)	− 0.000251 *** (4.23e − 05)	3.18e − 06 (4.22e − 06)	2.24e − 05 ** (9.83e − 06)
常数项	2.246 *** (0.196)	2.040 *** (0.181)	0.0365 ** (0.0181)	0.0929 *** (0.0148)
时间固定效应	是	是	是	是
个体固定效应	是	是	是	是
观测值	26317	21752	26976	22881
企业数量	16025	12640	16320	13075

注：*、**和***分别表示在10%、5%和1%水平上显著；括号中的数值为回归系数的稳健性标准误。

资料来源：笔者计算。

4. 稳健性检验

本章的被解释变量是企业的绩效，即盈利能力和风险承担能力，通过前面的回归分析，可以看出汇率升值对企业短期绩效有显著的负向影响，而对企业长期绩效则具有显著的正向影响，证明了汇率无论是对于企业短期绩效还是企业长期绩效均具有显著性影响。

为了验证人民币实际有效汇率对企业绩效影响的显著性，本章选取资产收益率（ROA）[1] 和营业利润率（OPR）[2] 作为企业盈利能力的替代指标；以经行业利润调整后的利润率计算如式（13－13）[3]，作为风险承担能力（risktake2）的计算基准，此外以未经行业利润调整后的风险承担能力（risktake3）作为企业长期绩效衡量指标，进行回归分析。相关指标的测算如下：

$$ROA = 资产收益率 = (利润总额 + 利息支出)/总资产总额 \qquad (13-11)$$

$$OPR = 营业利润率 = 营业利润/营业收入 \qquad (13-12)$$

$$profit_{it}^2 = lrze_{it} - subsidy_{it} \qquad (13-13)$$

见表13－12，回归结果显示，无论是以资产收益率还是以营业利润率来作为盈利能力的替代指标，本币汇率增长会降低企业盈利水平，并且回归结果相差不大；以不同指标衡量企业的风险承担能力，根据回归结果也可看出，人民币实际有效汇率上升，会促进企业长期绩效的提升。通过更换测算指标可以看出，汇率对企业绩效的显著性影响具有稳健性。

表 13 - 12　　　　　　　　　　更换绩效指标的回归结果

变量	(1)	(2)	(4)	(5)
	模型 1 ROA	模型 2 OPR	模型 4 risktake2	模型 5 risktake3
lnnetreer	− 0. 0528 *** (0. 0189)	− 0. 0556 *** (0. 0189)	0. 0290 ** (0. 0147)	0. 0287 * (0. 0147)
age	− 0. 000116 (0. 000162)	− 0. 000145 (0. 000162)	0. 000238 * (0. 000126)	0. 000238 * (0. 000126)
lev	− 0. 0609 *** (0. 00267)	− 0. 0756 *** (0. 00267)	0. 00846 *** (0. 00208)	0. 00849 *** (0. 00208)
wage	1. 47e − 05 (1. 39e − 05)	1. 35e − 05 (1. 39e − 05)	1. 74e − 05 (1. 08e − 05)	1. 74e − 05 (1. 08e − 05)
fin	− 0. 00225 (0. 00295)	0. 0288 *** (0. 00295)	0. 00218 (0. 00230)	0. 00220 (0. 00230)

---

[1] 借鉴梁中华和余淼杰（2014）、吴国鼎（2016）的测算方法。
[2] 借鉴王新红和聂亚倩（2019）的测算方法。
[3] 高翔，独旭. 政府补贴、政府治理能力与出口企业风险承担 [J]. 财贸研究，2017，28（12）：47－60.

续表

变量	(1)	(2)	(4)	(5)
	模型 1 ROA	模型 2 OPR	模型 4 risktake2	模型 5 risktake3
size	0.0197 *** (0.00124)	0.00579 *** (0.00124)	− 0.00555 *** (0.000966)	− 0.00556 *** (0.000966)
kl	− 3.57e − 05 *** (4.53e − 06)	− 2.67e − 05 *** (4.53e − 06)	1.01e − 05 *** (3.53e − 06)	1.01e − 05 *** (3.53e − 06)
常数项	− 0.138 *** (0.0126)	0.0430 *** (0.0126)	0.0868 *** (0.00984)	0.0869 *** (0.00984)
时间固定效应	是	是	是	是
个体固定效应	是	是	是	是
观测值	49857	49857	49857	49857
企业数量	25804	25804	25804	25804

注：*、**和***分别表示在10%、5%和1%水平上显著；括号中的数值为回归系数的稳健性标准误。

资料来源：笔者计算。

对于核心解释变量企业实际有效汇率，采用世界清算银行公布的我国国家层面的人民币实际有效汇率（rer）进行稳健性回归。为了避免内生性问题，本书采用滞后一届变量的对数形式进行检验。回归结果见表 13 – 13。由回归结果可以看出，宏观汇率的升值对企业短期盈利能力具有显著的负向影响，且其回归系数明显大于采用企业层面实际有效汇率的回归系数，宏观数据高估了汇率对短期绩效的负向影响，而宏观汇率对企业长期的风险承担能力具有显著的正向影响，但其回归系数明显低于以企业层面衡量的汇率对风险承担能力影响的回归系数，宏观数据低估了汇率升值对企业长期绩效的正向促进作用。

表 13 – 13　　　　　　　　　　　更换汇率指标的回归结果

变量	(1)	(2)	(3)	(4)
	模型 1 盈利能力	模型 2 盈利能力	模型 1 风险承担	模型 2 风险承担
lnrer	− 0.429 *** (0.00775)	− 0.0783 *** (0.0127)	0.00847 *** (0.00161)	0.0120 *** (0.00277)

续表

变量	(1) 模型 1 盈利能力	(2) 模型 2 盈利能力	(3) 模型 1 风险承担	(4) 模型 2 风险承担
age		0.00154 (0.00150)		0.0238 ** (0.0120)
lev		− 0.420 *** (0.0267)		8.212 *** (0.335)
wage		0.000337 *** (0.000127)		− 0.0611 *** (0.00278)
fin		0.127 *** (0.0275)		1.055 *** (0.223)
size		0.656 *** (0.0118)		− 0.346 *** (0.0911)
kl		− 0.000318 *** (4.30e − 05)		0.00266 *** (0.000317)
常数项	8.186 *** (0.0136)	1.851 *** (0.120)	3.564 *** (0.112)	6.747 *** (0.936)
时间固定效应	是	是	是	是
个体固定效应	是	是	是	是
观测值	73510	48069	76194	54249
企业数量	33337	25246	33907	27859

注：** 和 *** 分别表示在 5% 和 1% 水平上显著；括号中的数值为回归系数的稳健性标准误。
资料来源：笔者计算。

13.4　本章小结

本章利用相关数据①，研究了 2000 ~ 2010 年企业实际有效汇率对企业盈

———————

① 中国海关数据库、工业企业数据库、IMF 中 IFS 数据库以及 WDI 数据库。

利能力以及风险承担能力的影响。通过利用相关数据测算公司实际有效汇率和公司盈利能力以及风险承担能力。运用企业层面的数据可以克服宏观数据的缺陷，能够更精准地研究相关变量的关系，更好地测度汇率对企业绩效的影响。

本章研究发现，总体上，实际有效汇率增长会降低盈利水平，对企业风险承担能力有正向影响。具体来说，在间接标价法下，人民币实际有效汇率上升，短期内企业出口受到影响，企业的盈利能力降低；但长远来看，汇率升值，进口成本相对下降，企业通过进口高质量中间品以及外界压力的存在，提高企业的风险承担能力。

此外，实际有效汇率对企业盈利能力的影响也会因企业的异质性存在而有所不同。分别从进口和出口两个角度来看，汇率对企业异质性的影响会因进口强度、出口强度和进口竞争的差异而有所不同：进口强度越大的企业，盈利能力和风险承担能力提高越多；出口强度大，企业盈利能力和风险承担能力受到的负向影响越大；企业所在行业竞争强度的加大不利于企业盈利能力的提升，但长期来看，汇率升值行业进口竞争强度越大，企业的风险承担能力提升越大。

本章还调查分析了汇率变化受到不同类型企业作用效果，从盈利角度分析，企业实际有效汇率的上升，对外资企业和民营企业、无补贴企业、中低生产率的企业以及东部地区的企业盈利能力负向影响越大，但对国有企业、补贴少以及生产率高的企业的作用效果不明显，过高的补贴甚至能够对企业短期盈利能力有正向影响，西部地区可能会由于汇率升值进口增加，对盈利能力有正向影响。此外，企业融资约束越高，汇率增长越能降低盈利水平。从风险承担能力的角度分析，实际有效汇率上升有利于促进东部地区、无补贴企业、中高生产率企业、低融资约束企业和私营企业的风险承担能力提升；但对中部地区企业、有补贴企业、低生产率企业、融资约束高的企业、私营企业和国有企业影响不显著。

第 14 章　研究总结

　　以往关于人民币汇率市场化形成机制的研究较少将人民币汇率市场化与稳定性放在一起进行研究，在现行的汇率制度中，中间价报价机制是市场化机制，参考一篮子货币和逆周期因子属于汇率稳定机制。长期来看，市场供求是决定人民币汇率的第一考量，但是短期权衡利弊和成本需要维持人民币稳定，如 2016 年 1 月人民币出现较大幅贬值，离岸人民币与在岸人民币出现近 400 个基点的汇差，给国外投机势力以机会，并且加大了人民币贬值预期，央行入场离岸市场，通过大量买入离岸人民币、回收离岸人民币并未投放到拆借市场等，降低了人民币的贬值预期，还有逆周期因子的引入。

　　同时，现有的研究较少考虑国际形势的变化与宏观经济的发展，以及人民币汇率微观价格发现机制；较少定量分析人民币汇率市场化与稳定的效果检验。中国人民银行行长易纲就人民币汇率稳定问题指出，继续推进人民币汇率市场化形成机制改革，增强人民币汇率弹性，更好地发挥汇率在宏观经济稳定和国际收支平衡中的"自动稳定器"作用[1]。因此，人民币汇率的稳定具有双重意义：一方面，汇率要保持在合理均衡的稳定水平；另一方面，汇率要在稳定宏观经济与国际收支平衡中发挥"稳定"的作用。人民币汇率稳定可以通过一篮子货币指数与人民币实际有效汇率指数表现出来。因此，如何在人民币汇率市场化前进的方向中维持汇率在合理均衡的水平具有研究的重要理论与现实意义。

　　本书从人民币汇率市场化的改革历程与央行稳定的政策出发，研究人民

---

[1]　2020 年 3 月人民银行行长易纲在十三届全国人大二次会议新闻发布会上提出。

币汇率市场化与稳定的机制并进行实证，最后对市场化与稳定进行效果检验，将人民币汇率形成机制的研究从宏观扩展到微观、从理论拓展到实证、再从实证中获得政策建议，遵循实践→理论→实证→实践的研究路线。首先，本书第1～4章通过人民币汇率市场化改革与政策，探讨了人民币汇率保持合理均衡水平的一篮子货币制度。在中国央行外汇管理与人民币汇率稳定主要是厘清了外汇管理的政策、作用以及能够反映人民币汇率稳定的指数，并给出了人民币汇率稳定的建议；第5～6章是人民币汇率市场化与稳定理论机制，在这部分探讨了人民币汇率中间价机制、在离岸人民币汇率的联动机制、人民币汇率微观价格机制，人民币国际化与人民币汇率、人民币货币篮制度以及逆周期因子机制；第7～9章是人民币汇率市场化与稳定实证，通过以国际收支平衡与贸易稳定为目标测算了一篮子货币的最优权重，进行了货币篮绩效检验，并测算了人民币国际化地位，讨论了与人民币汇率波动之间的动态互动，研究了指令流的中介效应；第10～13章是人民币汇率市场化与稳定的效果检验，这部分主要探讨了逆周期因子稳定汇率的效应，人民币汇率如何影响企业的创新、出口国外增加值以及绩效，得出在市场化的改革中人民币汇率保持合理稳定的水平给予企业创新的活力提升出口竞争力。

1. 人民币汇率市场化与稳定

关于汇率的决定选择主要包括两个方面：一方面是汇率是升值还是贬值的决定；另一方面是如何选择汇率的制度，这两个方面密不可分、相辅相成。长期以来，人民币汇率市场化是汇率制度的方向，而短期权衡利弊需要维持汇率稳定。汇率市场化形成机制的转型也是顺应中国经济发展的转型，从人民币盯住美元到参考一篮子货币，从以投资、出口驱动的增长模式向扩大内需驱动，从由货币供给为主的数量型货币政策调控机制向价格型调控转型机制是央行将坚持更加市场化的人民币汇率形成机制，坚持市场在人民币汇率形成中起决定性作用，优化金融资源配置。在一般均衡的框架下实现人民币汇率在合理均衡水平上的基本稳定。

2. 人民币国际化与人民币汇率

人民币国际化有利于提高人民币价值，带来国际货币需求，并通过市场交易影响汇率波动。反过来，公正的汇率制度和繁华的金融市场是国家货币国际化的重要因素。人民币国际化进程也是其在国际市场上对其他国家货币的替代过程，这将提高储存交易价值，提高使用率，增加中国金融资产的持有量。此外，中国金融资产跨境持有量的增加能够加强人民币的国际职能。汇率波动会增加投资风险和投资成本，实力雄厚的中国金融资产得到投资者青睐。当中国金融资产持有量增加时，中国金融资产供需产生变化，汇率出现更大的波动。

3. 汇率价差与微观指令流

指令流在外汇市场传递微观市场的信息，通过做市商之间的信息传递和加总对汇率产生作用，并且能够在汇率预期与汇率价差之间起到中介的作用。本书通过运用"汇率预期→指令流→汇率价差"的机制作用，验证汇率预期升贬值会负向影响指令流；指令流对汇率价差的影响总是负面的，短期内波动频繁，但波幅不大。

4. 逆周期因子稳定汇率

逆周期因子引入后，对于修正市场上投资者的非理性预期具有重要的作用，使得汇率的波动更加反映我国宏观经济的基本面的关系，汇率变动对于宏观经济的反映更加充分，有效缓解了市场上的"羊群效应"。

5. 人民币汇率能显著影响企业绩效与技术水平提升

人民币汇率通过进口渠道、出口渠道与行业竞争渠道影响企业创新与技术水平。

首先，进口成本渠道。汇率变化会影响企业进口高质量中间品、先进设备和技术的成本，进而影响企业绩效与技术复杂度。本币升值使其购买力提升，在这种情况下，企业会从国外购买更多的先进设备，这会使得企业生产率提高，同时企业还会购买更先进的外国技术，产品的竞争力提高，销售收入增加，对企业绩效产生正向影响。中国作为加工贸易大国，进出口贸易厂商往往也可以从进口产品中学习所需技术。已有研究表明，中国制造业通过进口中间品、资本品等，推动了出口技术复杂度的提升。

其次，出口收益渠道。人民币汇率升值，企业的出口数量和产品种类受到负向影响，盈利能力也会相应下降。国际市场的竞争一般强于国内市场，出口减少，企业面对的风险减弱，激励效应也随之下降，因而企业绩效相应降低。但长期来看，出口可以促使企业学习国外先进的技术和经验，对企业有激励效果，从而提高企业出口产品技术含量，增强其国际竞争力。

最后，行业竞争渠道。汇率变动会改变行业的竞争程度，对企业的技术选择产生间接影响。汇率升值，国内市场进口产品增加，竞争加剧。行业竞争程度越强，汇率升值对企业的短期盈利能力负向影响可能越大，但长期来说，企业可以通过进口中间品、资本品先进技术设备产生的溢出效应和模仿学习效应提升企业的生产率和技术水平，进口竞争压力的存在推动产品技术的创新，进而也能够提高产品的技术复杂度。

6. 保持人民币汇率稳定与坚持市场化的对策建议

在汇率市场化改革进程中要处理好稳与进的关系，在市场化与稳定中寻求均衡。因此，可提出如下建议：

（1）发挥市场作用、以一篮子货币制度进行调节。目前我国的贸易与投资总量和结构都发生了变化，日趋多元化，为了避免汇率波动影响我国的国际收支与内外部均衡，还应坚持参考一篮子货币制度增强汇率对宏观经济的调节作用，能够稳定宏观经济。

（2）增强人民币汇率波动弹性，更好发挥汇率调节宏观经济和国际收支稳定器作用。人民币汇率弹性波动能够对冲外部不稳定性、不确定性的冲击，保持货币政策自主性，有利于加快形成以国内大循环为主体、国内国际双循环相互促进的新发展格局。

（3）更加注重预期管理和引导。央行退出常态化调控后，预期管理和引导的重要性进一步突出，人民银行将继续通过多种方式合理引导预期，为外汇市场的有序运行和人民币在合理均衡水平上的基本稳定创造条件。

（4）把握好内外部均衡的平衡，在一般均衡的框架下实现人民币汇率在合理均衡水平上的基本稳定。人民币汇率是联系实体经济部门和金融部门、国内经济和世界经济、国内金融市场和国际金融市场的重要纽带，是协调好本外币政策、处理好内外部均衡的关键支点。市场化的汇率有助于提高货币政策的自主性、主动性和有效性，促进经济总量平衡。

（5）稳定货币政策的独立性时，强化与世界主要经济体国家间货币政策的商榷探讨。国家间良好的政策沟通有助于人民币汇率稳定更加有效地实现。

强化对世界主要货币国家的汇率调查及相关国家和地区的货币政策研究，做好应对国际金融的准备工作。改善汇率构成体系，应对外部应急响应能力。

（6）中国市场发展需以本币汇率改革为方针，以国内大循环为主带动国外市场、以宏观层面加强外汇实仓的管理，微观丰富市场交易主体与参与主体的多样性，完善离岸市场建设。

（7）加强对跨境流动资本的监管。加强对跨境资本流进、流出的审核和监督，国际热钱的流入易扰乱国内市场的稳定性，尤其是短期资本可能在寻找投资套利机会；而资金的大量流出也会造成国内市场的恐慌，应加强管理并完善对应措施。加强热钱流通控制，减少谋利资本受到本币汇率投机机会，控制好随着人民币汇率波动下的流入和流出的扰动游资，防范热钱对市场造成涌动的金融风险。

（8）提升汇率市场化可以加强货币市场公平性和稳定性。跨境资本流动过大可能会削弱货币政策的独立性，应当发挥汇率在国际收支平衡中的作用，减少跨境套利行为，提高货币政策的独立性，维护资本市场的健康有序发展。创新交易产品，提高资本市场的广度和深度继续提高汇率弹性，发挥市场资源配置的作用。

（9）要完善金融市场建设。对不同类型企业建立适合的政策制度，并提供多样丰富的金融风险对冲产品供各类进出口贸易企业选择。对企业来说，在汇率变动时，尤其是在面对汇率双向波动弹性更大的现状下，贸易产品和贸易方向调整这一方式无法快速应对汇率变化，面对汇率的不利冲击，这时应该合理运用对冲汇率冲击的金融产品来更有效地防范汇率波动带来的风险。所以，要激励各金融机构不断完善金融产品种类，开发更多对冲汇率冲击的金融产品，为不同类型企业提供更贴合企业实际情况的金融保护。

7. 成果的学术价值与应用价值

本书的学术价值在于：

（1）从实践→理论→实证→实践全面而系统地研究了人民币汇率市场化与稳定的理论与实证，给出市场化与稳定的效果检验，讨论了中间价机制、人民币汇率微观价格机制、在离岸汇率的联动机制、一篮子货币制度与逆周期因子机制，并采用相应的数据给予验证。

（2）对一篮子货币最优权重以及人民币国际化地位进行更为合理的测算，将净资产账户稳定纳入货币篮政策目标，根据收支平衡模型分析合适的货币篮子的货币组合。

（3）强调根据外汇市场的供给、需求状态和与我国经济与贸易联系密切国家的货币汇率来调整货币篮权重以保持我国外部经济的综合平衡，扩展了最优货币篮理论的研究视角。

本书的应用价值在于：

（1）结合"一带一路"倡议验证一篮子货币的绩效，并根据数据阐明一篮子货币制度规避汇率波动对我国宏观经济总量平衡的影响。

（2）阐明人民币跨境结算支付与投资职能的提升有利于增强人民币汇率预期。

（3）人民币汇率通过进口渠道、出口渠道与行业竞争渠道影响企业创新与技术水平。

（4）为进一步开放资本市场、人民币国际化和建设国际金融中心奠定制度基础。

附　　录

附表1　　　　　　　　　　　　　　　　　中国外贸均衡评价指标测算

指标	计算方法	采用数据	具体方法
我国各行业在全球价值链中的位置	上游度指标安特拉斯（Antras et al.，2012）	WIOD 投入产出表	用该行业生产的中间品到最终消费品所需的生产环节数乘以行业产出中用于生产该中间品的比例
出口商品价格指数	与去年同比	海关数据库	$Z = \sum P_1 Q_0 / \sum P_0 Q_0 \times 100\%$（以基期年的量为 Q_0，以基期年的价格为 P_0）
进口商品价格指数	与去年同比	海关数据库	$Z = \sum P_1 Q_0 / \sum P_0 Q_0 \times 100\%$（以基期年的量为 Q_0，以基期年的价格为 P_0）
中国在参与国际市场过程中的竞争实力	价格贸易条件	中国统计年鉴	出口商品价格指数与该国家进口商品价格指数的比值 $NBTTT = P_X / P_M \times 100$
全球价值链地位（GVC 地位指数）	KPWW 计算方法	https：//stats. oecd. org/	GVC 参与程度：$GVCpar = IV/E + FV/E$ GVC 地位：$GVCpos = \ln(1 + IV/E) - \ln(1 + FV/E)$ 式中，IV 指进口商用于生产第三国所需产品的中间品；FV 指一国总出口中的国外增加值部分；E 指总出口
贸易竞争力指数	TC 指数	国家统计局和世界贸易组织的官方网站	TC 指数 =（出口 – 进口）/（出口 + 进口）

指标	计算方法	采用数据	具体方法
中国国际区域分工地位的指标	KPWW 计算方法	对外经济贸易大学全球价值链研究院网站数据库（原始数据来源于 OICD）	$GRVC\_EX_{ir} = \ln\left(1 + \dfrac{IV_{ir}}{EX_{ir}}\right) - \ln\left(1 + \dfrac{FV_{ir}}{EX_{ir}}\right)$ $GRVC\_IM_{ir} = \ln\left(1 + \dfrac{IV_{ir}}{IM_{ir}}\right) - \ln\left(1 + \dfrac{FV_{ir}}{IM_{ir}}\right)$
全球价值链生产分解（index1_Prod）	生产的前向分解（增加值/行业 GDP 的生产分解）和生产的后向分解（最终品生产分解）	对外经济贸易大学全球价值链研究院网站数据库（原始数据来源于 OICD）	数据库详细说明

附表 2 　　　　　　　　　　　　人民币国际化指标测算

人民币国际化测度	计算方法	数据来源	文献
采取扣除本地需求法，借鉴弗里德曼需求函数和余道先（2015）的做法	用扣除本地需求法估计人民币境外存量，之后采用境外存量与央行货币供应之比来衡量	中经网、中国银行官网	钱圆圆，沙文兵. 人民币国际化：程度测算及影响因素研究——基于境外存量视角 [J]. 会计与经济研究，2018，32（5）：99 – 112
采用主成分分析法构建人民币国际化动态指数，借鉴陈和伍尔（Chen & Woo, 2010）的做法	将中国贸易总额的人民币结算份额、中国直接投资的人民币直接投资份额、中国发行国际债券和票据余额中人民币占比、中国对外信贷总额的人民币信贷占比、离岸金融中心外汇存款的人民币存款占比五个三级指标的时间序列标准化处理后做主成分分析，得到由上述五个指标标准化序列线性组合而得的五个主成分和对应的主成分特征值，然后将五个主成分按各自的特征值为权重进行加权求和得到最终的人民币国际化动态指标	Wind 数据库、中经网、国际清算银行、中国人民银行和香港金融管理局	景健文，吴思甜. 人民币国际化对中国宏观经济的影响分析——基于人民币国际化动态指数计算的实证研究 [J]. 中国经济问题，2018（4）：76 – 87
主成分分析法	将一国货币的国际化程度分解为两部分：基本面因素水平值的贡献；结构性因素的贡献。首先通过面板模型控制基本面因素的影响，然后对这些变量货币国际化程度指标的结构性因素相对值进行主成分分析	世界银行、SWIFT Kamps、中国人民银行货币政策执行报告、UNCTAD、BIS、IMF IFS、各国央行网站	彭红枫，谭小玉. 人民币国际化研究：程度测算与影响因素分析 [J]. 经济研究，2017，52（2）：125 – 139
因子分析法	选择 1991 ~ 2017 年度价值储备、交易媒介、记账单位三个维度的因子分析指标体系构建人民币国际化程度指数	国家统计局网站、IMF IFS、世界银行	张长全，曹素芹. 人民币国际化与中美贸易的相关性研究 [J]. 东北农业大学学报（社会科学版），2019，17（2）：26 – 34，54

续表

人民币国际化测度	计算方法	数据来源	文献
因子分析法	从货币三大职能入手，在 RII 指数的基础上，选取各维度下具有代表性的指标建立指标体系，并通过主成分分析法、变异系数法确定权重，测得货币国际化综合衡量指数	BIS、IMF COFER、IMF IFS	张焕明，杨子杰．人民币国际化水平测度及影响因素研究 [J]．江淮论坛，2018 (6)：74-80
从跨境贸易结算、金融市场交易、储备货币三个方面测度人民币国际化程度	分别进行了跨境贸易结算中的人民币国际化程度测度、金融市场交易中人民币的国际化程度测度和储备货币中人民币国际化测度。跨境贸易结算中的人民币国际化程度以人民币国际接受程度、货币在跨境贸易结算中使用占比进行衡量；金融市场交易中人民币的国际化程度以主要货币在外汇市场交易占比、货币外汇交易占比/母体 GDP 占比进行测度；储备货币中人民币国际化以世界主要储备货币占比进行测度	BIS、IMF、SWIFT、WTO	李建军，甄峰，崔西强．人民币国际化发展现状、程度测度及展望评估 [J]．国际金融研究，2013 (10)：58-65
货币国际化综合指数	用货币境外流通范围指数、货币境外流通数量指数、货币在国际贸易中支付数量指数、货币在国际贷款市场计价数量指数、货币在国际债券市场计价数量指数、货币在直接投资计价数量指数和货币在境外官方外汇储备数量指数加权计算出货币国际化综合指数		人民币国际化研究课题组 (2006)

人民币国际化测度	计算方法	数据来源	文献
人民币国际化指数（Renminbi Internationalization Index，RII）	将人民币国际化的目标看作逐步成为全球主要贸易计价结算货币、金融交易货币以及国际储备货币，并以此构建三级指标体系，选择具有代表性、数据来源可靠的六项指标来体现货币国际化程度		陈雨露. 人民币国际化报告 [R]. 中国人民大学国际货币研究所，2013
主成分分析	构造符合人民币国际化特征的指数；用 Matlab 对各个指标从 2001 年第四季度到 2010 年第四季度的数据进行标准化处理，并调用主成分分析函数 princomp，从而得出人民币国际化的主要影响因素及相应的权重		张英梅. 人民币国际化测度及对策研究——基于 Matlab 主成分分析 [J]. 上海金融，2013 (2)：32 - 37，117
货币国际化综合指标	根据货币国际化功能建立货币国际化衡量指标，包括国际储备货币（各国央行储备中的占比）、SDR 货币构成、国际贸易计价货币、国际债券标价货币、外汇市场交易货币。赋予以上五个指标同等权重进行加总，由此构建货币国际化综合指标		魏昊，戴金平，靳晓婷. 货币国际化测度、决定因素与人民币国际化对策 [J]. 贵州社会科学，2010 (9)：95 - 100

资料来源：笔者整理。

附表3   企业创新指标测算

企业创新指标	计算方法	使用数据	文献
企业创新强度	新产品销售额/总销售额	以 2000 ~ 2010 年中国制造业企业数据为基础	何砚. 人民币汇率、企业创新与企业生存 [J]. 国际经贸探索, 2017 (6): 51 - 68
企业创新程度	新产品产值/工业总产值	1998 ~ 2007 年企业层面的数据, 数据来源于中国工业企业数据库	余静. 人民币汇率变动、竞争与企业创新 [J]. 世界经济研究, 2016 (4): 51 - 65
企业创新数量	公司 t 年度申请且被授权的专利数量	专利数据来自北京合享新创信息科技有限公司	郝向超, 梁琪. 外汇风险对冲能否促进中国上市公司创新 [J]. 世界经济, 2019 (9): 151 - 172
企业创新质量	专利权利要求平均数量	该数据同时包括上市公司在国内和国外申请的专利信息, 公司财务数据来自国泰安数据库和万得数据库	郝向超, 梁琪. 外汇风险对冲能否促进中国上市公司创新 [J]. 世界经济, 2019 (9): 151 - 172
企业创新指标	企业研发支出/企业总销售额	2000 ~ 2010 年中国制造业企业数据	何砚, 陆文香. 人民币升值如何影响中国出口企业的创新? [J]. 金融论坛, 2017 (5): 50 - 61
企业创新能力	以科技服务业上市公司专利数为创新能力代理变量	以 2012 ~ 2018 年 82 家科技服务业上市公司的面板数据为样本	徐姗, 赵超, 徐宏毅. 外商直接投资对科技服务业上市公司创新能力影响 [J]. 科研管理, 2020 (11): 228 - 239
企业技术创新	获得授权的专利和发明专利	以 2007 ~ 2017 年 A 股上市公司为样本	冯晓晴, 韩艳锦. 开发支出资本化与企业创新 [J]. 科研管理, 2020 (1): 60 - 69
创新研发投资	RD 支出/营业总收入	以中国 2005 ~ 2017 年全部 A 股上市公司年度数据为样本	聂秀华, 吴青. 融资渠道、政府补贴与企业创新可持续性——基于动态面板模型的实证分析 [J]. 企业经济, 2019 (9): 60 - 68

企业创新指标	计算方法	使用数据	文献
企业创新产出	使用人均专利数来对创新产出进行测度	基于 2011～2015 年中关村高新技术示范区 408 家高技术企业的平衡面板数据	孙忠娟，刘晨蕊，周江华，李纪珍．科技资助影响企业创新的资源门槛 [J]．科学学与科学技术管理，2020（1）：16－32
企业的创新能力	以企业专利申请数作为规模指标，专利申请数与企业员工数的比值作为强度指标	2005～2015 年中关村科技型企业数据	冯泽，陈凯华．研发费用加计扣除是否提升了企业创新能力？——创新链全视角 [J]．科研管理，2019（10）：73－86

资料来源：笔者整理。

附表4 稳健性检验结果

变量	(1)	(2)	(3)	(4)
	lnEX	lnIM	lnEX	lnIM
lnEX			0.233 *** (0.0119)	
lnIM				−0.274 *** (0.0124)
ln$E$	0.442 ** (0.179)	−0.173 (0.240)	0.0603 *** (0.00598)	−0.00816 (0.00610)
lnCPI	−1.967 *** (0.609)	−1.524 * (0.753)	−0.379 (0.527)	−0.255 (0.514)
ln$R$	0.0801 *** (0.0182)	0.0933 *** (0.0222)	0.0505 (0.0429)	0.0849 ** (0.0415)
lnFER	0.929 *** (0.0751)	0.923 *** (0.0812)	0.632 *** (0.0524)	0.609 *** (0.0514)
V	−0.229 (0.180)	0.371 (0.237)	0.285 (0.626)	1.352 ** (0.612)
belt	−0.0408 (0.0796)	0.117 (0.0903)	−0.0715 (0.0750)	0.0102 (0.0736)
o. countr	—	—	−0.484 *** (0.0338)	−0.142 *** (0.0347)
belt_countr	0.305 ** (0.122)	−0.281 ** (0.111)	0.267 *** (0.0678)	−0.202 *** (0.0696)
常数项	−1.269 (1.917)	−3.533 (2.263)	−4.074 *** (1.506)	−5.033 *** (1.464)
观测值	4320	4320	4320	4320
R^2	0.885	0.876	0.538	0.547

注：*** 、** 、* 分别表示在10%、5%、1%水平下显著；括号中的数值为回归系数的稳健性标准误。

附表5　　　　　　　　　　　　　　　**方差分解表**

时期	lnGR	lnEX	lnRIR	lnASSET
1	0.006	0.003	0.019	0.972
2	0.028	0.016	0.031	0.926
3	0.032	0.015	0.039	0.914
4	0.049	0.016	0.039	0.896
5	0.050	0.018	0.040	0.892
6	0.051	0.019	0.041	0.890
7	0.057	0.019	0.041	0.883
8	0.058	0.019	0.040	0.883
9	0.058	0.020	0.041	0.881
10	0.059	0.020	0.041	0.880

资料来源：笔者计算。

附表6　　　　　　　　　　**方差分解的实证结果**

时期	dif 的方差分解				exp 的方差分解			
	dif	exp	order	dep	dif	exp	order	dep
1	1	0.928	0.073	0.025	0	0.072	0.287	0.004
2	1	0.928	0.073	0.025	0	0.072	0.287	0.004
3	0.971	0.856	0.073	0.022	0.002	0.109	0.337	0.008
4	0.971	0.856	0.073	0.022	0.002	0.109	0.337	0.008
5	0.954	0.814	0.075	0.020	0.003	0.131	0.366	0.012
6	0.954	0.814	0.075	0.020	0.003	0.131	0.366	0.012
7	0.942	0.789	0.073	0.019	0.004	0.142	0.381	0.015
8	0.942	0.789	0.073	0.019	0.004	0.142	0.381	0.015

时期	order 的方差分解				dep 的方差分解			
	dif	exp	order	dep	dif	exp	order	dep
1	0	0	0.640	0.002	0	0	0	0.969
2	0	0	0.640	0.0022	0	0	0	0.969
3	0.021	0.028	0.586	0.008	0.005	0.006	0.001	0.962
4	0.021	0.028	0.586	0.008	0.005	0.006	0.001	0.962
5	0.029	0.039	0.558	0.012	0.014	0.016	0.002	0.956
6	0.029	0.039	0.558	0.012	0.014	0.016	0.002	0.956
7	0.030	0.041	0.543	0.014	0.024	0.028	0.003	0.951
8	0.030	0.041	0.543	0.014	0.024	0.028	0.003	0.951

资料来源：笔者计算。

附表 7

异质性研究回归结果

解释变量	OECD 国家进口		一般贸易		高技术含量		战略高新产业	
	FE xcpmjd	FE yfmjd	FE xcpmjd	FE yfmjd	FE xcpmjd	FE yfmjd	FE xcpmjd	FE yfmjd
	(1)	(2)	(3)	(4)	(5)	(6)	(7)	(8)
EXREER（出口加权实际有效汇率）		0.0052*** (0.0019)		0.0039** (0.0019)		0.0024 (0.0018)		0.0041** (0.0018)
exEXREER（出口强度 × EXREER）		0.0049* (0.0029)		0.0068* (0.0039)		0.0049 (0.0038)		0.0064* (0.0038)
IMREER（进口加权实际有效汇率）	−0.2101*** (0.0711)		−0.2325*** (0.0749)		−0.2397*** (0.0696)		−0.2287*** (0.0688)	
ZJPIMREER（进口中间品溢出率 × IMREER）	0.1374*** (0.0437)		0.1443*** (0.0458)		0.1410*** (0.0427)		0.1467*** (0.0423)	
debt_ratio（流动负债率）	−0.0226*** (0.0073)	−0.0016** (0.0005)	−0.0186*** (0.0072)	−0.0014*** (0.0005)	−0.0208*** (0.0071)	−0.0014*** (0.0005)	−0.0199*** (0.0070)	−0.0015*** (0.0005)
zcfzl（资产负债率）	0.0050 (0.0050)	−0.0019** (0.0003)	0.0053 (0.0050)	−0.0021*** (0.0004)	0.0075 (0.0049)	−0.0017*** (0.0003)	0.0044*** (0.0049)	−0.0017*** (0.0003)
lnlabor（从业人数）	−0.0001 (0.0016)	−0.0000 (0.0001)	0.0019 (0.0016)	0.0000 (0.0001)	0.0041*** (0.0016)	0.0002* (0.0001)	0.0002 (0.0015)	−0.0000 (0.0001)
age（企业年龄）	0.0021*** (0.0001)	0.0001*** (0.0000)	0.0019*** (0.0001)	0.0001*** (0.0000)	0.0019*** (0.0001)	0.0001*** (0.0000)	0.0020*** (0.0001)	0.0001*** (0.0000)
TFP（企业生产率）	0.0029 (0.0018)	0.0002*** (0.0001)	0.0033* (0.0018)	0.0016*** (0.0006)	0.0009 (0.0017)	0.0016*** (0.0006)	0.0027 (0.0017)	0.0003*** (0.0001)

续表

解释变量	OECD 国家进口		一般贸易		高技术含量		战略高新产业	
	FE xcpmjd (1)	FE yfmjd (2)	FE xcpmjd (3)	FE yfmjd (4)	FE xcpmjd (5)	FE yfmjd (6)	FE xcpmjd (7)	FE yfmjd (8)
lnxssr（销售收入）	0.0218*** (0.0017)	0.0004*** (0.0001)	0.0199*** (0.0013)	0.0004*** (0.0001)	0.0168*** (0.0017)	0.0002*** (0.0001)	0.0212*** (0.0017)	0.0004*** (0.0001)
OECD	0.0011*** (0.0003)	-0.0001 (0.0002)						
一般贸易			0.0244*** (0.0029)	0.0012*** (0.0002)				
高技术行业					0.0358*** (0.0028)	0.0023*** (0.0002)		
战略高新产业							-0.0034 (0.0028)	-0.0001 (0.0001)
常数项	0.1777*** (0.0144)	0.0143*** (0.0011)	-0.1795*** (0.0139)	-0.0039*** (0.0011)	-0.1783*** (0.0136)	-0.0036*** (0.0010)	-0.1752*** (0.0136)	-0.0019** (0.0009)
个体效应	是	是	是	是	是	是	是	是
年份效应	是	是	是	是	是	是	是	是
省份效应	否	否	否	否	否	否	否	否
观测值	10047	16626	9707	15933	10478	17485	10618	17741
R^2	0.0724	0.0134	0.0824	0.0157	0.0866	0.0214	0.0722	0.0133

注：*、** 和*** 分别表示在10%、5%和1%水平下显著；括号中的数值为稳健性标准误。

附表 8 内生性问题的讨论回归结果

解释变量	Probit d_xcpmjd	LPM d_xcpmjd	GLS xcpmjd	Probit d_yfmjd	LPM d_yfmjd	GLS yfmjd
	(1)	(2)	(3)	(4)	(5)	(6)
aveEXREER （出口加权实际有效汇率均值）	12.5495 *** (0.8252)	2.3806 *** (0.1725)	1.2791 *** (0.0964)	1.8232 ** (0.7649)	0.3473 * (0.1833)	0.0874 *** (0.0097)
aveIMREER （进口加权实际有效汇率均值）	−10.9827 *** (0.7127)	−2.1447 (0.1523)	−1.0411 ** (0.0852)	−3.2139 *** (0.6747)	−0.7011 *** (0.1618)	−0.0750 *** (0.0086)
debt_ratio （流动负债比例）	−0.1534 *** (0.0263)	−0.0368 *** (0.0058)	−0.0154 *** (0.0033)	−0.1637 *** (0.0254)	−0.0434 *** (0.0062)	−0.0019 *** (0.0003)
zcfzl （资产负债率）	0.2148 *** (0.0183)	0.0484 ** (0.0040)	0.0149 *** (0.0023)	0.1418 (0.0183)	0.338 *** (0.0043)	−0.0014 *** (0.0002)
lnlabor （从业人数）	0.1051 *** (0.0049)	0.0251 *** (0.0011)	0.0050 *** (0.0006)	0.1163 *** (0.0048)	0.0325 *** (0.0011)	−0.0005 *** (0.0001)
age （企业年龄）	0.0197 *** (0.0005)	0.0062 *** (0.0001)	0.0018 *** (0.0001)	0.0179 *** (0.0005)	0.0064 *** (0.0001)	0.0001 *** (0.0000)
lnlrze （利润总额）	0.1045 *** (0.0032)	0.0231 *** (0.0007)	0.0109 *** (0.0004)	0.1749 *** (0.0032)	0.0411 *** (0.0007)	0.0010 *** (0.0000)
TFP （生产率）	0.0108 * (0.0059)	0.0010 (0.0013)	0.0025 *** (0.0007)	0.0069 (0.0057)	0.0019 (0.0013)	0.0005 *** (0.0001)
EXREER （边际效应）	2.7341 *** (0.1793)			0.4457 ** (0.187)		
IMREER （边际效应）	−2.3927 *** (0.1549)			−0.7857 *** (0.1649)		
常数项	−2.6110 *** (0.0412)	−0.2194 *** (0.0089)	0.0813 *** (0.0050)	−2.9797 *** (0.0402)	−0.3456 *** (0.0095)	−0.0039 *** (0.0005)
个体效应	否	是	是	否	是	是
年份效应	否	是	是	否	是	是
观测数目	115870	115870	115870	115870	115870	115870
R^2	0.0721	0.0690	0.0307	0.1110	0.1113	0.0194

注：*、***和***分别表示在10%、5%和1%水平下显著；括号中的数值为稳健性标准误。

参考文献

[1] 白杰，李秀敏．人民币与 SDR 定值稳定性研究 [J]．经济问题，2017 (6)：51 – 55.

[2] 白钦先，张志文．人民币汇率变动对 CPI 通胀的传递效应研究 [J]．国际金融研究，2011 (12)：38 – 46.

[3] 白晓燕，邓明明．不同阶段货币国际化的影响因素研究 [J]．国际金融研究，2016 (9)：86 – 96.

[4] 白晓燕，邓小华．国际货币贬值造成储备管理者减持吗？[J]．世界经济研究，2015 (2)：15 – 22, 127.

[5] 曹红辉．人民币区域化的新进展及发展态势 [J]．中国金融，2008 (10)．

[6] 曹伟，言方荣，鲍曙明．人民币汇率变动、邻国效应与双边贸易——基于中国与"一带一路"沿线国家空间面板模型的实证研究 [J]．金融研究，2016 (9)：50 – 66.

[7] 曹勇，彭小建．外汇市场微观结构理论的再认识 [J]．上海金融，2010 (10)：71 – 76.

[8] 陈奉先．中国参照一篮子货币的汇率制度：理论框架与实证考察 [J]．财经研究，2015, 41 (2)：27 – 40.

[9] 陈珂，王萌，在岸与离岸人民币汇率价差影响因素研究 [J]．财经理论与实践，2017, 38 (5)：7 – 13.

[10] 陈婷．人民币汇率对多产品企业出口的影响 [J]．世界经济研究，2015 (1)：48 – 55, 127 – 128.

[11] 陈维涛，王永进，毛劲松. 出口技术复杂度、劳动力市场分割与中国的人力资本投资 [J]. 管理世界，2014（2）：6-20.

[12] 陈卫东，王有鑫. 人民币贬值背景下中国跨境资本流动：渠道、规模、趋势及风险防范 [J]. 国际金融研究，2016（4）：3-12.

[13] 陈晓华，刘慧. 要素价格扭曲、外需疲软与中国制造业技术复杂度动态演进 [J]. 财经研究，2014，40（7）：119-131.

[14] 陈晓珊，匡贺武. 人民币汇率、产品市场竞争与企业盈利能力研究 [J]. 哈尔滨商业大学学报（社会科学版），2017（4）：23-33.

[15] 陈晓珊，袁申国. 汇率"急跌缓升"与企业生存能力——基于人民币"新常态"与异质性视角的实证研究 [J]. 国际贸易问题，2016（6）：155-166.

[16] 陈学彬，李华建. 人民币参考一篮子货币汇率形成与调整机制研究 [J]. 复旦学报（社会科学版），2017，59（3）：140-153.

[17] 陈翊，韦宁卫. 人民币国际化的收益和成本分析 [J]. 会计之友（中旬刊）. 2010（9）：18-19.

[18] 陈宗义. 人民币汇率对中国长期贸易顺差的影响性分析——基于TVP-VAR模型的实证检验 [J]. 统计与信息论坛，2012，27（2）：62-66.

[19] 代幼渝，杨莹. 人民币境外NDF汇率、境内远期汇率与即期汇率的关系的实证研究 [J]. 国际金融研究，2007（10）：72-80.

[20] 戴魁早. 技术市场发展对出口技术复杂度的影响及其作用机制 [J]. 中国工业经济，2018（7）：117-135.

[21] 戴觅，施炳展. 中国企业层面有效汇率测算：2000~2006 [J]. 世界经济，2013，36（5）：52-68.

[22] 戴觅，徐建炜，施炳展. 人民币汇率冲击与制造业就业——来自企业数据的经验证据 [J]. 管理世界，2013（11）：14-27，38，187.

[23] 戴翔，金碚. 产品内分工、制度质量与出口技术复杂度 [J]. 经济研究，2014，49（7）：4-17，43.

[24] 戴翔，张二震. 危机冲击、汇率波动与出口绩效——基于跨国面板数据的实证分析 [J]. 金融研究，2011（8）：47-56.

［25］戴翔，郑岚，张为付.汇率变动是否影响了服务出口复杂度——基于跨国面板数据的实证分析［J］.南开经济研究，2016（6）：23－40.

［26］戴翔.服务贸易出口技术复杂度与经济增长——基于跨国面板数据的实证分析［J］.财经研究，2011，37（10）：81－91.

［27］邓贵川，谢丹阳.支付时滞、汇率传递与宏观经济波动［J］.经济研究，2020，55（2）：68－83.

［28］丁剑平，方琛琳，叶伟.“一带一路”区块货币参照人民币“隐性锚”分析［J］.国际金融研究，2018（10）：23－32.

［29］范小云，陈雷，王道平.人民币国际化与国际货币体系的稳定［J］.世界经济，2014（9）：3－24.

［30］方杰，温忠麟，张敏强，孙配贞.基于结构方程模型的多重中介效应分析［J］.心理科学，2014，37（3）：735－741.

［31］方霞.竞争性替代阻碍还是倒逼中国出口技术水平提升：基于不对称经济体系视角［J］.商业经济与管理，2018（8）：81－88.

［32］冯永琦，迟静.离岸与在岸人民币汇率联动效应研究［J］.商业研究，2014（10）：65－72.

［33］冯永琦，代佳航，瞿亢.人民币在东亚区域货币“锚”效应及其影响因素研究［J］.国际金融研究，2020（2）：56－65.

［34］高洪民.基于两个循环框架的人民币国际化路径研究［J］.世界经济研究，2016（6）：3－11，134.

［35］高翔，独旭.政府补贴、政府治理能力与出口企业风险承担［J］.财贸研究，2017，28（12）：47－60.

［36］顾海峰，于家珺.人民币汇率对中国出口企业盈利能力的影响研究——来自2006—2016年中国上市公司的证据［J］.国际贸易问题，2018（9）：145－161.

［37］管涛.汇率选择“中间解”的中国样本［J］.国际金融研究，2017（12）：75－82.

［38］郭建伟.中亚五国货币与其锚货币是线性关系吗？——引入外部市场依赖程度的分析［J］.数量经济技术经济研究，2018，35（10）：40－58.

[39] 郭君默,郑开焰,赵茜,晁江锋.中国外汇储备风险测度探究:基于SEM模型的视角 [J].经济问题,2019 (8):18–26.

[40] 郭新帅,张之玥,居姗.汇改与外汇市场波动性:大玩家理论的视角 [J].运筹与管理,2021,30 (1):177–183.

[41] 韩剑,郑秋玲,邵军.多产品企业、汇率变动与出口价格传递 [J].管理世界,2017 (8):14–26,187.

[42] 韩哲.人民币汇改继续"小步慢跑" [N].北京商报,2011–06–20 (2).

[43] 何金旗,张瑞.人民币国际化、汇率波动与货币政策互动关系研究 [J].审计与经济研究,2016 (3):120–129.

[44] 何平,钟红,王达.国际债券计价货币的选择及人民币使用的实证研究 [J].国际金融研究,2017 (6):75–84.

[45] 何青,甘静芸,张策.逆周期因子决定了人民币汇率走势吗? [J].经济理论与经济管理,2018 (5):57–70.

[46] 何砚.人民币汇率、企业创新与企业生存 [J].国际经贸探索,2017,33 (6):51–68.

[47] 贺根庆,王伟.开放经济条件下中国通货膨胀影响因素的实证研究——基于新凯恩斯菲利普斯曲线 [J].中央财经大学学报,2013 (4):21–26.

[48] 贺力平,马伟.论发展中国家的通货膨胀、汇率变动与贸易增长 [J].金融评论,2016,8 (6):1–19,121.

[49] 贺晓博,张笑梅.境内外人民币外汇市场价格引导关系的实证研究——基于香港、境内和NDF市场的数据 [J].国际金融研究,2012 (6):58–66.

[50] 洪世勤,刘厚俊.出口技术结构变迁与内生经济增长:基于行业数据的研究 [J].世界经济,2013,36 (6):79–107.

[51] 胡春田,孙和风,张颖.进口中间品与一篮子货币最优权重 [J].世界经济,2013,36 (2):64–77.

[52] 胡根华,朱福敏,吴恒煜.人民币汇率货币篮子的动态结构变化研

究 [J]. 世界经济研究, 2017 (5): 3 – 11, 135.

[53] 胡宗彪, 滕泽伟, 黄扬嘉. 汇率水平、汇率波动对企业绩效的影响——中国服务企业与商品企业的表现相同吗? [J]. 经济与管理研究, 2019, 40 (2): 47 – 69.

[54] 黄德胜. 离在岸市场一体化与人民币国际化 [J]. 中国金融, 2012 (9): 42 – 43.

[55] 黄权国. 国际货币竞争的一个理论模型及新国际货币体系的构想 [J]. 长沙理工大学学报 (社会科学版), 2017 (1): 115 – 124.

[56] 黄先海, 陈晓华, 刘慧. 产业出口复杂度的测度及其动态演进机理分析——基于 52 个经济体 1993 ~ 2006 年金属制品出口的实证研究 [J]. 管理世界, 2010 (3): 44 – 55.

[57] 黄学军, 吴冲锋. 离岸人民币非交割远期与境内即期汇率价格的互动: 改革前后 [J]. 金融研究, 2006 (11): 83 – 89.

[58] 季克佳, 张明志. 人民币汇率变动对企业出口产品决策的影响——基于垂直专业化的分析视角 [J]. 国际经贸探索, 2018, 34 (5): 68 – 90.

[59] 加强宏观审慎管理, 引导市场逐步适应汇率市场化 [N]. 21 世纪经济报道, 2021 – 01 – 07 (1).

[60] 李稻葵, 刘霖林. 人民币国际化: 计量研究及政策分析 [J]. 金融研究, 2008 (11): 1 – 16.

[61] 李宏彬, 马弘, 熊艳艳, 徐嫄. 人民币汇率对企业进出口贸易的影响——来自中国企业的实证研究 [J]. 金融研究, 2011 (2): 1 – 16.

[62] 李建军, 甄峰, 崔西强. 人民币国际化发展现状、程度测度及展望评估 [J]. 国际金融研究, 2013 (10): 58 – 65.

[63] 李文贵, 余明桂. 所有权性质、市场化进程与企业风险承担 [J]. 中国工业经济, 2012 (12): 115 – 127.

[64] 李晓峰, 陈华. 人民币即期汇率市场与境外衍生市场之间的信息流动关系研究 [J]. 金融研究, 2008 (5): 14 – 24.

[65] 梁连金, 杨晓. 全球外汇储备结构的变化趋势 [J]. 中国外汇, 2018 (20): 74 – 75.

[66] 梁中华, 余淼杰. 人民币升值与中国出口企业盈利能力——基于面板数据的实证分析 [J]. 金融研究, 2014 (7): 1 – 15.

[67] 廖泽芳, 李婷. 汇率传递异质性对中美贸易失衡的解释 [J]. 世界经济研究, 2017 (7): 88 – 98.

[68] 林乐芬, 王少楠. "一带一路"建设与人民币国际化 [J]. 世界经济与政治, 2015 (11): 72 – 90, 158.

[69] 林乐芬, 王少楠. "一带一路"进程中人民币国际化影响因素的实证分析 [J]. 国际金融研究, 2016 (2): 75 – 83.

[70] 刘陈杰. 人民币没有大幅贬值基础 [J]. 中国金融, 2016 (14): 70 – 71.

[71] 刘金全, 石睿柯, 徐阳. 人民币汇率变动的价格传递效应——基于 SV-TVP-FAVAR 模型的实证分析 [J]. 工业技术经济, 2018, 37 (5): 63 – 71.

[72] 刘力臻, 王益明. 人民币国际化下的货币政策效应分析 [J]. 税务与经济 (长春税务学院学报), 2005 (4): 1 – 6.

[73] 刘培蕾, 陈晓露. 外汇市场微观结构理论研究方法的突破——基于指令流作用框架的分析 [J]. 时代金融, 2008 (11): 27 – 29.

[74] 刘一楠, 宋晓玲. 人民币汇率"在岸—离岸"随机动态均衡研究 [J]. 金融经济学研究, 2017, 32 (1): 3 – 13.

[75] 刘铮. 国际资本流动、汇率与预期管理——人民币纳入 SDR 货币篮子的效应分析 [J]. 中央财经大学学报, 2017 (4): 117 – 128.

[76] 刘子寅, 范科才. 汇率传递与通货膨胀动态的非线性关系研究 (1996~2009 年) [J]. 世界经济研究, 2015 (5): 13 – 22, 127.

[77] 娄飞鹏. 人民币汇率合理均衡状态今年有望持续 [N]. 证券时报, 2021 – 01 – 28 (A03).

[78] 陆磊, 李宏瑾, 苏乃芳. 最优外汇储备与金融对外开放改革 [J]. 财贸经济, 2017 (12): 19 – 34.

[79] 逯新红. 人民币汇率形成机制改革探讨 [J]. 中国金融, 2011 (5): 55 – 56.

[80] 马盈盈, 盛斌. 制造业服务化与出口技术复杂度: 基于贸易增加值

视角的研究［J］. 产业经济研究，2018（4）：1－13，87.

　　［81］毛其淋，许家云. 政府补贴、异质性与企业风险承担［J］. 经济学（季刊），2016，15（4）：1533－1562.

　　［82］毛日昇，余林徽，武岩. 人民币实际汇率变动对资源配置效率影响的研究［J］. 世界经济，2017，40（4）：29－54.

　　［83］孟为. 汇率波动对我国企业海外并购的影响研究［D］. 北京：北京交通大学，2018.

　　［84］潘长春. 人民币汇率变动的价格传递效应——基于 TVPSV-VAR 模型的实证检验［J］. 国际贸易问题，2017（4）：141－152.

　　［85］潘超，程均丽，钟星星. 中国央行外汇预期干预的动因和多重效应［J］. 世界经济研究，2021（1）：76－90，135.

　　［86］彭红枫，谭小玉. 人民币国际化研究：程度测算与影响因素分析［J］. 经济研究，2017（2）：125－139.

　　［87］钱诚，杨玲玲. 人民币汇率定价权动态演变及其价格发现力［J］. 上海金融，2020（4）：36－44.

　　［88］钱燕，程贵，王子军. 境内外人民币汇率动态信息份额研究：兼论人民币定价权归属［J］. 国际金融研究，2019（10）：74－85.

　　［89］阙澄宇，马斌. 人民币在岸与离岸市场汇率的非对称溢出效应——基于 VAR-GJR-MGARCH-BEKK 模型的经验证据［J］. 国际金融研究，2015（7）：21－32.

　　［90］人民银行研究小组.2006"人民币国际化的时机、途径及其策略"［N］. 中国金融，2006（5）：11－13.

　　［91］任永磊，李荣林，高越. 人民币汇率与全球价值链嵌入度提升——来自中国企业的实证研究［J］. 国际贸易问题，2017（4）：129－140.

　　［92］沙文兵，李莹. 人民币汇率变动对中国出口企业利润的影响——基于中国工业企业数据库的实证研究［J］. 南京财经大学学报，2018（5）：40－48.

　　［93］沙文兵，刘红忠. 人民币国际化、汇率变动与汇率预期［J］. 国际金融研究，2014（8）：10－18.

[94] 沈国兵,黄铄珺.汇率变化如何影响中国对美国一般贸易品出口技术结构 [J].世界经济,2017 (11): 95 –119.

[95] 沈国兵,李康.弱势美元对中国省级出口技术水平的影响 [J].财经研究,2014, 40 (7): 97 –107.

[96] 沈筠彬,伏玉林,丁锐.人民币实际有效汇率变动对中国制造业企业绩效的影响:来自制造业微观层面的证据 [J].世界经济研究,2018 (5): 25 –36, 135.

[97] 沈悦,戴士伟,樊锦琳,等.人民币国际化:进程、影响因素及前景分析——基于与欧元、英镑、日元及美元的对比 [J].经济问题,2019 (1): 27 –34.

[98] 盛斌,毛其淋.进口贸易自由化是否影响了中国制造业出口技术复杂度 [J].世界经济,2017, 40 (12): 52 –75.

[99] 施炳展,张雅睿.人民币双边事实汇率制度与中国出口增长 [J].金融研究,2016 (8): 1 –18.

[100] 宋科,杨雅鑫.我国的外汇储备究竟充足不充足 [J].国际金融,2017 (12): 53 –58.

[101] 宿玉海,于海燕.人民币一篮子货币最优权重模型的构建 [J].国际金融研究,2007 (7): 50 –58.

[102] 孙海霞,谢露露.国际货币的选择:基于外汇储备职能的分析 [J].国际金融研究,2010 (12): 38 –49.

[103] 孙和风.垂直贸易、财政政策与一篮子货币最优权重 [J].经济经纬,2014, 31 (6): 64 –70.

[104] 孙杰.跨境结算人民币化还是人民币国际化? [J].国际金融研究,2014 (4): 39 –49.

[105] 孙少岩,孙文轩.汇率波动与货币政策对人民币国际化的影响——基于 VECM 模型的实证分析 [J].经济问题,2018 (2): 43 –48.

[106] 唐勇,林娟娟,周文洁.人民币汇率中间价的市场基准地位研究 [J].武汉金融,2020 (11): 3 –12.

[107] 陶士贵,胡静怡.人民币何以成为货币锚?——基于汇改视角的

直接形成渠道分析 [J]. 国际金融研究, 2021 (1): 76-86.

[108] 田巍, 余淼杰. 汇率变化、贸易服务与中国企业对外直接投资 [J]. 世界经济, 2017, 40 (11): 23-46.

[109] 铁瑛, 刘啟仁. 人民币汇率变动与劳动力技能偏向效应——来自中国微观企业的证据 [J]. 金融研究, 2018 (1): 53-66.

[110] 佟家栋, 许家云. 人民币汇率与出口企业的职工工资: 红利还是阻力 [J]. 国际贸易问题, 2016 (10): 143-154.

[111] 涂永红. 人民币国际化动态与展望 [J]. 中国人民大学国际货币研究所课题组, 中国经济报告, 2017 (5): 80-82.

[112] 汪洋, 荣璟. 人民币有效汇率指数: 基于净进口与净出口贸易伙伴货币篮子视角 [J]. 经济经纬, 2015, 32 (6): 47-53.

[113] 王慧, 刘宏业. 人民币离岸市场与境内市场的信息传递研究——基于 NDF 汇率和即期汇率的实证分析 [J]. 金融理论与实践, 2009 (3): 31-34.

[114] 王晋斌, 李南. 中国汇率传递效应的实证分析 [J]. 经济研究, 2009, 44 (4): 17-27, 140.

[115] 王盼盼, 石建勋, 何宗武. 汇率市场化、人民币国际化与汇率定价权 [J]. 上海经济研究, 2018 (6): 79-90, 102.

[116] 王瑞琪. 管控汇率风险 [J]. 金融世界, 2015 (9): 52-53.

[117] 王生云. 基于 VAR 模型的人民币汇率波动对浙江企业盈利的影响 [J]. 工业技术经济, 2010, 29 (4): 101-103.

[118] 王胜, 田涛. 人民币汇率对 CPI 传递效应分析——基于均值与波动溢出层面的视角 [J]. 国际金融研究, 2015 (4): 87-96.

[119] 王世龙. 日本非常规利率政策效果实证研究 [D]. 沈阳: 辽宁大学, 2017.

[120] 王新红, 聂亚倩. 政府补助、研发投入与企业绩效 [J]. 财会通讯, 2019 (3): 63-67, 76.

[121] 王信. 人民币国际化进程中的问题和收益研究 [J]. 国际贸易, 2011 (8): 51-55, 65.

［122］王旭，许莎，张璇．市场微观结构理论中的汇率指令流［J］．时代金融，2016（12）：12-14.

［123］王雅杰，陈胜安，杨武挺．外汇指令流，中央银行干预与人民币汇率的形成［J］．经济研究导刊，2014（14）：186-190.

［124］王雨薇．人民币货币篮子的构成及协整分析［J］．全国商情，2016（32）：21-22.

［125］王元龙．人民币资本项目可兑换与国际化的战略及进程［J］．中国金融，2008（10）.

［126］温忠麟，叶宝娟．中介效应分析：方法和模型发展［J］．心理科学进展，2014，22（5）：731-745.

［127］吴国鼎．企业有效汇率变动对企业利润的影响［J］．世界经济，2017，40（5）：49-72.

［128］吴国鼎．人民币汇率变动对企业就业的影响——来自企业层面的证据［J］．辽宁大学学报（哲学社会科学版），2015，43（1）：59-71.

［129］吴立雪．离岸人民币汇率价差、升贬值预期与资金存量［J］．金融论坛，2015，20（2）：61-69.

［130］吴晓芳，谢建国，葛秋颖．人民币汇率制度改革影响了中国货币政策的有效性吗？［J］．经济评论，2017（1）：28-39.

［131］吴远远，赵啟麟．人民币在岸市场和离岸市场汇差影响因素研究［J］．价格理论与实践，2017（10）：122-125.

［132］吴周恒．人民币浮动汇率制度与外汇市场政策性支持框架［J］．当代经济，2020（3）：48-50.

［133］伍戈，姜波克，唐建伟．从微观结构角度看外汇市场的制度性特征［J］．新金融，2002（8）：38-40.

［134］伍戈，裴诚．境内外人民币汇率价格关系的定量研究［J］．金融研究，2012（9）：62-73.

［135］小川英治，姚枝仲．论盯住一篮子货币的汇率制度［J］．世界经济，2004（6）：3-10，80.

［136］肖卫国，兰晓梅．美联储货币政策正常化对中国经济的溢出效应

[J]. 世界经济研究, 2017 (12): 38 – 49, 133.

[137] 谢洪燕, 肖明, 贺方毅. 新汇改以来人民币汇率中货币篮子权重的测算及其与最优权重的比较 [J]. 世界经济研究, 2015 (3): 26 – 37, 127.

[138] 徐建炜, 戴觅. 人民币汇率如何影响员工收入? [J]. 经济学 (季刊), 2016, 15 (4): 1603 – 1628.

[139] 徐剑刚, 邵华, 唐国兴. 人民币参考一篮子货币机制的实证分析 [J]. 上海财经大学学报, 2007 (1): 66 – 72.

[140] 徐炜. 汇率波动的微观研究及对政府干预的政策建议 [D]. 成都: 西南财经大学, 2006.

[141] 许家云, 毛其淋, 胡鞍钢. 中间品进口与企业出口产品质量升级: 基于中国证据的研究 [J]. 世界经济, 2017, 40 (3): 52 – 75.

[142] 许家云, 毛其淋, 佟家栋. 出口如何影响了企业的风险承担能力? [J]. 产业经济研究, 2015 (2): 1 – 14.

[143] 许家云, 佟家栋, 毛其淋. 人民币汇率与企业生产率变动——来自中国的经验证据 [J]. 金融研究, 2015 (10): 1 – 16.

[144] 薛永刚. 汇率制度改革对人民币汇率价格传导效应影响实证研究 [J]. 市场经济与价格, 2012 (7): 20, 35 – 37.

[145] 严佳佳, 辛文婷. "一带一路"倡议对人民币国际化的影响研究 [J]. 经济学家, 2017 (12): 83 – 90.

[146] 严敏, 巴曙松. 人民币即期汇率与境内外远期汇率动态关联——NDF 监管政策出台之后 [J]. 财经研究, 2010, 36 (2): 15 – 25.

[147] 杨广青, 杜海鹏. 人民币汇率变动对我国出口贸易的影响——基于"一带一路"沿线 79 个国家和地区面板数据的研究 [J]. 经济学家, 2015 (11): 43 – 50.

[148] 杨玲玲, 孙海霞. 境内外人民币远期外汇市场有效性及其价格发现力——基于汇率期限结构的实证检验 [J]. 当代经济科学, 2011, 33 (2): 18 – 26, 124.

[149] 杨荣. 指令流和人民币汇率形成 [M]. 北京: 中国金融出版

社，2006.

［150］杨荣海，李亚波. 资本账户开放对人民币国际化"货币锚"地位的影响分析［J］. 经济研究，2017，52（1）：134 – 148.

［151］杨小军. 人民币汇率与通货膨胀之间的溢出效应及动态相关性［J］. 世界经济研究，2020（2）：59 – 70.

［152］杨烨. 外汇市场微观结构视角的人民币汇率形成机制研究［D］. 长沙：湖南大学，2008.

［153］余静文. 汇率冲击与企业生产率——基于市场竞争传导机制的分析［J］. 统计研究，2018，35（2）：75 – 84.

［154］余淼杰，崔晓敏. 人民币汇率和加工出口的国内附加值：理论及实证研究［J］. 经济学（季刊），2018，17（3）：1207 – 1234.

［155］余淼杰，王雅琦. 人民币汇率变动与企业出口产品决策［J］. 金融研究，2015（4）：19 – 33.

［156］余淼杰，张睿. 人民币升值对出口质量的提升效应：来自中国的微观证据［J］. 管理世界，2017（5）：28 – 40，187.

［157］余明桂，李文贵，潘红波. 民营化、产权保护与企业风险承担［J］. 经济研究，2013，48（9）：112 – 124.

［158］余永定，肖立晟. 论人民币汇率形成机制改革的推进方向［J］. 国际金融研究，2016（11）：3 – 13.

［159］袁志刚，邵挺. 人民币升值对我国各行业利润率变动的影响——基于2007年投入产出表的研究［J］. 金融研究，2011（4）：1 – 15.

［160］张乐，王楠. 刍议人民币汇率制度改革对我国外贸企业的影响［J］. 生产力研究，2017（10）：44 – 48.

［161］张明. 人民币汇率形成机制改革：历史成就、当前形势与未来方向［J］. 国际经济评论，2016（3）：54 – 69.

［162］张明志，季克佳. 人民币汇率变动对中国制造业企业出口产品质量的影响［J］. 中国工业经济，2018（1）：5 – 23.

［163］张晴宇. "一带一路"背景下人民币汇率与我国对外直接投资的关系研究［J］. 时代金融，2017（20）：12，14.

[164] 张天顶, 唐夙. 全球价值链视角下汇率波动对出口贸易的影响 [J]. 当代经济管理, 2019, 41 (1): 67 - 74.

[165] 张炜. 保持人民币汇率合理均衡稳定 [N]. 中国经济时报, 2020 - 10 - 13 (2).

[166] 张喜玲. 人民币跨境流通对境内货币供应量的影响——基于对香港离岸人民币市场的分析 [J]. 西南金融, 2014 (5): 3 - 9.

[167] 张晓莉, 刘啟仁. 汇率弹性、货币篮设计与政策实效分析 [J]. 经济研究, 2011 (11): 89 - 102.

[168] 张晓莉, 李倩云. 人民币国际地位、汇率波动与境外中国金融资产持有量——基于 PVAR 的实证研究 [J]. 国际金融研究, 2018 (7): 42 - 52.

[169] 张晓莉, 李倩云. 人民币国际地位对境外中国金融资产持有量的影响 [J]. 上海理工大学学报, 2018, 40 (4): 371 - 381.

[170] 张晓莉, 孙琪琪, 吴琼. 汇率预期、指令流与人民币汇率价差 [J]. 金融与经济, 2019 (12): 4 - 11.

[171] 张晓莉, 吴琼. 基于"指令流"微观市场的人民币在岸离岸汇率价差研究 [J]. 国际商务研究, 2019, 40 (4): 66 - 75.

[172] 张欣, 孙刚. 汇率变动、生产率异质性与出口企业盈利能力研究——基于 701 家上市公司的实证检验 [J]. 国际金融研究, 2014 (10): 43 - 52.

[173] 张宇燕. 货币的性质与人民币的未来选择 [J]. 当代亚太, 2008 (2).

[174] 张志敏, 邹燕, 崔廷剑. 输入型通货膨胀传导条件分析与影响因素测度——基于中国 1996—2011 年月度数据的实证分析 [J]. 管理评论, 2014, 26 (4): 40 - 49, 81.

[175] 章韬, 卢晓菲, 沈玉良. 全球价值链嵌入位置、出口目的国与出口产品复杂度 [J]. 世界经济研究, 2016 (9): 29 - 47, 135 - 136.

[176] 赵保国, 安佳, 王丽薇. 香港离岸即期人民币汇率在境内外汇率关系研究中的作用 [J]. 中央财经大学学报, 2012 (6): 35 - 40.

[177] 赵海榕, 吴庆春. 汇率与中国制造业出口技术复杂度的互动关系 [J]. 泉州师范学院学报, 2018, 36 (2): 70 - 76.

[178] 赵建春，许家云. 人民币汇率、政府补贴与企业风险承担 [J]. 国际贸易问题，2015（8）：135-144.

[179] 赵柯. 德国马克的崛起 [D]. 北京：中国社会科学院研究生院，2013.

[180] 赵然，苏治. 升值预期真的驱动国际游资流入中国了吗——基于四重套利和边限协整模型的新证据 [J]. 金融研究，2012（6）：95-109.

[181] 赵然. 汇率波动对货币国际化有显著影响吗？[J]. 国际金融研究，2012（11）：55-64.

[182] 甄峰. 人民币国际化：路径、前景与方向 [J]. 经济理论与经济管理，2014（5）：22-31.

[183] 中国人民银行货币政策分析小组. 中国货币政策执行报告——2017年第二季度 [R]. 2017：18-20.

[184] 钟永红，邓数红. "8·11汇改"后人民币离岸在岸汇率和利率的联动性研究 [J]. 世界经济研究，2020（12）：65-76，133.

[185] 周宇. 论汇率贬值对人民币国际化的影响——基于主要国际货币比较的分析 [J]. 世界经济研究，2016（4）：3-11，30，134.

[186] 周元元. 中国—东盟区域货币合作与人民币区域化研究 [J]. 金融研究，2008（5）.

[187] 周远游，刘莉亚，盛世杰. 基于汇改视角的人民币汇率异常波动研究 [J]. 国际金融研究，2017（5）：86-96.

[188] 周琢，陈钧浩. 出口退税和汇率变动对中国出口企业利润率的影响 [J]. 世界经济，2016，39（12）：95-120.

[189] 朱孟楠，张雪鹿. 汇改后人民币汇率制度：货币篮子构成、汇率弹性和波动 [J]. 投资研究，2014，33（6）：18-28.

[190] 邹佳洪. 人民币汇率的市场微观结构分析 [J]. 投资研究，2016，35（2）：149-157.

[191] Araujo R, Chaney T. Exchange Rate Pass-through in a Competitive Model of Pricing-to-Market [J]. Journal of Money, Credit and Banking, 2009（41）：151-175.

［192］Baek J. Does the exchange rate matter to bilateral trade between Korea and Japan? Evidence from commodity trade data ［J］. Economic Modelling, 2013, 30（JAN. ）: 856 – 862.

［193］Baggs J, Beaulieu E, Fung L. Firm survival, performance, and the exchange rate ［J］. Canadian Journal of Economics/Revue canadienne d'économique, 2009, 42（2）: 393 – 421.

［194］Bailliu J, Fujii E. Exchange Rate Pass-Through and the Inflation Environment in Industrialized Countries: An Empirical Investigation ［J］. Staff Working Papers, 2004.

［195］Bin X U, Jiangyong L U. Foreign Direct Investment, Processing Trade, and the Sophistication of China's Exports ［J］. China Economic Review, 2009, 20（3）: 425 – 439.

［196］Boubakri N, Cosset J, Saffar W. The Role of State and Foreign Owners in Corporate Risk-Taking: Evi-dence from Privatization ［J］. Journal of Finance and Economics, 2017, 108（3）: 641 – 658.

［197］Chen Z, Zhang J, Zheng W. Import and Innovation: Evidence from Chinese Firms ［J］. European Economic Review, 2017, 94: 205 – 220.

［198］Chen S S. Exchange rate undervaluation and R&D activity. Journal of International Money and Finance, 2017, 72: 148 – 160.

［199］Cheung Y W, Hui C H, Tsang A. The RMB Central Parity Formation Mechanism: August 2015 to December 2016 ［J］. Journal of International Money and Finance, 2018（86）: 223 – 243.

［200］Clark, John. China's Evolving Managed Float: An Exploration of the Roles of the Fix and Broad Dollar Movements in Explaining Daily Exchange Rate Changes ［R］. Federal Reserve Bank of New York, 2017, No. 828.

［201］Dagfinn Rime, Lucio Sarno, Elvira Sojli. Exchange rate forecasting, order flow and macroeconomic information ［J］. Journal of International Economics, 2017, 80（1）: 72 – 88.

［202］Dai M, Xu J. Firm-specific Exchange Rate Shocks and Employment

Adjustment: Evidence from China [J]. Journal of International Economics, 2017, 108: 54 – 66.

[203] Ding D K, Tse Y, Williams M R. The Price Discovery Puzzle in Off-shore Yuan Trading: Different Contributions for Different Contracts [J]. Journal of Futures Markets, 2014, 34 (2): 103 – 123.

[204] Ekholm K, Moxnes A, Ultveit-Moe K. Manufacturing Restructuring and the Role of Real Exchange Rate Shocks [J]. Journal of International Economics, 2012, 86 (1): 101 – 117.

[205] Evans M D D, Lyons R K. Order Flow and Exchange Rate Dynamics [J]. Research Program in Finance Working Papers, 1999, 110 (1): 170 – 180.

[206] Evans M. Foreign Exchange Market Microstructure [J]. Working Papers, 2008.

[207] Faccio M. Marchica M, Mura R. Large Shareholder Diversification and Corporate Risk-Taking [J]. Review of Financial Studies, 2011, 11: 3601 – 3641.

[208] Frankel J A, Froot K. Chartists A. Fundamentalists, and Trading in the Foreign Exchange Market [J]. The American Economic Review, 1990 (80): 181 – 185.

[209] Goldberg L S. Industry-Specific Exchange Rates for the United States [J]. Economic Policy Review, 2004 (5): 1 – 16.

[210] Hua P. Real exchange rate and manufacturing employment in China [J]. China Economic Review, 2007, 18 (3): 335 – 353.

[211] Ito T. Foreign Exchange Rate Expectations: Micro Survey Data [J]. The American Economic Review, 1990 (80): 434 – 444.

[212] Jeanneney S G, Hua P. How does real exchange rate influence labour productivity in China? [J]. China Economic Review, 2011, 22 (4): 628 – 645.

[213] Jermann U, Wei B, Yue V Z. The Two-Pillar Policy for the RMB [R]. 2017.

[214] John K, Litov L, Yeung B. Corporate Governance and Risk-Taking [J]. Journal of Finance, 2008, 63 (4): 1679 – 1728.

[215] Jose Campa, Linda S. Goldberg. Investment in manufacturing, exchange rates and external exposure [J]. Journal of International Economics, 1995, 38 (3).

[216] Kwan A C C , Cotsomitis J A. Economic growth and the expanding export sector: China 1952 – 1985 [J]. International Economic Journal, 1991, 5 (1): 105 – 117.

[217] Marsh I W , O'Rourke C. Customer Order Flow and Exchange Rate Movements: Is There Really Information Content? [J]. SSRN Electronic Journal, 2005.

[218] Maziad S, Kang J S. RMB Internationalization: Onshore/Offshore Links [J]. Social Science Electronic Publishing, 2012, 12 (133).

[219] Nakajima J. Time-Varying Parameter VAR Model with Stochastic Volatility: An Overview of Methodology and Empirical Applications [J]. Jouchi Nakajima, 2011.

[220] Nucci F , Pozzolo A F. The Exchange Rate, Employment and Hours: What Firm-Level Data Say [J]. SSRN Electronic Journal, 2010 (82).

[221] Nucci F, Pozzolo A F. Investment and the exchange rate: An analysis with firm-level panel data [J]. European Economic Review, 2001, 45 (2).

[222] Prasad E, Ye L. Will the Renminbi Rule [J]. Finance & Development, 2012, 49 (1).

[223] Rajan R, Bird S. International Reserve Holdings by Developing Countries: Why and How Much? [J]. Economic and Political Weekly, 2002, 37 (20): 1915 – 1917.

[224] Roberta Colavecchio, Michael Funke. Volatility Dependence Across Asia-Pacific Onshore and Offshore Currency Forwards Markets [J]. Journal of Asian Economics, 2009, 20 (2).

[225] Yoshino N , Kaji S , Suzuki A. The Basket-peg, Dollar-peg, and Floating: A Comparative Analysis [J]. Journal of the Japanese and International Economies, 2004: 18.